JN255392

美術教育の可能性

作品制作と芸術的省察

小松佳代子 編著

勁草書房

はしがき

美術教育というのは不思議なことばである。美術を教育するという意味にも、美術を通した教育という意味にも用いられる。また、初等中等教育における教科教育の意味でも、芸術家を養成する専門家養成の意味でも、同じ「美術教育」という言葉が用いられる。相当に幅が広く、しかも特徴的なのは、同じ言葉を用いているにもかかわらず、互いを理解したうえで議論するといったことがなされていないように見えるのである。多くの意味を含むことを前提としつつ、それぞれ異なる立場から自分なりの美術教育概念のうえに立って議論を進めていくのみなのである。

しかし、このように概念規定が明確になされていないことがまた、美術教育の可能性なのかもしれないとも考えている。本文で論じるように、教科教育を念頭におきつつも、それに限定されることなく美術教育を捉えること、そして美術家養成の問題をも射程に入れて美術教育を総体として捉えること、そうした試みが可能になるからである。

本書は、そのような無謀ともいえる試みに挑戦するものである。美術の教育も、美術による教育も含み込むことのできる美術教育。学校における図工・美術教育や、幼児の表現活動、美術館などの社会教育活動、生涯学習としての美術活動、そして美大における美術家養成、そうしたあらゆる場における美術教育に携わる人にとって意味のある美術教育論はありえるのか。ありえるとしたら、それは美術教育の原理的な問題を考えるものであるにちがいない。本書は、そうした美術教育の原理論を志向するものだが、そうした原理論にはすぐに到達できるものではないだろう。それゆえ、研究のなかで思考を積み重ねている痕跡をとりあえずは文章にして、今後の研究へと繋いでいくしかないと考えている。

わたし自身は、美術家ではない。専門は教育学であるが縁あって美術制作をしている大学院生たちと議論することのできる職を得て、自らの研究してきた教育に対する考え方を問い直されてきた。教育学のなかだけで考えていたときにはよくわからなかったことが、美術制作を介することで初めて理解できたという経験が何度もあった。それは美術が人間の生成変容に深いところでつながっているからなのだろう。

自らの研究の軌跡をたどると、教育学からスポーツを通じた身体論へ、そして美術教育論へ。研究の経過は脈絡がないように見えるかもしれない。研究業績を見た人から、なぜ研究テーマがそのように変遷してきたのか問われることもしばしばある。しかし、わたし自身はその都度与えられた立場において目の前にある仕事に精一杯取り組むということをしてきたのみである。

とはいえ、一人の人間が思考しているのだから、テーマが多岐にわたっていても案外一つのことしか考えていないようにも思う。わたしの場合それは、人間の生成変容に関わる、言葉で捉えがたい事象を何とか捉えてきたということになるだろう。その意味では教育もスポーツも美術も同じような思考を触発してくれるものである。教育については、受ける側としても研究する者としてもずっと携わってきた。スポーツについては、そう長くはないが自らのスポーツ経験に依拠することが多かった。美術に関しては、自分の経験というよりは、美術制作に携わる学生たちと制作や教育に関して議論する中で教えられたことが大半である。それゆえ、本書は、わたし個人で考えたことというよりも、美術教育について真摯に取り組む若い世代の大学院生たちと紡いだ一つの成果物でもある。

第Ⅱ部にそうした議論に参加してわたしを触発し続けてくれた、制作者でもあり研究者でもある若い世代の論文を掲載したのも、わたしの思考と彼らの思考とが紙面上で再び交叉することで、新たな美術教育像を浮かび上がらせたいと思ったからである。

第Ⅱ部の執筆者は個々の研究テーマを追究しているのだが、通奏低音として流れているのがＡＢＲ（Arts-Based Research：本書では議論の文脈に応じて「芸術的省察による研究」「芸術に基づく研究」などの訳語を充てている）である。ＡＢＲとは、芸術家が作品制作において行っている探究を研究と位置づけ、従来の自然科学、あるいは人文社会科学の方法では救いとれなかった問題に迫ろうとするものである。

ＡＢＲとは、そもそも「芸術と教育の結びつき」について考察してきたＥ・アイスナーが、スタンフォード大学で一九九三年「大学生や学校教育実践に関わる人たちが、美的特徴に導かれた研究とはいかなるものかを理解するのを助けるような研修会を提供することが有用だと考えた」ところから始まる（Barone & Eisner 2012: ix）。この種の研究会は二〇〇五年までに八回を数え、アイスナーや研修会の助手を務めたバロンも驚くほど、この考え方が広がりを見せたという。

この背景には、Ｇ・サリヴァンが指摘しているように、質的研究[1]（qualitative research）の伝統や近年さまざまな学問分野で生じている図像的転回（visual turn）といった学問的背景（Sullivan 2010: xi）、あるいは第三章で詳しく見るように、美術学校や教員養成カレッジが高等教育システムに組み込まれ、高等教育政策の転換とあいまって、大学に基礎をおくアーティストや美術教育者が実践のみならず研究という形で説明責任を果たす必要が生じているという制度的な問題も垣間見ることができる（Sullivan 2010: 73-74）。

日本においてこの考え方はまだほとんど知られていない[2]。それゆえ本書は、ＡＢＲの理論と実践を美術教育研究として本格的に扱う初めての本であり、しかも美術制作者が執筆するという点でこれまでにない研究書になると自負している。第Ⅱ部の執筆者は美術制作を行う制作者であると同時に研究者であり、また何らかの形で教育に関わる教育者でもある。まさに、制作者（artist）、研究者（researcher）、教育者（teacher）というアイデンティティが同時的に成立し、芸術（art）と記述（graphy）とが連続する「生きた探究（living inquiry）」としてのアートグラフィ（a/r/tography）の実践である[3]（Irwin & Springgay 2008: xxviii-xxix）。

アートグラフィにおいては、芸術（art）と三つの立場の統合である（a/r/t）とがダブルイメージになっているように、制作者の論文執筆は、美術制作と別のことではない。作品制作と理論研究とを別々のものと見て、ときには両者を対立すると考える向きもあるが、理論研究も答えのない問いに対峙し続ける創造的な営みであることを考えれば、そのような二元論が偏った見方であることは明白である。

ABRは美術制作と理論的な研究とを一体のものとして考えることのできる方法論である。この方法論を芸術系大学のみならず学校教育に取り入れていくことも展望している。

現在の美術教育研究において大きな動きとなりつつあるABRは、芸術系の学位取得のあり方を問い直すものである。また美術活動がもつ社会的な意味を考えるという点で、とくに「関係性の美学」などとも密接に結びついている（Springgay, Irwin, &Kind 2008：86）と同時に、それが教育的なアクションリサーチなどの新たな学びを展開させるものでもあるという意味で、美術と教育とのあいだをつなぐものともなるだろう[4]。現在進行形で展開している研究状況を追いながらも[5]、独自に発展してきた日本の美術教育の文脈においてABRを捉えることで、欧米での研究とは異なる視点からABRを問いなおすこともできると考える。

ABRの実践として美術家それぞれの制作実感にもとづく探究の営みを知るには、第Ⅱ部から読んで頂いた方がいいだろう。第Ⅰ部は、教育学の立場から現在の美術教育の研究と実践をめぐる問題を理解しようとしてつきあたった課題を整理することで、第Ⅱ部のような研究が必要とされる理由を示すことを目指している。いわば第Ⅱ部のそれぞれの花が咲くための土壌を耕すことが目的である。それはいわば、均されて硬くなってしまい、容易には変わりそうにない（それゆえに新たな種が芽吹かない）日本の美術教育の土壌に微力ながら鍬をいれる作業である。地道な作業であるゆえに、読み物としてはあまりおもしろくはないだろう。だが、鍬を入れてみて初めてことがらの深刻さに気づいたことは確かである。

美術教育のことを考えることは、美術の人間形成的意味について考えることでもあるが、他方で、美術を介してあらためて教育とはいったい何かを考えることでもある。そういう意味で第Ⅰ部はわたしなりの教育原理論でもある。

注

（1）美術教育研究において、アイスナーらのＡＢＲに直接的に影響を与えたものとして、一九七〇年代はじめのＫ・バイテルの質的研究（Beittel 1973）が挙げられている。バイテルは科学的研究の「方法崇拝（methodolatry）を批判し、研究成果にとって重要なのは説明ではなく理解であるとした（Sullivan 2010：69）。

（2）ＡＢＲについて日本語で唯一正面から扱った研究として（金田 2014）。また、パフォーマティブ社会学からアートベース社会学を構想する岡原正幸らのグループがある。アートベース社会学については、第三章で論じる。

（3）アートグラフィについては第三章で詳しく論じる。

（4）美術と教育のあいだをつなぐという問題意識については（小松 2011）。本書は、前著で論じた問題を発展させるという意味も持つ。特にＡＢＲを介して美術と教育をつなぐことをめざしたものとして（小松 2017a）参照。

（5）その試みとして（小松 2017b）。

美術教育の可能性——作品制作と芸術的省察／目　次

はしがき（小松　佳代子）　i

第Ⅰ部　美術教育の理論的位相

第一章　美術教育の位置づけ……小松　佳代子　3
第1節　美術教育の正当化論　4
第2節　美学者による美術教育の位置づけ　9
第3節　教育哲学における美術の位置づけ　23

第二章　美術の学びの特殊性……小松　佳代子　39
第1節　発見的な学び　39
第2節　イメージによる学び　48
第3節　モノとの相互作用による学び　56

第三章　芸術的省察と美術教育……小松　佳代子　75
第1節　Arts-Based Research の理論と実践　75
第2節　芸術的省察による質的知性の形成　92
第3節　美術教育の意義と課題　109

第Ⅰ部　参考文献　127

第Ⅱ部　制作者による芸術的省察

第四章　リアリズム絵画における知覚と思考……………………橋本　大輔　145
はじめに　145
第1節　知覚と思考の場としての絵画　146
第2節　記号としての絵画　150
第3節　リアリズム絵画における知覚と思考　158
おわりに　166
第五章　「まれびと」的視点と芸術的省察……………………三好　風太　175
第1節　視野狭窄　177
第2節　まれびと　182
第3節　表現者の視点　189
第六章　「贈与」としての美術・ＡＢＲ……………………櫻井　あすみ　201
第1節　私的な記憶によるプロローグ　201
第2節　美術の「贈与性」　206
第3節　美術制作とＡＢＲ　212

第七章　芸術における「隔たりの思考」……………………菊地　匠　229
はじめに　229
第1節　楽園としてのマティス芸術　231
第2節　「隔たりの思考」と「オフ－モダン」　239
第3節　今日の「オフ－モダン」的作品　244
おわりに　249

第八章　もののなかで夢をみる……………………齋藤　功美　255
――芸術的知性による〈解放＝救済〉
はじめに――非同一的な記述へのエクスキュース　255
第1節　芸術作品の〈もの〉の物質性　258
第2節　芸術作品の浮き彫り――文化産業とキッチュ　261
第3節　過剰なものとしての〈真正な芸術作品〉　264
――ためらい、謎特性、多義性
第4節　制作と鑑賞の汽水域――批評による〈解放＝救済〉　266
第5節　もののなかで夢をみる　268
おわりに――〈芸術的知性〉による省察　272

第九章　制作活動における美術の探求の流れと、
探求型学習……………………………………………栗田　絵莉子　279
はじめに　279
第1節　美術制作における探求の流れ　282
第2節　美術制作における探求　288
第3節　学校教育における探求型学習の実践　299
おわりに　309
あとがき　315
事項索引　vi
人名索引　iii

第Ⅰ部　美術教育の理論的位相

第一章　美術教育の位置づけ

小松　佳代子

美術教育は危機に瀕している。学校教育における図画工作科、美術科、芸術科美術及び工芸の時間数は、現在でも時間的に非常に少ないにもかかわらず、さらに削減されようとしている。教科の存続自体が危うい状況である。それに伴って、美術教員養成も各県の教員養成大学再編の嵐に巻き込まれて、課程が存立しえない状況にまで立ち至っている。それぞれの現場で、あるいは美術教育の研究団体がそうした事態を打開しようと運動を起こしているが、なかなか趨勢が覆らない。そうした学校教育における美術教育の困難と、本来は連続しているはずの美術系大学は、美術家養成を旨としてどこか学校教育と距離がある。学校教育と美術家養成教育とが切り離されてきた歴史的経緯もあってこの問題は根深い。他方、美術館では教育普及活動がこれまでにない広がりと深まりを見せており、学校との連携もなされているが、目に見える形での「成果」として来館者数の増加が求められる現状において、美術教育とは何かということを根源的に考える余裕を持てているとは言えない状況にあるのではないか。

こうした多くの問題を美術教育が抱えているのは、明治以来の美術教育をめぐる歴史的経緯が大きく関わっているので、そう簡単に解決するものではないだろう[1]。だが他方で、「人間形成にとって美に関する教科の理念や目的が不安定」であるがゆえに「教科としての存在も不安定になってくる」ことが指摘されている（上野 2007: 2）。小中高で教科名が統一されていないことに端的に表れているように、美術教育とは何か、美術教育は人間形成においてどのような意味をもちうるのか、それを原理的に考えることが十分なされないまま今日に至っている。「美術教育の哲学」が求められている。そこでまずは美術教育が理論的にどのように捉えられてきたかを追ってみたい。

第1節　美術教育の正当化論

アイスナーによると、美術教育の正当化に関する二つの主要な型があるという。文脈主義者（contextualist）と本質主義者（essentialist）である。文脈主義者は「美術の実用性を強調」（Eisner 1972: 2（13））し、「子ども、地域社会、国家の要求を第一の要因とすることによって美術教育の役割を論ずる」（Eisner 1972: 8（20））立場である。すなわち「美術を通して」他の何かが育つという考え方である。

この立場に立った正当化として、アイスナーは次の五つを挙げる。①趣味を獲得する助けとなる。②抑圧された情緒を和らげ自己表現の機会を与える。③よい教育課程の根本目標となるべき創造的思考の発達。④知的教科領域指導の補助手段。⑤生理学的基盤、つまり筋肉運動の整合（coordination）の増進（Eisner 1972: 8-9（21））。このように整理するが、アイスナーはこれらについて、「ある状況下において適当なものであるけれども、美術教育の領域に確実な根拠を十分に提供しているとは私には思われない」（Eisner 1972: 9（21））として、否定的なスタンスをとる。

これに対して、本質主義者とは「美術だけが提供できる人間の経験と理解への貢献」（Eisner 1972: 2（13））に着目する立場である。すなわち美術に、他の領域では達成できない教育的意味があると考えるものである。この立場として挙げられているのは、美術を「人生を生き生きとさせる経験の一形式と考えた」J・デューイ、芸術を非論弁的形式による世界理解と考え、シンボル論から芸術家のもつ感情形式を捉えようとしたS・ランガー、また芸術は「一人の人間または集団が他者へ情緒を伝達する手段」だと捉えたL・トルストイである。アイスナーは偉大な美学者たち（シラー、リード、フライ、ベル、モリス、プラトン、マンロー）は、芸術の真実で本質的な特質を見極めようとしてきたという点でこの立場に立つとする（Eisner 1972: 5-7（17-19））。

この二つの立場は、日本の美術教育においても、「美術による教育／美術の教育」や「子どもの内面の解放／認知形成」といった形で繰り返されてきた二項対立にも反映されているだろうし、また芸術教育の意義を考える現在の研究においても同じような対立が見られる。

イギリスの教育哲学者J・ホワイトは、「芸術、良き生、教育（The Arts, Well-Being, and Education）」と題した論文において、(2)「人間の良き生にとって美術が果たす役割」に関する先行研究を吟味して、美的経験を芸術に固有な領域に限定する論者を批判する。そうした論者の言う美的経験は「美的なものの知覚的特徴を知る」ことに限定された狭い概念であるとする。それに対してホワイトが求めるのは、芸術の経験と倫理的な熟考とを接続することであり、この観点から自己認識を涵養し、倫理的な価値を強化して、社会の成員として我々を結束させるものとして芸術は、学校のカリキュラムにおいて中心的な位置を与えられると述べる（White 1998）。

ホワイトのこのような見方を批判するのがC・クープマンである。クープマンはホワイトが「自律した領域としての芸術に固有な価値に目を向けていない」ことを批判する。芸術に固有な価値、すなわち、形式と内容とが総合されて意味をもつことや、制作や鑑賞における芸術経験のプロセスそのものにある価値などを重視していないと手厳しく批判するのである[3]（Koopman 2005：90）。

また、R・A・スミスも、哲学的美学を美的教育に関係づけた四人の美学者・哲学者、すなわちM・C・ベアズリー、H・オズボーン、N・グッドマン、E・F・ケーリンに言及して、それぞれの哲学的志向性は異なるが、四人とも「芸術に固有の性質、特徴的な成果を強調している」としている（Smith 1991：145）。ベアズリー、オズボーンは、先に見たホワイトの論文で批判の俎上に乗せられていた論者である。

芸術を他の価値と結びつけることで正当化するのか、芸術に固有な価値にこそ目を向けるべきなのか、どちらが正しいのかここで決することはできない。ただ少なくとも、アメリカの美術教育の展開においては、後者の議論が優勢になってきていると言えよう。

一九五〇年代までのアメリカにおいて美術教育を基礎づける有力な概念は、ローウェンフェルドの強い影響力の下、自己表現と創造性であった[4]。ローウェンフェルドによる美術の根拠づけは、「美術を通して、すなわち美術活動を一つの手段として、児童の人格的成長に関するさまざまな領域について、その成長の度合いを見定めること」を美術教育の役割とするものであった（岡崎 1996：134）。

一九六〇年代以降「教育内容の現代化」の動向のなかで、こうした美術教育観が問い直され、芸術の認識的側面が強調されるようになる。あらゆる教科において学問の構造に基礎づけられたカリキュラムを求めるカリキュラムリフォーム運動である。こうした趨勢の下、芸術教育においても専門的知見に基づいて教えるべき主題があるとみなされた。

重要なのは、芸術教育を基礎づけるものとして現代アートが位置づけられていることである。エフランドによると、カリキュラムリフォーム運動を受けて出された全米教育研究協会の第六四年次報告書においても、あるいは全米芸術教育協会の委員によっても、「現代アートによって提出された問題が芸術教育が教えるべき事柄の決定に大きな役割を果たす必要がある」と論じられたという（Efland 1990: 240）。カリキュラムリフォーム運動は、「どの教科でも、知的性格をそのままに保って、どの発達段階のどの子どもにも効果的に教えることができる」というJ・ブルーナーの考えの下にあった。芸術教育にそれを取り入れ、教育内容を構造化する際、現代アートに依拠していたということは重要な論点であろう。

こうした動向において芸術の認識的側面が強調されるようになる。その理論的背景となったのは、E・カッシーラーのシンボル論とその理論を継承しているランガー、さらには両者を受けて「芸術のシンボル的性質とその認識的趣意（cognitive import）」を論じたグッドマンである。「認識と感情との違いに基づいて科学と芸術を区別する認識論者とは異なり、グッドマンは、知覚と認識と感情は両方の領域に関わり、それゆえ感情そのものが認識的構成を持っていると論じるのである」（Geahigan 1992: 15）。

このような芸術教育観の展開として、R・A・スミスらによって一九六六年に創刊された『美的教育雑誌（*Journal of Aesthetic Education*）』、CEMEL（Central Midwestern Regional Educational Laboratory: 1968）やケタリング・プロジェクト（1969）などの美的教育カリキュラムがある。音楽教育に関しては、B・リーマーによる『音楽教育の哲学』（Reimer 1970）が書かれている。また当時著名な教育哲学者たち、すなわちP・H・フェニックス、P・ハースト、H・ブラウディなどのカリキュラムの基礎理論においても、「芸術には、独自の、自律的な地位が与えられている」とされる（西村 1996: 70）。西村拓生によれば、それらに「共通しているのは、芸術は独自の認識の様式として固有の価値を有しており、それ故、全ての生徒によって学習されるべきカリキュラム中の一領域をなす、という主張である」（西村 1996: 70）。学校のカリキュラムに芸術を位置づけるために芸術に固有の価値を重視するこうした考え方は、ハーバード・プロジェクト・ゼロや一九八〇年代のＤＢＡＥ（Discipline-Based Art Education）などにも貫かれていると言えよう。

一九八五年にイギリスの『教育哲学研究』に「『美的教育』の有用性」という論文を書いているA・シンプソンも、イギリスの政策動向に言及しつつ、美術教育の中心を美的教育に求める立場を支持している（Simpson 1985）。このように、美術教育を認識論的に捉える見方が、欧米では大きな力をもってきたということを窺うことができる。

アメリカの一九五〇年代までと同様、日本の戦後直後も、創造美育運動に見られるように、創造主義的な美術教育が大きな力をもっていた。「教育内容の現代化」は日本においても求められ学習指導要領の内容にも反映されたが、こと美術教育に関しては大きな変化をもたらさなかったように見える。それゆえ次のように言われるのだろう。「日本では、いずれにせよ、ほとんどディシプリンを意識せずに美術教育が展開されてきたということがある。むしろディシプリンを問わずに実践できたところに、日本の戦後美術教育の意味があるのであって、ただ、子どもの側における表現の論理に立つことで美術教育の展開が可能であったといってよい」（那賀 2000：5）。

つまり、日本の美術教育は子どもの自由な表現ということ以外に拠って立つ基盤がないままに進行してきたというのである。創造主義的な美術教育ののり超えが見られるにしても、それは「アメリカとは違い、知的にではなくあくまで『生産的』なアスペクトのなかでのり超えがはかられる」（那賀 2000：3）とされる。[5] つまり現代アートあるいは学問の論理によるのではなく、むしろ制作の論理をさらに展開させるものとなるのである。

一九七〇年代末に導入された「造形遊び」は、理念的には現代アートからの影響が教育に及んだものだと見ることができるが、ディシプリン不在のままに展開されてきた美術教育の磁場の下では、別様の意味を帯びてしまう。造形遊びが「まさに〝ウルトラ創造主義〟といった風をみせる」（那賀 2000：3）とされるのはそのことを示していよう。

第2節　美学者による美術教育の位置づけ

前節で見てきたように、アメリカの美的教育論をめぐる議論には、美学者や哲学者が大きく関わっていたのに対して、日本では「ほとんどディシプリンを意識せずに美術教育が展開されてきた」と言われる。戦後美術教育を牽引してきたのは、創造美育協会、新しい絵の会、造形教育センターなどであり、これらについては先行研究も多い[6]。だが、美術教育に学問がどのように関わろうとしたかが明確ではないために、ディシプリンなしの美術教育と言われるのではないか。

戦後直後、美術教育に関する学会が相次いで設立される。東京文理科大学及び東京高等師範学校関係者を中心とした芸術学会（一九四六年一〇月設立）と東京美術学校・東京藝術大学関係者による美術教育学会（一九四七年四月設立）である。後者は、前者に「対抗して設立された」と見られている（金子 2002：207）（増田 1984：112）。ここには戦前から続く教員養成をめぐる東京高等師範学校と東京美術学校、とりわけその図画師範科とのヘゲモニー争いが背景としてあるとみることができる[7]。

そのような事情ゆえにか、両者の活動はそれほど長く続いていない。一九四九年に創刊された芸術学会の『スクールアート』は、第六巻第四号（一九五四年四月一日発行）を最後に、またその後刊行された『芸術学会紀要』も第Ⅳ号（一九五七年四月二五日発行）を最後に姿を消したという（増田 1984：112）。

美術教育学会は、一九五〇年に論文集『現代の美術教育』、一九五一年に中学校用教科書『中学の図画工作』を刊行、一九五二年から五三年にかけて学会誌『鑑賞・評価・生活美術』（一九五二年）『環境・表現』（一九五三年）『造形教育研究』（一九五三年）を発行した後[8]、一九六三年には『図画工作技法事典』を講談社から出版しているが、その後の動向はよくわからない。金子も、「同会が昭和四〇（一九六五）年代まであったことは確かであるが、最後ははっきりしない」としている（金子 2007: 207）。

この二つの学会にやや遅れて一九五二年に設立された日本美術教育学会は、学会誌『美術教育』とともに現在まで続いている。初代会長は京都大学教授で美学者である井島勉である。井島は、美学と美術教育を接続しようとしていた。

神林恒道は、井島について以下のように回想している。「井島先生は、この会の指針として「美学」を掲げられた。その先生の理想は、美術教育がいつか自ずと「美学」になることであり、近頃の「…学」とか「…論」を超越したところにあったのだと思う。「美術教育学会」は、頭でっかちな研究者の会ではない。美術教育の実践の積み重ねが、いつか美「学」に結晶することを目標とする学会なのだ」（神林 2009）。「この学会の目的は、何よりも美術教育を美術それ自体の本質への洞察のうえに基礎づけ、それにもとづいて教育実践の方策を探究することである。いわば美学的・芸術学的な理念の究明と教育現場における実践的な諸問題の取組みとを車の両輪のごとくむすびつけようとする試みであり、他に比類を見ない「学術研究会」である」（中村 1987: 3）とされている。まずは井島の美術教育観を見ておきたい。

井島勉の本質主義的美術教育観

「日本の美術教育界の現状が、ときには旧式な教育的観念に支配され、ときには主観的な芸術家的信念に煽られて、二つの偏頗な極の間を同様し続けているかに見えるのは、一つに美学的反省の貧困に帰せらるべき事柄である。これまで美学者たちが重要な美術教育問題を等閑視していたことにも、その責の一端が存するであろうが、更に直接的に、美術教育にたずさわる人々の厳正な美学的研究が望まれるのである」（井島 1974: 58）。このように述べる井島は、美学的研究という「美術の本質」から美術教育論を構築しようとする。「美術の教育は美術の本質に基づいて行われていなければならない」（井島 1957：18）。この立場から当時の民間の美術教育運動が進めていた美術教育観も問い直そうとしている。すなわち、①生活主義、②創造主義、③心理主義、④造形主義、⑤実用主義に対してである。

まず生活主義に対しては、「美術の内容として注目されるべき生活とは、こどもたちがかかるかかわりの中に自覚して行く自分自身の生活であって、自分の向い側にひややかな眼をもって眺める対象的な生活ではない」として、「生きこみながら自覚して行く」ことの重要性を指摘する（井島 1957：20）。

創造主義に対しては、「概念砕き」としては、果たした役割は重大だが、「理論的反省が不十分」であるとする。「「好きなように」ということの正しい意味は、あくまでも「生命的な自由に立って」ということであって、勝手な好みにとらわれるということではない筈である。真の解放ということは、勝手な好みや本能からの解放をも意味すべきであって、そうでなければ芸術的自由ということは成り立たない」（井島 1957：21）。

創造主義の言う独創性や解放については、他の著書でも以下のように人間的・生命的裏づけが必要だと述べている。「独創性と主観性とは決して同一のことがらではないのである。……独創性ということは、必らず人間的・生命的な裏づけにおいて発揮されるものであるから、如何に個人の立場において発揮されるものであるにはしても、常に全人類への妥当性を帯びていなければならぬ。」（井島 1974：20）。「問題は、芸術における解放である。」「芸術における解放の最も重要な核心は、芸術そのものを可能ならしめるために根源的に要求された解放である。芸術が芸術として成り立つためには、……あらゆる社会的個人的拘束から解放されて、本来自由であるべき彼自身に帰らなければならぬ」「解放とは、かくして、解き放つことであると同時に、自己の人間的自由に帰ることである」（傍点原文以下同様、井島 1974：177-178）。

心理主義についても以下のように手厳しい。「もとより美術活動といえども一つの心理的活動であるから美術教育者が心理学的理解に精通していなければならぬことは勿論であるが、心理学者が支持しない程度の心理学的偏見を弄して美術教育を割り切ろうとすることほど危険なことはない」（井島 1957：21）。戦後美術教育において、学問としての科学性を担保するものとして心理学が大いに参照されたようであるが、描画と子どもの心理とを直接的に結びつけるような議論も見られた。「青い太陽を描くのは父親のないこどもの絵という程度の仮説では、科学的に甚だこころもとないばかりでなく、そこからどんな指導をひき出そうとするのだろうか」（井島 1957：22）という井島の議論には、そうした研究への疑問が表れている。

造形主義・実用主義についても、人間形成と密接に関連させるべきだとされる。「美術教育にとって重要な造形ということは、人間の向い側に投げ出されている形の問題であるのではなく、造形することによって、造形する人間自身が何になっているかということとの関連において考察される形の問題だということを忘れてはならない」（井島 1957：22）。実用には「根源的用」と「応用的用」があり、美術教育には「人間が真に人間に還り、自分の命を生きぬくことを覚えるという用」である「根源的用」が重要であるとする。それこそが「他教科が到底果たすことのできない用」であるからである（井島 1957：22）。

このように美術教育を人間の根源的な生命によって基礎づけようとする井島の理論は、児童画を子どもの生の表現と捉え、それゆえに「芸術意志」に貫かれた芸術家の活動と区別する。「私は美術教育と美術家教育とを区別した。美術教育の究極目的は、必ずしも豆芸術家の養成にあるのではなく、優秀な個々の作品の制作にあるのでもなかった。むしろ、人間性の開発と育成にあるとでもいうべきものであった。だから、評価の目標となるものは、作品であるよりもむしろ制作であり、「つくられたもの」よりも「つくること」に、重点が置かれねばならない。……作品は、かくされた手段を通して実現された目的であるのではなく、制作の全過程の固定した姿でもある。それは、芸術と生との深い一致から当然に導き出される結論だともいえる。いわんや、こどもたちを対象とする美術教育にあっては、このことはいっそう切実である。だから、子どもたちの美術作品の評価は、彼らの生の認識を欠いては成り立たない」（井島 1974: 91）。

この視点は、図工専科への批判にもつながる。「美術教育にたずさわる人々が高度の芸術的感覚をそなえ、制作技法上の知識に通じなければならないのは当然であるが、しかしよき美術家が必ずしもよき美術教育者であるわけではない。……たんなる教育者や心理学者がただちに美術教育を指導することができないように、たんなる美術家が美術教育を号令することも危険である。同様の理由から、私は、特に初等学校における美術専科の教師というものには問題を感じるし、児童画の審査に、こどもたちの生や美学的反省に造詣の乏しい専門美術家が当ることにも疑問がある」（井島 1974: 62）。

「芸術は常に一切の拘束から解放された、自由な人間性そのものの純粋な表現である。全人間的活動そのものといってよい。……この教科に課せられた任務を遂行しようとする教師にとっての第一の条件は、特殊技能的な美術的才能よりもむしろこどもたちの生の真実を知り尽すことであるといえる。できるだけ広く且深くこどもたちと共に生き、彼らのあらゆる種類の精神的および肉体的活動の真相に精通していることが望ましい。学級を担任している教師がその適任者であることはいうまでもない」（井島 1955: 2-4）。この意見については、後に多くの批判を受けたようであるが、子どもの生という根源と結びつけて美術教育を位置づけるために、「主観的な芸術家的信念」をもつ専門美術家や美術専科の教師からいったん切り離して、美学的反省による普遍妥当性の下に美術教育を位置づけることが必要だったのであろう。

先にも見たように、井島は主観性と独創性を区別し、独創性とは「必らず（ママ）人間的・生命的な裏付けにおいて発揮されるもの」（井島 1974: 20）であり、それゆえ芸術の独創性は、「同時にその普遍性でもあらねばならない」

（井島 1974：42）としている。このような「美術の本質」から美術教育を基礎づけようとする井島の「美術教育の理念」は、「美術固有の自律的立場を尊重しながら、しかもこれを深く生活の内面に基礎づけつつ、美術教育独自の原理を確立しようとする意図」（井島 1974：129）に貫かれている。偏頗な美術家の主観性が美術教育に介入することを批判しつつ、普遍的でありかつ独創的である本来の美術のありようが美術教育にとっても重要だとする本質主義的美術教育観だと見ることができよう。

井島の議論はカントの言う「美的無関心性」に基づく近代美学の下にある。しかし、美術の本質を成り立たせているのは、美術家の主観性にもとづいて作られた美術作品ではないのか。美術は制作者の主観性が普遍性へと通じるところにその特殊性があり、美術教育の意味もそこにある。この点については、行論の中で明らかにしていきたい。

山本正男の歴史主義的美術教育学

同じく美学による美術教育の基礎づけを図ろうとしたのが山本正男である。「がんらいヨーロッパの美学史上では、美的教育とか芸術教育の思想はかなり大きな重みをもっていたのですが、わが国ではこの点明治以来移入された美学思想の流れの中では、それほど顧みられることがなかったように思われます。そして同じように、美術教育そのものの領域でも、美学思想への積極的な関心はこれまでほとんど生じなかったのではないでしょうか？　しかし美と芸術による人間形成の課題にとっては、これら両側面からの呼びかけ、いな内面的なつよい結びつきこそが、これからのあるべき充実とあらたな進展に役立つことでしょう。というのは、教育の場においても、美と芸術との実践にとっては、その哲学的反省の基礎――美学・芸術哲学が当然支えとなるべきだからです」（山本 1981：138）。

東京藝術大学の学長で、美学者・美術史家であった山本正男はこのように述べて、美学と美術教育との「ふかい内的な相互規定の自覚がいよいよ望まれる」（山本 1981: 141）としている[9]。「本当の美術教育は美の理性ないし芸術の良心の根源にたえず立戻って、より美しいあるいはより真実な人間の世界を生産することを教え、また学ぶべきものでしょう。つまりそれは美術することの教育であり、美術することにおいて人間を形成してゆく活動です」（山本 1981: 140）。こう考える山本は、それゆえ「美学ははじめから美術教育の中になければならない」（山本 1981: 141）としている。

このように、美術教育を「美術することの教育」あるいは「美術することにおいて人間を形成してゆく活動」だと捉える山本は、「美術と人間形成」を問題にする三つの仕方があるとする。一つ目は人間形成に重点を置いて「人間形成の手段として美術を使う」（山本 1981: 14）ことであり、前節で見た文脈主義に立つものである。しかし人間像は時代や民族や社会によって動揺が激しいため、人間像の形成のための美術というこのような考え方に立つと、「美術するという一つの主体的な意味がかなり薄れてしまう」（山本 1981: 15）とする。

第二の考え方は、「美術すること」を前面に出すものである。しかし美術現象の多様さ、特に「現代」における美術表現が「一般的な人間形成の問題につながってくるかといえば、これは非常に問題があります」（山本 1981: 16）と述べている。つまり、「美術というものの様式の特殊な在り方を考えますと、専門家養成の場合はともかくとして、一般的な普通教育・義務教育の人間形成の問題については適当ではないし、そこにまた一つのずれが確かにあることが感ぜられます」（山本 1981: 17）としている。現代の多様化する美術表現と教育との関係は、山本の言うように、難しい問題を抱えていて、だからこそおそらく美術教育研究においては、学校美術と美術家養成とが分けて考えられてきたのだろう。

こうして二つの考え方を批判する山本は「第三に考えられるのは、美術することと人間形成ということを、何らか一つの共通な理念で総合してゆくという立場が出てきます」とする（山本 1981：17）。そのような共通理念のまとまりがこれまでの西欧の美術史と人間形成論に見られるとして、次のような例を挙げていく。

すなわち、主知主義的なルネッサンスの美術には知性的人間像が、バロックやロココの主情主義的な美術には感情的・趣味的人間像が、一八世紀の古典主義においてはシラーの美的教育論におけるような「理性と感情との調和した人間の在り方」が、一九世紀の自然主義以降の個性化の時代には、「個性主義・創造主義の立場」が打ち出されてくるとする[10]（山本 1981：18-21）。教育史研究においてもさまざまな人間像が議論されるが、同時代の政治経済や社会状況から論じられるのが通例で、このように美術様式と人間形成論を結合して論じるのは美学者・美術史家ならではの視点であると言えよう。

しかし山本の議論はここにとどまらない。一九世紀末のドイツのＥ・ウェーバーの言う美術教育・芸術教育に対する「教育芸術[11]」、すなわち「教育・人間形成の営みこそ、じつは芸術することそのものだという立場」にヒントを得て、見てきたような、「単なるドッキング方式」ではなく、「美術することの主体的活動と、教育という主体的な活動そのものとの中に、同一不変な論理構造がとらえられないものだろうか」（山本 1981：24）として、「美術することと人間形成との根本的・根源的なつながり、同一性」（山本 1981：24）という点をさぐろうとする。このような考え方にたつのも、「ドッキング方式」で見たような美術表現の様式が今日では成立しえないという状況判断がある。山本の美術教育学は、歴史的な情況に応じた美術と人間像の連動をふまえたうえで、今日の美術状況における美術と教育との関係を考えようとしているという意味で、いわば歴史主義的な立場に立つと言えるだろう。

そのような観点から山本は美術表現と人間形成との根源的なつながりとして以下の三点を挙げる。第一に表現は「自分自身のとの対話」であることから、それは同時に人間形成の第一歩であるとする。すなわち「表現という構造における最初の自己自身との対話、自己発見の中に、一方では美術すること、他方では人間形成の問題の、共通な一つの礎石がおかれたということが言えます」（山本 1981：31-32）。第二に、表現の問題は「必然的に自己と他の人間との出会いであり、対話」であることから、「そこに人間同士、たがいに新しい一つの人間的なものに共感するという意味で、人間性の発見」になるとする（山本 1981：33）。そして第三に、表現とは「世界の発見であり、世界との出会い」となるとしている（山本 1981：24）。

山本のこの考え方は、まさに教育学者佐藤学の提唱する学び論、すなわち「学び」を「モノ（対象世界）と自分との対話的実践として」定義し、「『世界づくり』と『仲間づくり』と『自分探し』の三位一体論」とする見方（佐藤 1997：91）と呼応している。

このように山本は、教育の根源に芸術性を見て、美術と人間形成の根源的なつながりを論じる。そこから「ほんらいあるべき美術教育学への道の探究」（山本 1984：172）を行う。「ほんらいあるべき」とわざわざ言うのは、「我が国での美術教育の学的情況において、現在のいわゆる美術教育学は単に美術を扱う教育技術論の枠内で理解されることが多」いという現状認識に立って、「本来の哲学的学科である美術教育学——すなわち美術し、芸術することによる人間形成の学」として美術教育学をつくりなおすことを意図しているからである。すなわち「単に美術能力育成の技術論や指導法に止まらず、すくなくとも人間形成一般の場における主体的な哲学」、あるいは技術論・素材論を支える「主体的な美術活動による人間形成の哲学」といった基礎学こそ、美術教育学（Kunstpädagogik）だとするのである（山本 1984：5）。

そのために山本は、欧米の代表的な美術教育論を科学技術の支配への対峙の仕方に即して整理している。一つは「反技術主義・反科学主義的な」芸術教育論であり、それをJ・ラスキンやW・モリスに始まりヨーロッパ各国に広がった一九世紀末の芸術教育運動[12]に見ている。さらに「見失われた人間の創造的主体性を、芸術教育によって恢復しようという積極的な主張」として、ドイツのミューズ教育運動[13]、さらにはアメリカの創造主義の芸術教育論を紹介している（山本 1981: 182-190）。

第二に、「技術主義・科学主義との協調の芸術教育論」として、バウハウスの運動、ドイツのプェンニッヒ（R. Pfennig）、イギリスのホワイトヘッド（A. N. Whitehead）の芸術教育論が紹介されている（山本 1981: 190-198）。第三に挙げられているのが「非合理主義の芸術教育論」であり、ここで山本はトリュンパー（H. Trümper）によるミューズ教育論の展開と、シンボル論に立つアメリカのランガーを紹介している（山本 1981: 198-208）。

芸術と人間形成との「根源的なつながり」を示すものとして山本は、「人間形成の法則性は芸術価値法則性に見出せる」（山本 1984: 11）とするトリュンパーのミューズ教育論を最も肯定的に見ているように思われる[14]。というのも、山本が論じる「美術教育が科学時代・技術時代にどのように対処すべきか」という「今日的課題」（山本 1981: 111）に対する応答として、さまざまな芸術教育論を挙げる際、最終的にトリュンパーに行き着くように論じられているからである[15]。

山本の美術教育学は、美術と人間形成との根源的なつながりをさまざまな芸術教育論から基礎づけようとしたものであった。今見たようにトリュンパーのミューズ教育に最も親近感をもっているように読めるが、しかしさまざまな理論を含み込むことができるような「総合的な美術教育学」を志向するあまりその議論は拡散してしまったようにも思われる[16]。現在の学問情況においてなお、山本が目指したような美術教育学が確立されているとはいえない。その理由はさまざまあるだろうが、山本の下で学び、山本の美術教育学を引き継ごうとしていたと考えられる石川毅の述べていることが、その理由の一端を示してくれるように思われる。

石川毅の芸術教育学

石川は東京藝術大学で山本正男の下で学び[17]、一九九七年まで東京藝術大学で教職科目の非常勤講師も務めていた（東京芸術大学百年史編集委員会 2002）。「美術は一般に造形芸術の謂に解せられる」ためファイン・アーツの訳語としては「芸術という邦語がやはりもっとも相応しい」（石川 1992: 15-16）という考えから、美術教育学と言わず芸術教育学という言葉を用いる。こうした考えと、また山本の『美術教育学への道』も意識して『芸術教育学への道』という本を書いたのだと思われる。

「芸術教育学と呼ばれる学問は、いまのところ、その名称も、またその学問に固有な対象や方法も確立していない、いわば架空の学問である」（石川 1985: 166）という現状認識から石川は、美術教育を学問的に基礎づけることを目指していた。「「芸術教育学」に相当する用語はドイツにおける Kunstpädagogik 以外には他の欧米諸国にもない。」「ドイツにおいてもその名称があるとはいえ、独立した一個の学問として確立しているのではなく、教育学、一般教授学、教育方法論等の教育学的諸学科、社会学、政治学あるいは美学、芸術学を基礎関連諸学科としてその助力を得て……美術教育論 Kunstpädagogische Theorie ある場合には美術教育学 Kunstdidaktik と称している」（石川 1985: 171）。

このように芸術教育学が学問として未成立であることを繰り返し述べる。「わが国でも事情はまったく同じである。いまあげた同種の基礎関連諸学科からの断片的な知見をつなげて芸術教育（学校音楽・学校美術教育）の基礎に資するものを一般に芸術教育論と称し、……最近では、教科カリキュラム上のこの美術の教育法を美術教育学、美術科教育学と称することが行われ、更に学の名称に相応しい内実が模索されている」（石川 1985: 171）としている。

ここで「最近の動向」として指摘されている美術教育学あるいは美術科教育学という名称は、一九八二年の美術科教育学会の設立を意識してのことだと思われる。美術科教育学会は、一九七九年に大学美術教育学会の一部会員が「大学美術教科教育研究会」を立ち上げ、『大学美術教科教育研究会報告』を出したことに始まり、それが一九八二年に学会となったものである。

この動きについて、同学会二〇年史には以下のように記されている。「当時、大学美術教育学会に出席していた私たちの間では、この学会の発表は教科教育の研究よりも美術専門レベルの研究発表が多く、特に現場の実践がほとんど反映されていないのは教員養成を目的とした大学の研究としてはおかしいのではないか、といったことがしばしば話題になっていた。」「当時の大学美術教育学会に不満をもっていたのは、現場で実践を積み民間教育団体などでも活躍してきた教官達に特に多かったように思う。大学美術教育学会はひどく教育現場から遊離しているのではないか、といった不信のようなものであった。それには、当時の大学設置基準による教科教育担当教官の配置数が少なかったことにも原因があったと思う。したがって、美術科教育を他の美術専門の先生方が兼任で担当している大学が多く、どうしても研究内容がその方に傾いてしまったということではないかと思う」（大橋 1999：16）。

美術の制作者が大学の美術教育講座を担っていて、教科教育の研究がなされていないという当時の状況があり、美術科教育の研究をしたいという観点からこの学会が立ち上げられたことが窺われる。学会化するにあたって、「学」として美術教育を成立させようという気運が生まれており、石川の叙述はこの動きのことを指しているのだろう。

しかし美学者でもある石川は、美術教育の学問的基礎づけは、このような教科教育とは異なる方向でなされるべきだと考えていたと思われる。「われわれがいまここで考えようとしている芸術教育は、芸術をこのような教育学的、教授学的位相へ移し入れることによって生じる芸術教育ではなく、人間の生成そのものを指している。

それは人間の美的生成 ästhetisches Werden とでもいわれるべきものである」（石川 1985: 174）。

人間の美的生成である芸術教育は、美学と同じく「美的なもの」と、その普遍性を構成する「合目的性」の原理を必要とする（石川 1985: 185）。石川は人間の認識や活動の領域には、論理的・説明的なものと美的・解釈的なものとの二つがあり、後者の世界では「形象にせよ理念にせよ対自的にそれを自己から離して考えるのではなく、即時的に自己自身が形象に即して理念に与ることが新たに要請されてくる」（石川 1985: 189）とする。

美的人間とは人間の本質を分有した人間であると考える石川は（石川 1992: 100）、「参与・与り（participation）」（石川 1992: 33）ということを重視する。今日の教育学や芸術学は、学として自らを成立させるために「教育や芸術を客観的合目的性の場へ移すことを考えているようである」が、「教育も芸術も共に自己の外側にあるのではなく、自己の内に自覚的に現われるものであるから、それを対象とする学は、学としての客観化とともに責任化の問題を調和させる努力をしなければならない」（石川 1985: 189-190）。

美学のいわゆる「無関心性」に対して、「責任化」を持ち出すところに石川の芸術教育学の特徴はある。「芸術教育は教育、芸術、歴史、倫理という実践的文化価値領域を包摂して、人間が人間として生きるための核となるべき価値そのものを、人間の全ての思念と行為と認識とを通して実現させる契機となることである」（石川 1985: 191）。

参与、与りという問題は、後に見る芸術的省察においても重要なキーワードになってくる。石川の芸術教育学は、「理想と自由を実現する技術（芸術）を修得する」芸術教育（石川 1992: 174）を美学によって基礎づけつつ、しかし美学が学問である以上もたざるを得ない論理性をも問い直し（石川 1985: 188）、研究者自身が参与、与りによる責任を果たすような、新たな学問として定立されようとしていたのだと考えることができる。

しかし石川の芸術教育学がその後引き継がれて展開したようには思われない。その理由は、石川自身の「教育と美学」という論文に示されている。「教育或いは芸術教育を、美学によって基礎付けようとすることに対しては、教育学及び芸術教育学・美術教育学の側の論者は決して積極的ではない。また、美術教育の基礎は美術の本質から考察されるべきだという、造形芸術の実践の側からの強い主張もある。つまり、美術教育、芸術教育を考察するに際して、美学は、教育の側からも、また直接的担い手たる美術の側からも、必ずしも快く迎え入れられているわけではないという現実がある」（石川 1995: 313）。

美学者であり、美術家養成の場である東京藝術大学において美術の教員養成にも携わっていた石川の芸術教育学は、美学と美術教育と美術制作とをつなげる可能性を秘めていたと言えよう。だが、一方で教科教育における教授法研究、他方で美術実践における理論忌避の挟撃にあって、その可能性は潰えてしまったようにも見える。それを再び、取り戻すことはできるのか。

井島や山本の思想も含めて、美学者が芸術教育あるいは美術教育について思索を重ねていたこと自体が貴重だと考える。近年の美学にこのような教育への関心はほとんど見られない。ただし当時においても、美学者たちが哲学的な思索を重ねながら、教育哲学者への言及がほぼない。このことは、同じく哲学を親学問としていながら、教育哲学と美学との間にまったく研究的な交流がなかったことを意味していよう。教育哲学から芸術へ関心が寄せられている今日、美学が目指した芸術教育の哲学的基礎づけを別な形で（つまり美学からではなく教育哲学から）追究する可能性はあるだろう。本書の第Ⅰ部はその試みであり、第Ⅱ部は美術制作に日々取り組む若い美術家が、あらためて美術教育を自らの実践のただ中から基礎づけようとするものである。すなわち、潰えた可能性を別の形で紡ぐ試みである。そこで次に、近年の教育哲学における美術への関心を見ておきたい。

第3節　教育哲学における美術の位置づけ

『教育哲学研究』一〇〇号記念特別号（二〇〇九年）には、教育哲学のさまざまな論点に関するレビュー論文が掲載されているが、美術教育に関するものはない。対して、教育思想史学会の『教育思想史コメンタール』（二〇一〇年）には、西村拓生による「「美と教育」は如何に論じられたか?」というレビュー論文が掲載されている。前者が過去五〇年を振り返るものであるのに対して、後者は学会発足から二〇年を五つの時期に分け、西村論文が担当する第Ⅲ部は、『近代教育フォーラム』第七号から第一〇号（一九九八―二〇〇一年）という短い期間を対象としていることから来ているのだろう。(18)

美術教育は、戦後教育学の大きな流れにおいて取り上げられるほどの主題とはなっていないが、近年クローズアップされている課題であるということは言えるだろう。(19)「美と教育」や「アート教育」というタイトルを冠するシンポジウムや著作出版などが相次いでなされていることがそれを示している。このような教育とアートのつながりは、機能主義化する教育に対する批判意識ともあいまって繰り返し持ち出される。(20)教育学からの芸術に対する過剰とも言える期待がある。芸術は教育学において、科学的な基礎づけとは異なる理論を構築するための「頼みの綱（fall-back position）」（Eisner 2004: 2）になっているように見える。

教育学のポストモダニズムのなかで

西村によれば、「美的なもの」は「教育学のポストモダニズムにおける一つの議論の焦点」であり、その背景には「「近代」の行き詰まりを克服し、分裂を止揚する契機を「美的なもの」に求めようとする一般的な思想傾向があった」という。そうした傾向を示す論者として、J・ハーバーマスやD・レンツェンの名が挙げられている。「美的なもの」はそのように、ポストモダニズムにおける「底抜けの底」として期待される一方で、「近代「教育」と特殊近代的な意味での「美」との〝共犯関係〟を批判的に対象化する、というベクトル」もあったことを西村は指摘している（西村 2010: 97-98）。近代的な教育と美の概念を問い直しつつも、ポストモダニズム状況においてなお教育が成立するために、「美的なもの」に期待が寄せられ、それが美術教育に対する期待へと展開しているように見える。

美的なものと教育との関係を考える上で繰り返し言及されるのがシラーの『美育書簡』である。シラーをどう読むかということが、上記の期待と批判というスタンスに関係しているようにも思われる。西村は様々な立場からのシラー論を取り上げているが（西村 2012）、ここではハーバーマスについて見ておきたい。

「近代」を「真・善・美の三つの領域を敢えて分化させ、それぞれ高度に発展させた後に再統合しようとする一つのプロジェクトである」とするハーバーマス[21]（西村 2012: 63）は、「美的国家」に「対話的理性」の具現化を見ている（西村 1999: 141）。そのため美的国家は、コミュニケーションの理念たる「理想的発話状況」による生活世界の統合と重ねあわせられる（西村 2012: 179-180）。ここにおいて「美的なもの」は、「ハーバーマス＝アーレント的」公共性論（コミュニケーションとディスクルスによって共同体の理念や規範が形成されるとするもの）と接続される（西村 2012: 180）。

「対話のなかで掲げられる妥当性要求の相互承認という点に合理性の基礎を求め」るハーバーマースは、美的なものによる妥当性要求の性格を、美的仮象によって「主体を日常世界の合目的性から解放し、生活世界のコンテクストを更新させる契機」だと位置づけるのである（野平 2007: 116-117）。このようなハーバーマスの見方は、近代の科学的、道具的理性に「美的な世界関係を対置する」ポストモダン教育学とは異なり、「美的なもの」を

「近代に内在する潜勢力」と見なして、「科学的、合理的理性とは異なった合理性の契機」をそこに見ようとするところから来ている（野平 2007: 120）。ポストモダニズムの側（例えばリオタール）は、「美的なもの」をそのような合理性に回収されない「絶対的な他者性」と見て、シラーの『崇高論』に着目する（西村 2012: 182-183）[22]。

美と教育との関係

シラーの『美育書簡』に典型的に見られるように、美と教育の連動は、近代美学が樹立された一八世紀半ば頃にはすでに見られたという（鈴木 1999: 159）。「シラーの構想においては、美的なもの、道徳的なもの、教育的なものの三者が互いに支え合って共存しているのである」（今井 1997: 83）。美学は、「人間をその感性をも含めた全体像において描いてみたいという当時の人間学的関心を象徴したもの」であった（鈴木 1999: 159）。その意味で、美的教育は近代教育学の理論的基盤であったのであり、それゆえ鈴木晶子は、ポストモダンや近代再考において美の復権が語られるのは「むしろ奇異な感じすら与える」としている（鈴木 1999: 159）。

鈴木はこの視点から「啓蒙と美と教育の思想連関」に「ドイツにおける人間形成思想の特徴」を見る（鈴木 1999: 159）。「ドイツ的なるもの」への鈴木の着目は思想の文脈依存性を相対化するという研究方法論に関する議論であると同時に、「近代美学における生の美化が結局のところ絶対的なるものへの安易な同一化をもたらしていった過去」へ目配りしたものである（鈴木 1997: 164）。

今井康雄が指摘しているように、「社会構成と人間形成の原理を組み込んでいた」美的なものは、芸術の領域へ限定され、美的なものの道徳的・教育的価値は「芸術作品と対峙する孤独な精神集中」へと狭められていった（今井 1997: 85）。こうした芸術への対し方が、教養市民層の間で美術史への関心を高めていったのだが、芸術教育運動を牽引したリヒトヴァルクがそれを批判して、国民の趣味形成を説くとき、芸術は既存の社会や国家を支えるものになるのである。

さらに二〇世紀に入ると、表現主義の芸術とクラーゲスなどの生の哲学に依拠した「ミューズ教育」は、ナチズムを招き入れることになったとも言われる[23]。美と教育の関係という問題は、一九九〇年代にドイツ教育学において活発に論じられ始めたようだが（今井 1999：149）、理性の他なるものとしての美は、ドイツの思想史的・歴史的文脈において、ナチズムとの距離を問われざるを得ないように思われる。ドイツの美的教育学を問題にする論者が美の次元と教育とを直接的につなぐことを禁欲し[24]、メディア（今井）やフィクション（鈴木）やシンボル（眞壁）にその論を焦点づけていくことの一つの理由がその点にあるようにも思われる。

陶冶（ビルドゥング）論における美術

今井が指摘しているように、美の次元が芸術という対象化可能な形態に限定されることで、学校教育のなかで教材として伝達されることが可能になる（今井 1997：86）。学校教育のカリキュラムとして芸術が組み込まれるのが一九世紀以降であることもそれを示していよう。美術教育を考えるとき、わたしたちはそうした芸術に焦点化された地点を出発点としてしまうが、おそらくそれだけでは、一九世紀末以降、『美育書簡』に見られた道徳性と結びついた全人的な美的教育が、J・ラスキンやH・リードなどによって主張されるようになったことの意味を的確に理解することはできないだろう。

先に見たような、美と教育との連動の背景には、「特殊と普遍、個と全体を媒介することによって形成されていくという人間の成長発達モデル」があったとされる（鈴木 1999：158）。人間を「神の似姿」としての完全性にまで形成するという「人間の自己完成論の世俗化」（三輪 2000：528）として一八世紀に成立する近代的な意味における陶冶（Bildung）概念がここにおいて成立する。それは、「人間形成を、神の世界創造に匹敵する創造的、芸術的な営みとして捉える側面を備えて」おり（野平 2007：109）、フンボルトの言う「（人間の）諸力が最も高度にかつ最も調和的に完全で一貫した全体性へと発展すること」を意味していた（ウィガーほか 2014：2）。そのような陶冶論的視点から教育学のなかに美術を位置づけたのがK・モレンハウアーである。

「私たちは、私たちの生活形式・生活諸関係を子どもたちに対して直接提示することはもはやできず、提示の代表的提示（Repräsentation）に依存しているのである」（モレンハウアー 1987：90）と言うモレンハウアーは、図像分析に向かい、その後の教育研究に大きな影響を及ぼした（眞壁 2012：242）。「イコノグラフィ的解釈学と現象学的解釈学のあいだ」を媒介する方法的態度を重視するモレンハウアーの図像分析は、「図像の「読解」の過程でその対象を解釈しながら向き合う者の感性活動に関し、何が生じているのかが解明されなければならない」とする（眞壁 2012：251）。

また、美的制作と自己との関係づけを「人類学的態度」で記述するモレンハウアーの『子どもは美をどう経験するか』（モレンハウアー 2001）は、陶冶過程の具体相に迫ろうとしたものと見ることができる。絵画と音楽に関する実験に基づき「芸術との取り組みを芸術系の教科科目に封じ込めてきた」、つまり「芸術を陶冶の統合媒体として考えることをしてこなかった」教育学を批判するモレンハウアーの議論（モレンハウアー 2012：76）が、ドイツ教育哲学研究における美的なものへの関心を喚起してきたと言えよう。

『回り道』においてピエロ・デッラ・フランチェスカ《キリストの鞭打ち》（一四六〇年頃）や、レンブラントの二つの解剖に関わる絵画を分析しながらモレンハウアーが論じるのは、絵画に向き合う私たちが、絵画を解釈しながら同時に自己へと反省的視点を向けることで変容する陶冶論的契機である。(25)

陶冶のプロセスをミメーシスとつないで人間形成を考えようとするのがC・ヴルフ（Christoph Wulf）である。「個人を完成する――ヴィルヘルム・フォン・フンボルトの人間学、陶冶、ミメーシス概念」という論文においてヴルフは、人間の内的性質の形成は外的世界との相互作用を必要とするというフンボルトの理論を受けて、陶冶の過程は「ミメーシス的である」としている。この場合のミメーシスは単なる「模倣」を意味するのではなく、「シミュレーション」「表象（representation）」、そして「表現（expression）」を意味する。すなわちミメーシスとは、「個人が外界に拡張し、外界を同化するのを助ける」もので、ミメーシス的能力を用いて個人は「なじみのないものへと拡張し、それを自らのイメージや音や想像力の世界へと統合する」のである。「このような変容は、教育過程を構築するのであるが、それは外界が像（picture）という形で伝えられ、それを個人の内的イメージへと取り込むことによって果たされる」という（Wulf 2003: 246）。

近年、H・ベルティングやH・ブレーデカンプなど美術史の領域からイメージ学（Bildwissenschaft）へ展開する研究が広がっている[26]（Burke 2008: 135-136）（ブレーデカンプ 2016）。こうした動きは「哲学のイメージ論的転回」（岡田 2014: 31）とも連動しているのであろうが、見てきたように、教育学においてもイメージを介していかに人間形成がなされるかということへの着目が、モレンハウアーによる絵画の陶冶論的研究やヴルフのミメーシス論、あるいはミュージアムを陶冶空間と見るパーモンティエ（パーモンティエ 2012）などにおいてなされている。

ヴルフは言う。「ミメーシス的なまなざしにおいて、観察者は世界へと自らを開く。世界への接近を通して観察者は自分の経験世界を拡張する。観察者は世界の写像を受け取り、それを自らの心的なイメージ世界に受肉する。形態と色彩、素材とその構造の視覚的な追遂行を通して、これらは内面世界へと変換され、自らの想像界の一部となる」（ヴルフ 2009: 132）。言語を通じた知の伝達とは異なるイメージやモノを介して、わたしたちが世界や他者を自己へと引き受け、また自己の内的世界を広げていく、それがまた文化を形成していくという意味で、とりわけドイツ教育哲学の陶冶論において美術への着目がなされていると言えるだろう。

英米系教育哲学論集における美術教育

以上のドイツ教育哲学の状況に対して英米系の教育哲学の議論はどのような状況にあるのか。宮寺晃夫によれば、一九六〇年代から一九七〇年代の「英語文化圏の主流」になっていたのは、I・シェフラーとR・S・ピータースに主導された「分析的教育哲学」（Analytic Philosophy of Education）である。「分析的教育哲学は、教育のいとなまれ方をめぐる利害の対立や見解の相違を、メタ理論の次元で解消していくことを目指して登場した」と言われる（宮寺 2000：162-163）。親学問である哲学から教育哲学が自立していくために必要な方法論であったとされるが、一九八〇年代以降、社会の多元化・多極化に伴い「規範的教育哲学にとってかわられていく」[27]（宮寺 2000：167）。とはいえ、現代哲学の分野では分析哲学は依然力をもっており、また、「現代の代表的な教育哲学者のカレンやシーゲルによると、教育哲学は近年、哲学分野としての認知度を取り戻しつつあ」るという（佐藤 2012：80）。ここではさしあたり、いくつかの教育哲学論集から美術教育に関わるものを取り上げてみたい。R・W・ヘップバーン「芸術と感情・情動の教育」（Hepburn 1998）、N・キャロル「美学と芸術の教育的な力」（Caroll 2003）、C・Z・エルギン「芸術的ヴィジョンを教育する」（Elgin 2009）である[28]。ヘップバーン論文の初出はピータース編の本であり、キャロル、エルギンの論文は、それぞれカレン、シーゲル編の論文集に収録されたものであることから、ある程度代表的なものと言えるだろう。

「分析的伝統」に立つ哲学者だと言われているヘップバーンは、芸術鑑賞と感情や情動の教育との関係を理論的に吟味していく。何らかの情動を持つということには認識や判断、あるいは評価がともなっているため、そうした情動の対象となるモノによって情動の教育が可能になるとする。そのモノとは、「尋常ならざる正確さをもって見方や感じ方を統制するようなもの、そしてかなり斬新で豊かで多彩な情動を促す」（Hepburn 1998：172）ようなもの、すなわち芸術作品である。「芸術作品はわたしたちがすでに知っている感情を刺激するために構築されているのではなく、わたしたちの情動的な経験の拡張のためである」と述べるヘップバーンは、芸術は人を「ありきたりの情動（emotion-cliché）」から引き離すことで個々人の「情動的自由」と結びつくものであるとする（Hepburn 1998：173-174）。芸術作品は、感傷的なものをもたらすのではなく、「自らの感情の統合性を測ることができる尺度をもたらす」（Hepburn 1998：174）ようなものと位置づけられている。

ただしヘップバーンはこの見方を「さしあたりの説明（initial account）」として、それに対して予想される反論、すなわち目的を持たない情動があるといった、情動概念の内実についてや、芸術が新たな陳腐な情動を生じさせることなどを自ら挙げて吟味していく。そうした反論を吟味しつつなおヘップバーンが主張する情動の教育の重要性は、芸術がもたらす他の可能性（alternatives）であり、それがもたらす情動的な活力である。

ヘップバーンにも依拠しながら、美学者であるキャロルは、近代美学において芸術から教育的有用性を消し去ろうとする二つの議論を吟味する。一つは、「美学的議論（aesthetic arguments）」で「いわゆる適正な芸術は、教育といかなる関係も持つべきではないことを示す」ものであり、もう一つは「認識論的議論（epistemic arguments）」で「芸術は教育的機能を持ちえない」ことを論じるものである（Caroll 2003：369）。キャロルは両者を論駁することで、芸術が教育に重要な役割を持つこと、そして芸術が教育に貢献する正しいあり方を描き出そうとする。

「美学的議論」が前提としている「適正な芸術」とは「美的経験を与えるもの」であるが、キャロルはすべての芸術作品が美的経験を促進する意図で制作されているわけではないし、芸術的な価値を教育的価値のようなその他の価値から分離することができるのかと疑問を呈する。芸術は、命題的知識を伝達しないし、知識の正当化に必要な論証を欠いているとする「認識論的議論」に対しては、その教育概念の狭さを指摘し、芸術を哲学の思考実験と重ね合わせてその意義を主張する。

才能は天与のもので芸術制作はインスピレーションによるとして、鑑賞における趣味も人それぞれであるから芸術教育は不可能だとする議論に対して、エルギンは分析哲学者N・グッドマンに依拠して芸術というシンボルシステムの教育可能性について論じている[29]。芸術をシンボルとして解釈すると、美術作品の制作は、適切で効果的なシンボルの考案になり、鑑賞は統語論や意味論に基づいた正確なシンボルの解釈になる（Elgin 2009: 325）[30]。見てきたように、分析哲学を中心とした教育哲学においては、芸術活動やそれによって得られる情動など本来分析しにくい問題について、情動や感情を認識や思考と結びつけ、芸術をシンボル論的に捉えることでそれが教育可能であるという議論がなされているのである。

分析哲学を越えて

見てきたような分析哲学的な議論から距離を置いている論者として、最後にR・シュスターマンとP・スタンディッシュを挙げておきたい。ネオ・プラグマティズムに立つシュスターマンは、美的経験に着目してグッドマンの議論を次の三つの観点から批判している。第一に、グッドマンは「根本的な美的差別化」を前提としていて「さまざまな分野を横断するような」美的経験を認めることができないこと、第二に、グッドマンの言う認知的シンボル論は経験の観念が包摂する「感覚性（sentience）、直接的感情、情緒作用」と関係づけることができないこと、第三に「グッドマンによれば、ある対象が芸術作品であるのは、対象のシンボル化機能が、シンボル化の徴候となる美的モードをはっきりと使用しているときだけ」だが、対象が芸術作品であるかどうかを知らずにシンボル機能を吟味できないため、彼のシンボル論は芸術の定義の基礎たりえないというものである（Shusterman 1997: 36-37（95-96））。グッドマンのような「感覚主義の拒絶」は哲学化する現代芸術の状況に対応しているが、シュスターマンはそれに対して人びとの美的経験を担保しているポピュラーアートに目を向ける

（シュスターマン 1999, 2012）。「哲学の日常性への回帰、日常性における哲学的思考の復権」（齋藤 2012: 593）を課題としているスタンディッシュは、英語使用圏の哲学の主流である「概念分析の方法」（つまり分析哲学）に対して、「これによって、知識、学習、カリキュラムに関わる中心的な概念に精密な分析が提供されたが、私自身が直面していた実際的な問題にとっては比較的無力であるように思われた」と述べている（スタンディッシュ 2012: 12）[31]。

日常言語学派の哲学に依拠してスタンディッシュは、「日常の声を、哲学の非人格的で形而上学的な声による抑圧や否定から回復させる」ことを目指す（Standish 2005: 13）。そのような抑圧が美学を日常性とは切り離されたもの（art for art's sake）へと押しやったと考えるからである。しかしそれは、「経験の一般化（empirical generalisation）」ではなく、「話し手の誠実さと他者との協力、共同を確認する、コミットメント、あるいは同意の表明」である（Standish 2005: 12）。つまり、美的判断は単なる個人的な感情の表出ではなく、他者と共に一定の普遍性への志向をもって客観性を見出していくことだというのである。

このような個と共同体とをつなぐ視点ゆえに、「反省的で美的な判断」は、倫理や政治といった実践的な領域の問題と重ね合わせることができ、それゆえリベラリズムとコミュニタリアニズムの二元論を超える契機になるというのがスタンディッシュの立場である。

見てきたように、現在の教育哲学において、カントが「関心なき適意」として定立した芸術概念（art for art's sake）は、生活世界における美的経験とは切り離されたものとして批判され、芸術概念が問い直されるとともに、公共的問題へのコミットメントや合意形成論の観点から芸術教育に期待が寄せられていると見ることができる。美的なものと「ハーバーマス＝アーレント的」な公共性論との接続や、「コミュニケーションとアソシエーションを生成し公共性の基層を形成する」芸術の経験に着目したデューイの美的経験論（上野 2010: 220）は、教育哲学に芸術教育を位置づける有力なテーマだと考えられる。

しかし、シンボル[32]や「モノの教育的意味[33]」に着目した美的経験はそこにとどまらない可能性を開示する。人は他者に理解されるためだけに「シンボルの生成」を行うわけではない。シンボルの生成は自己形成にも必要なのである。世界に対する身体感覚を自らに折り返すだけなら、白い紙に白いペンで描いても同じであるが、子どもでさえそうしない。それは自らの感覚を内的に折り返すためにも、「シンボル生成」が必要だからではないだろうか。眞壁宏幹も指摘しているように、「ある種の美的シンボルは、埋もれていた身体的記憶を呼び起こし、既成の自己を揺さぶる契機ともなる」。構造化を逃れる美的経験は「有用性の剝ぎ取られた世界や私」を垣間見せるもので、そこにこそ「美的経験の自己形成的意義がある」（眞壁 2006: 162）。その意味で社会化を目指す教育とは本来相容れない側面をもつ。

また、モノの未規定性は、有用性や合理性の文脈とは異なる、芸術に固有の美的な合理性の回路を開く（今井 2017b）。それもまた公共性論やコミュニケーション論とは異なる芸術教育の意義を示すものとなるだろう。

あるいは、他者とのコミュニケーションということを考えても、芸術表現を介したコミュニケーションは、制作者の妥当性要求を鑑賞者が認証することで成立するというよりも、むしろ鑑賞者の認証を制作者があらかじめ否認し、自明だと思われていることを問い直すような新たな世界関係を構築することで、認証のあり方そのものを変えていくようなものなのではないか。現代アートは、そうした観点を打ち出している[34]。しかし現代アートは美術教育研究において忌避されているように見える[35]。あるいは教育によって理解可能なものに回収される[36]。しかし現代アートの動向に目を背けて「眼と手の訓練」として成立した美術教育、あるいは創造美育運動に端を発する自己表現としての美術教育に固執するだけでは、現在危機に瀕している美術教育は生き残れないだろう。

急速に自己展開する現代アートに迎合すればいいということではなく、むしろ美術教育の本質を常に問い直しながら保持するためにも、教育の論理に自閉することなく、美術状況と関わり続ける必要がある。美術家が美術教育を考える意味もそこにあるし、美術と教育のあいだを考察する美術教育研究の可能性もそこから展開するだろう。

注

（1）日本の美術教育の歴史については多くの研究がある。通史的なものとしては（金子 2003）、明治期の図画教育については（中村 2000）（橋本 2001）、大正期の芸術教育運動については（上野 1981）など。また、戦後美術が「周辺教科」に位置づけられてきた経緯については、（小松 2012、特に第五章）参照。

（2）この背景には、「近年の産業構造の変動と絶え間のない技術革新」により、「人の生き方の転換」が求められているというホワイトの時代認識がある。つまりホワイトは、生産労働とは別の「善き生＝幸福（ウェル・ビーイング）を追求していくようになってきている」（宮寺 2000: 183）。

（3）ホワイトとクープマンの対立については（小松 2009）参照。

（4）アメリカの美術教育史に関しては、（岡崎 1996）（西村 1994）（Geahigan 1992）参照。

（5）ここで那賀が参照しているのは、アイスナーの言う制作的（productive）、批評的（critical）、文化的（cultural）な芸術の学習における三つのアスペクトである（Eisner 1972: 65（86））。ここで那賀が言おうとしているのは、アメリカのように批評的な側面によってではなく、本来制作的な側面を強調する創造主義をさらに制作を重視することでのり超えようとしたのが日本の美術教育であるということだろう。

（6）例えば（上野 2007 第七章第二節）、（清原 2000）（相田 2015）など。

（7）ただし、全国に五〇〇〇名の会員を擁していた芸術学会に比して、美術教育学会は規模の点では圧倒的に小さな学会であったようである（増田 1984: 112）。

（8）この三冊の学会誌については、（小松 2017c）参照。

（9）山本の『美術教育学への道』が出版されたのは一九八一年であるが、収録されているのは一九六〇年代から七〇年代にかけて雑誌に掲載された論文や、講演記録である。

（10）このような芸術様式と芸術教育論との相関関係は他のところでも様々に論じられていて、本文で見たような対応のほかに、

「ロマン主義芸術に対しては、ヘルバルト学派の道徳的・宗教的な情操教育論」、「自然主義芸術の傾向にはペスタロッチ以来の個性教育論の思想」、「構成主義とバウハウス系統の造形教育論の対応」などが指摘されている（山本 1984：9）。

（11）　ヘルバルト以来、教育を基礎づける学問は倫理学と心理学であったが、ウェーバーは美学を教育学の基礎科学として位置づけようとする（荒巻 1996：33）。すなわち、「教育芸術」とは、「教師の教育活動そのものが一つの芸術活動に似たものであること」を示し、全教育活動を貫く原理として「芸術」を位置づけている（荒巻 1996：37）。ただし、「教育芸術」の原語であるErziehungskunstという言葉自体は、教育の技法や「状況に柔軟に対応していく教師の判断力」である「教育的タクト」を意味するものとしてカントやヘルバルトにおいても重要な概念とされていたという（柴山 2011：156-158）。

（12）　ドイツにおける芸術教育運動に関する精緻な研究として、（鈴木 2001）（眞壁 2010）（今井 2016）を参照。

（13）　ミューズ教育思想に関する詳細な研究として（長谷川 2005）参照。

（14）　ただし、長谷川哲哉は、トリュンパーに関する山本の解説を「一九五〇年代ドイツでのミューズ教育思想を十分に調査した上でなされていない点に難点がある」としている（長谷川 2005：68）。

（15）　例えば、この時代要求に①協調する構成主義・機能主義、②対立する美的感情の論理性（ランガー）、そして③総合するミューズ的統合（トリュンパー）という具合に（山本 1981：111-113）。あるいは、ⅰ対立するミューズ的教育論（ベッラー）、アメリカのアンドリウスの創造教育論、ⅱ協調するバウハウス、生活教育論、美的感覚論の育成を強調するホワイトヘッド、そして、ⅲ超克：トリュンパー、ランガー、リード（山本 1984：10-11）という形で。ここで山本は、（山本 1981）を参照指示しているが、議論は微妙にずれている。ただし、どちらにしても、トリュンパーのミューズ的教育論を高く評価しているように読める。

（16）　山本は監修した『美術教育の理念』という本の巻頭言である総説「現代と美術教育学研究」の末尾で次のように述べる。「こうして、いまやわれわれに必要な、美術による人間形成の基礎づけの学としての美術教育学は、端的に言えば、詩的直観の感性論（ａ）と実存的出会いの人間形成論（ｂ）を総合する美的人間学に支えられ、具体的には美術分野における美的教育の教授学（Didaktik）としての性格（ｃ）をもつべきものであろう。さらに敷衍すれば、美的人間学とは感性の論理（ｄ）、すなわちその美的機能・詩的機能の筋道を明らかにし、これによる人間性の発見と自覚、つまりは人間の自己形成を基礎づける学であり、美的教育の教授学とは感性の詩的体験・詩的能力の育成開発の方法論にほかならない」（ａｂｃｄは引用者による補足。山本 1984：16）。これ以前の叙述からすると、ａは伝統的美術の芸道論、ｂはドイツ古典主義以来の教養概念（Bildung）、ｃは教授法を中心とした美術教育学、ｄはバウムガルテンやアルンハイムの感性教育論を指しているのだと考えられる。歴史主義に立つ山本は、これまでの美術史や美的人間形成論を「総合すること」にこそ重点を置き、あるべき美術教育学の構想について、明確な方向を打ち出すことは目指さなかったのだろうか。

(17)　石川は次のように述べている。「戦後、美術教育への本質的な学的問いかけを始められたのは、我が国の美学発展のために働いて来られた山本正男博士である。筆者は大学入学以来三十余年、その教えを受ける幸せに恵まれた」(石川 1992：186)。

(18)　後に見るように、美と教育との関係づけは、ポストモダニズム教育学において議論の焦点となったものであり、教育思想史学会が近代教育を問い直すというポストモダニズムの思想動向のなかで発足したこととも関係があるだろう。

(19)　「美と教育」についてのシンポジウム（教育思想史学会 1999 参照）、科研「『美的なもの』の教育的影響に関する理論的・文化比較的研究」（二〇〇二年－二〇〇六年研究代表者 今井康雄）とそれによる国際シンポジウム「美と教育の間――美的経験は人間形成に何をもたらすか」（今井 2005 及び Imai ＆Wulf 2007 参照）、あるいは（佐藤・今井編 2003）など。

(20)　「機能主義」という概念については、大学に即して論じている松浦良充の議論を参照。松浦は「機能主義的な大学像」を「大学の知的活動の対象となる文化や知の内容を問うことなく、ただよりよいパフォーマンスを達成するという機能性重視の大学像」と説明している（松浦 2013）。

(21)　「一八世紀に啓蒙主義の哲学者たちによって表明されたモデルネのプロジェクトが目ざしていたのは、客観性を志向する科学を、また道徳および法の普遍主義的基盤を、そして自律的芸術を、それぞれ他にとらわれることなくその強固な自律志向（Eigensinn）において展開させることだったが、また同時に、こうして集積された知的潜勢力を特殊な人間にしかわからない高踏的なあり方から解き放ち、実践のために、つまり、理性的な生活を形成するために役立てることであった」（ハーバーマス 2000：23）。

(22)　シラーの『美育書簡』を『崇高論』によって補完されるべきものとしてシラーの美的教育論を読み解くものに（井藤 2009）がある。井藤はさらに、シラーの『美育書簡』とゲーテの『メールヒェン』の関係図式にシュタイナーの教育論を位置づける博士論文を書いている（井藤 2012）。

(23)　長谷川哲哉は、ミューズ教育思想をシラーから始まるドイツ美的人間形成論の系譜に位置づけることによって、ミューズ教育の復権を図っている（長谷川 2005：676）。しかし眞壁宏幹によれば、「長谷川は二〇世紀のドイツの芸術教育の歴史を、通常そのようには解釈しない理論や実践をも、「ミューズ教育」が明確化していく過程の事例として読み込み、さらにはシラーの美的教育論にその源泉を見るに至っている」として、長谷川の研究がドイツ芸術教育思想研究の水準を高めたことを評価しつつも、その「修正主義的思想史研究」を批判している（眞壁 2010：49-50）。

（24）〈美〉の次元と教育との結合をめぐる、ドイツのアカデミズム教育学における議論については（今井 2001）参照。教育と芸術とを截然と区別することを主張するT・リットに対して、ミューズ的教育を押し出すE・クリークがナチスの教育観へと連なるものであったことが論じられている。

（25）陶冶（Bildung）という概念は教育（Erzieung）とは異なって、内的自己と環境世界との相互作用であり、それゆえ「自我と文化の同時産出」を可能にするものだとされる（パーモンティエ　2012：234）。ドイツの教育哲学研究において、一八世紀後半以降に定式化されてきたビルドゥングという概念が一九八〇年代以降、本来の可能性を維持しつつ今日的な条件を考慮に入れて再定義されていると、ドイツ教育哲学会会長のコラーは述べている。すなわちそれは、知識や能力を獲得することを意味するのではなく「世界や他者や自己に対する主体の関係が変容すること」だとされる（Koller 2017：2）。

（26）シンポジウム「思考手段と文化形象としてのイメージ――アビ・ヴァールブルクから技術的イメージ・図像行為まで」二〇一六年四月九日（於東京大学）での議論も参照。

（27）規範的教育哲学の担い手として宮寺が挙げているのは、パトリシア・ホワイト、グレアム・ヘイドン、ジョン・ホワイトの三人である。

（28）この他に、（Blake et al. 2003）も見たが、美術教育に関する論文は収録されていない。

（29）グッドマンは、特にその晩年、芸術と科学はともに「私たちの世界がどのように理解され創造されるのか」に関わるもので、「芸術であれ科学であれその教育は、「理解の前進」をめざすもの」であるとして、両者の共通性を強調している（鳥光 2010：98）。

（30）モレンハウアーも「美的識字化（ästhetische Alphabetisierung）」という概念を打ち出し、その際グッドマンを参照しているという（西村 1996：379）。

（31）「実際的な問題」とは、グローバル化に伴う「技能やコンピテンシーの流行」、「統制主義（managerialism）」、「説明責任文化」を指している（Standish 2007）。この論文でスタンディッシュは、そうした問題に分析哲学は対抗できないとして、ハイデッガーや後期ウィトゲンシュタインに依拠する自らのスタンスを明確にしている。

（32）眞壁宏幹は、グッドマンにも依拠しながら、「隠喩的例示という特徴をもつ「シンボル」」が美的経験の対象であり、その例を、「オレンジの香り」を色や音楽に変換するレッジョ・エミリアの活動に見ている（眞壁 2006：158-159）。

（33）スタンディッシュは、美術教育は、G・ライルが定式化した「〜について知る（knowing that）や〜のやり方を知る（knowing how）」ことに関わるだけでなく「当該のモノに対する直接的経験」によって知る「直接知（kowledge by acquaitance）」に関わるものであるとしている（Standish 2005: 14）。また、「モノの教育的意味」については、（今井ほか 2016, 2017）を参照。

（34）C・ビショップは、「その構成員が互いに互いを同定しあえるような共同体を産出する」リレーショナル・アートを批判し、「鑑賞者、参加者、文脈のあいだの緊張を保持している」作品に着目している（ビショップ 2011: 94）。

（35）この点については（小松 2015）参照。

（36）槻木野依は、次のように現代アートと教育との乖離を指摘している。「国家は芸術を理解可能な「美術」に落とし込むために、伝達が可能な教育をベースに懸命に諸制度を整えている」（槻木 2010: 3）。

第二章　美術の学びの特殊性

小松　佳代子

第1節　発見的な学び

美術教育の歴史を簡単に振り返っておけば、「眼と手の訓練」としての技術習得から、自己表現へという流れが「定説」になっている。日本の美術教育史においては、その転換点に山本鼎の自由画教育運動が置かれ、教科書の図版を写す臨画から自由画を経て、創造主義的な自己表現へということになる。あるいは専門家養成としての美術教育も、工部美術学校における西欧の技術移入の手段としての美術教育から、日本に独自の美術を成立・普及させようとした東京美術学校へという流れがある。このようなよく知られた美術教育史に対する修正を行うモノグラフが近年書かれている(1)。

そのような研究から展開されるべきは、美術教育とは何が学ばれるべきことを指して言うのかということである。技術も大事だが表現も必要だという折衷案を超えて、美術の制作や鑑賞でこそ学ぶことができるものとはいかなるものなのか。

前章で見てきたように、美術を真っ当に教育に位置づけていくために、美術を認識論的にとらえ、美術という、論弁的ではないがしかしなお一つのシンボルシステムであるという論が立てられている。ランガーはそれを現示的（presentational）シンボルと呼び、次のように説明している。「形式を純粋に関知することによって与えられるシンボル体系は、非論弁的シンボル体系（*non-discursive symbolism*）であり、言語的「投影」が不可能な観念を表現するためには特に適している。それの主要な機能、すなわち絶えまなく流動する感覚を表象化し、万華鏡的な色とか音の代わりに具体的なモノ（things）をわれわれに与えるというその機能は、言語から生まれたそのような思考もそれに代わることのできない役目である」（Langer 1963: 93（112-113））。

ランガーは別の所で次のようにも述べている。「論弁的言語、つまり、文字通りの意味での言語が、私たちのまわりの事物と、私たち自身との関係とを知るのに役立っているのに対し、さまざまな芸術は、主観的実在、つまり、感情と情緒を知るために役立っている。それらは、内的経験に形式を与え、こうして、それを理解できるものにするのである」（ランガー 1967: 85）。

芸術は、言語によって捉えられるような概念的なものではないが、「直接的知覚の諸形式」であり、それは「われわれの知性の最も原初的な道具」である（Langer 1963: 92（111））。このような知性は、数学や物理学が取り扱うことのできない「対象の質（qualities of objects）」（Langer 1963: 91（110））を把握するような世界理解に資するものである。と同時に、それは感情や情緒も含めた内的経験を形式化しているものであるために、このようなシンボルシステムを学ぶことが同時に学び手の内面形成となるとしているのである。(2)

美術が論弁的ではないシンボルであることに即して、本章では美術の学びの特殊性について考えたい。発見的な学び、イメージによる学び、そしてモノとの相互作用による学びである。まずは、「論拠の発見にかかわる技術」（上村 1977: 44）であるトピカと、それと対比されるクリティカの往還としてして考えてみたい。(3)

トピカ

トピカとは、アリストテレスにおいては弁証術、レトリックに対応するものであり、キケロによって弁論術の最初に位置する発見（inventio）と同一視されるようになる（菊池 1981：161-162）。トピカを青年への教育にとって重要なものとして明確に位置づけたのが、一八世紀イタリアの人文主義思想家（humanist）、ヴィーコ（Giambattista Vico）の『学問の方法』である。

ヴィーコは、デカルトに代表される論理的判断の技法であるクリティカが席巻している状況に対して、青年たちに育成されるべきなのは共通感覚（sensus communis）であり、そのためにも「トピカは教授において、クリティカに先立たねばならない」（ヴィーコ 1987：29）と述べる。ヴィーコが明らかにしようとしたのは、「悟性による総合以前のところに独自の総合の層、真理把握と普遍形成のある独自の層が存在するということ」（上村 2009：183）であった。つまり、知的判断力以前に鍛えられるべき、想像力や構想力を含んだ感性的な力に関わる術がトピカなのである。

それゆえヴィーコは以下のように言う。「想像力、記憶力、あるいは両者が関係する諸技芸、たとえば絵画術、詩作術、弁論術、法学のようなものへの才能（インゲニウム）は何ら虚弱にされるべきではないし、またすべての学芸の共通の道具であるクリティカがそのいずれにとっても障害であってはならない」（ヴィーコ 1987：28）。三つの力、つまり、形象をつくりだす能力である想像力（phantasia）、記憶力（memoria）、そして「発明工夫の能力」としてのインゲニウムを統括する術（ヴィーコ 1979：§699，木前 1991：30 参照）がトピカである。

トピカ的な知はまた、「なによりも、第一には視覚の知、〈見ること〉あるいは〈まなざし〉の知にほかならない」と言われる。それは、「自分が対象とすることがらの構成要素全体の通覧ないし一挙的総覧によって成り立っている」という特性を持つ。それゆえ、「対象の構成されているさまを、探究者の眼前に、それを構成している諸関係の濃密性と流動性のままに展示してみせる」。その意味において、「トピカ的な知のあり方と絵画ないし図像的な表象様式との類縁性は明らかであるといってよい」と言われる（上村 2009：196-197）。クリティカが「真理をイメージから取り去る」のに対し、トピカは「真理をイメージの内へ戻す」あるいは「イメージを真理そのものとする」ものである（ジョヴァンニ 1987：152）。

ここに示されているのは、ものごとを分析して整理して理解する仕方とは全く別の理解の仕方である。複雑に絡み合ったことがらを解きほぐすのではなく、その複雑さと流動性をそのままに、しかも一気に理解すること、イメージはそのような理解を可能にする。実践的な知を目指すトピカは、イメージと結びつくことでそのようなわかり方を可能にするのである。

見てきたように、トピカはイメージの創造によってことがらを熟知することである。そのような「〈知ること〉としての〈作ること〉」は、「詩的＝創作的知恵（sapienza poetica）」と呼ばれる（木前 1987：268）。このような知性以前の感覚・知覚レベルで働く知は、身体と未分化な状態にあり、「身体的活動性と密接に結びついた次元に位置している」（木前 1987：268）。

このような知のあり方は、暗黙知あるいは実践知のように、言葉にするのは難しいけれどもしかし確かにわかるというようなわかり方である。「トピカ的な〈知ること〉は、言うならば意識レベルで「私は考える（ich denke）」ではなく、身体のレベルで「私は出来る（ich kann）」ことの謂である。それは、ちょうど道具の使用法を〈知っている〉ことがそれを使用〈出来る〉ことを意味するように、感性的―身体的活動と結びついた能力の概念に導く」（木前 1987：268）。

トピカは、実生活において不確実で多様な現実に対応することのできる賢慮を意味する。中村雄二郎は、真理性を目指すデカルトに対してヴィーコが確実性（蓋然性）を重視し、「歴史や人文学固有のあり方としてその価値をみとめた」ことを指摘している。「歴史や人文学は、人間みずからがつくり出した観念から成る数学やそこでの一義的に決定されている外在的な真理とちがって、多面的な現実に関わっているからである。すなわち、そこでみなおされるべきは、確実性とともに人々にとっての自明性であり、また実在感覚であろう。そして真理が虚偽の反対概念であるのに対して、確実性は疑わしさの反対概念である」（中村 1979：274）。美術制作において求められるのは、一義的な真理ではなく、制作者や鑑賞者にとっての「確からしさ」なのだと考えると、トピカが美術の知を説明するものであると見ることができる。

美術制作のように「やってみてわかる」というのは、分かち伝えられてきた文化のよさをわかる（appreciation）だけでなく、自己の問題関心に基づいて、知の形成に参入することで分かち伝えられてきたものを捉え直し、構想力によって新たな世界を作り出すことなのではないか。この意味において、美術に関わる知は文化や社会と関連しながらもパーソナルなものである。既存の価値を自明視するのではなく、問題の所在を的確に発見し、構想力によって新たに見いだされた世界を、イメージを介して形象化すること、それが美術が育てる力だとさしあたり言うことができる。

インゲニウム

ヴィーコの言う「一挙的総覧」というのは、ライプニッツがイメージの力とした「一望（coup d'œil）」（ブレーデカンプ 2010：128）と同様のものだと見ることができる。このような前意識的な認識について、ブレーデカンプは以下のように述べている。「場景的認識は前意識で発生する自由意志であるにもかかわらず、多分に思考を含んだものであるため、そこには自動的な情報処理に還元することができない、何か途轍もなく創造的なものがあるのです。それは認識を作用・反作用の法則に従うものではなく、多少の遊びをもったものとして理解することを可能にします。なぜなら、認識における遊びの働きは予知できるものではなく、人間の根源、先天的な知力(Ingenium)そしてエルレカ(Heureka：アルキメデスの言葉で感嘆的に「分かったぞ!」の意)といった才を示すものだからです。この認識のコスモスは、ライプニッツが時代に先駆けて思索した知覚論に通じています」(ブレーデカンプ 2016: 25)。トピカ的な知の根源にある「先天的な知力」はインゲニウムと呼ばれる。「質的認識の同時性を感受する」「概念によらざる芸術家の判断力」(ブレーデカンプ 2010: 124)とは、インゲニウムと言ってもよいだろう。

ヴィーコによれば、インゲニウムとは「互いに離れたところにある相異なることどもをひとつに結合する能力」のことであり、「諸事物の釣り合い、なにが役に立つか、なにがふさわしいか、なにが美しく、また醜いかを見るのが構想力(インゲニウム)の特性である」という(ヴィーコ 1988: 119-120)。古代にまで遡ることのできるこの概念について、グラッシは、〈似ている〉もの同士を瞬時に悟らせるメタファ活動のことだとする(グラッシ 2016: 260)。

メタファとはもともと「移し換える」という具体的な行為を指したとするグラッシは、芸術のメタファ性について次のような二つのエレメントによって説明する。「芸術作品は……芸術家の内部に胚胎する形象を物質に移転させることによって生まれる」というエレメントと、「素材を形象へと〈還元〉し、創造者の〈内部〉に投企することを本質とする」エレメントである。このように言うのは、「芸術家の内部に〈完成した〉考えがあって、それが作品に実現される」のではなく、「芸術家は作品の中で自分自身ないし観念を完全に仕上げようと努めるが、芸術家がそれを明らかにできるのは、マテリアルを形成しながらであり、諸々の可能性を絶えず区分けしながらなのだ」という芸術制作過程への見方ゆえである(グラッシ 2016: 256-257)。すなわちモノとのやりとりの過程においてこそ、芸術家の内部にある形象も見いだされていく、その働きそれ自体がメタファなのである。[4]

インゲニウムは生得の素質であるため美術教育とは無関係のものに見えるかもしれない。実際カントは、インゲニウムを天才の「心的素質」であるとしている（カント 1964：256）。しかしそれがグラッシの言うように、内と外とのやりとりであるメタファの活動であるならば、まさにそれは、モノとのやりとりの中で省察を重ねる美術の制作・鑑賞において働くものと言えよう。

ちなみに一八世紀における天才概念の台頭によって「趣味の価値は下落せざるをえなかった」のだが、カントにおいてさえ、「天才という立場が趣味の立場を結局は排除するというようにはまったくなっていない」とガダマーは指摘している（ガダマー 1986：81）。すなわち、現在のわたしたちが用いる意味での天才概念によってではなく、ヴィーコの言うトピカを生み出すようなメタファの活動と考えるならば、インゲニウムは美術教育のピボットとなる。

「メタファはこれまで隠されていたものを〈見える〉よう働きかけ、合理的には演繹できない共通のものが、メタファによって読者あるいは観衆に〈明示される〉」（グラッシ 2016：253）のだとしたら、メタファは芸術そのものの本質であり、インゲニウムはまさに芸術を可能にする能力である。そして「インゲニウムの働きは根源の形相の領域にあり、これを経由して人間は自己の形成（ビルドゥング）に至るのである」（グラッシ 2016：267）と言われるとき、インゲニウムが働く創造活動のただ中で制作者の自己形成も生じるということが見えてくる。

このようなメタファによって「多様性を一者へと還元する」哲学知も理解可能なものになるとグラッシは述べている。哲学における洞察とは原理を見ることにあるが、「原則や原理は何かによって説明されるようなものではなく、ただただ〈突然〉洞察され、見いだされるものである。この〈見出すこと〉なるものが、〈発見〉の、〈天啓 Ingenium〉の、なせるわざである」（グラッシ 2016：258-259）。このようにインゲニウムは、合理的な説明とは別の仕方で、すなわち直接洞察によって「根源の形相（ゲシュタルト）」に至ろうとする。「天与（インゲニウム）のものは根源のもの、〈原理的なもの〉を対象とする能力のことである。トピカの創造的活動が生まれるのも、そこからである」（グラッシ 2016：298）。根源を洞察するインゲニウムを介することで、人間の自己形成もトピカの創造的活動も可能になるのである。

トピカ・インゲニウムから見た美術と教育

ヴィーコの言うクリティカとトピカの対比は、客観性を標榜する科学的研究とＡＢＲとの対比とも重ねることができよう。次章で詳しく見るように、ＡＢＲは芸術制作に固有の省察を研究として位置づけようとするものであるが、他方で教育とも密接なつながりがある。ＡＢＲはその研究に参与する者の変容を含む。

「美学によって、教育全体を基礎づけようとした」ヘルバルトの教育論について鈴木晶子は、ヴィーコにも言及しながら「トポス論的発想」を見る（鈴木 1990：254）。「トポス論的発想」とは、教育学的考察における地図や見取り図に現れている。「このような見取り図を頭の中にもっていると、教師は実践に際して出会うひとつひとつの事柄が、その全体図のどこに位置するかを、即座に見いだすことができる」（鈴木 1990：255）というわけである。このような思考様式それ自体が芸術的省察と重なるだろう。芸術的省察の場合、その見取り図を参照しつつ、見取り図自体を作り直していくことだと理解したい。

ヴィーコはデカルト的なクリティカを批判しているが、クリティカそれ自体を否定しているわけではなく、「もしもクリティカにトピカが先行し、そしてトピカがクリティカによって吟味されるならば、「トピカはそれ自体がクリティカとなるであろう」。これこそヴィーコの求めるものである」と言われる（小田部 2009：81）。ＡＢＲとはまさに「トピカそれ自体がクリティカとなる」ことを目指したものと言えよう。

哲学教育の場でそのようなトピカとクリティカの融合を目指している例がある。「フーコーやアレントを専攻した学生には強制収容所やハンセン病療養所の見学や調査を、アドルノの美学理論を専攻した学生には現代芸術の批評活動を、カントとアドルノを専攻した学生にはデザインの実践領域を、メルロ＝ポンティを専攻した学生には芸術実践や荒川修作の建築空間の経験をというように、文献購読学習の背景となりうる実践活動を、本人の切実な問題関心領域として対応させる」というように、大学院生にテクストに対応するフィールドワーク学習を推奨している古賀徹の研究指導である（古賀 2014: 72）。テキスト読解というクリティカと並行してトピカ的な知の実践が行われる。すぐに気づくのは、フィールドワークの学習の場のほとんどが芸術領域であるということである。芸術領域は哲学的思考を彫琢する上でもっとも有効な実践場であるということだろうか。

反対にトピカを先行して行っている芸術領域の学生に対してクリティカによる吟味を行う実践がなされても良いだろう。それが芸術系大学の学生が作品制作と並行して執筆する博士論文あるいは修士論文である。トピカとクリティカを一体化させて行う、本書「はじめに」で見たようなアートグラフィ（a/r/tography）の実践である。「学びとは、自分が住み込むところから遠いところへと自己を無限に疎外していくことによってではなく、自分の位置づく場所（トポス）それ自体を耕し、豊富化するメディア＝言語を獲得していくことにある」と古賀は述べている（古賀 2014: 72）。芸術系大学の学生は自己の制作のただ中から思考を始めることができるという点で、研究上の優位性をかなりもっている。ＡＢＲはそうした実践を後追い的に位置づけただけなのかもしれない。

翻って学校教育における図工・美術について考えてみると、やはりそこにはクリティカに先立つトピカ的な学びがあるように思う。「言語活動の充実」が推奨され、自他の制作した作品について、感じ考えたことを言語化することが図工・美術教育においても求められているが、おそらくそうしたクリティカが可能になるにしても、まずは自分なりに素材やモチーフと出会い、モノや道具とやりとりしながら、自分の表したいことを発見していく経験が図工・美術においては欠かせない。(5) むしろ、後に言語化したとしてもそこからこぼれ落ちてしまうことにこそ、図工・美術の学びにとって重要な点があるのかもしれない。

目に見えやすい成果が求められる趨勢に対して（図工・美術の場合も、制作の成果である作品がどのようなものであるかに目が向けられがちではあるが）、「どんな成果が得られるかわからないけれどもまずはやってみる」「やってみるなかで、問題の所在を発見し、自分が何を考えているかに気づいていく」という形で、実践的・身体的・感覚的に行為することを通して、思考が彫琢されていくような学び、外界にある環境やモノに触れるただ中で自らの内側がゆたかになっていくような学び、そういう学びとして図工・美術教育は、人間形成にとって重要な役割を果たしている。

第2節　イメージによる学び

遂行的イメージ

美術の学びということを考えた場合、身体知やM・ポランニーの言う「暗黙知」についての研究が挙げられる（Polanyi 1966）。そうした研究で必ず言及されているのがM・モースの身体技法である。モースは歩き方や食事の仕方などが社会によって異なるという型（habitus）の社会性について、文化人類学的視点から論じた（Mauss 1968）。P・ブルデューはモースのハビトゥス概念をさらに社会階層や文化資本などの概念と関連づけて社会学的に論じている（Bourdieu 1977）。[6]

そうしたマクロな視点ではなく、個々の認知に即して身体知が遂行される過程を追跡しようとしたのが認知科学的アプローチである。レイヴ／ヴェンガーの研究をはじめとして認知科学の研究は多数あるが、芸術活動に焦点化したものを挙げておくと、佐々木正人と岡田猛の研究がある（佐々木 2006）（岡田 2006, 2013 など）。佐々木は、J・ギブソンのアフォーダンス理論に依拠してアートを「環境と身体とが直接触れ合う所で発見された何か」と考え芸術行為のただ中で起こっていることを分析している。岡田は、画家の創作プロセスにおける身体活動を分析してそこから芸術行為における認知の態様を明らかにしている。

身体知・暗黙知に関する上記の二つの潮流がゆるやかに合流した地点にあるのが学習論的アプローチと言える。これは、暗黙知の伝達や学びに着目することでその特質を見ていこうとするもので、労働現場における熟練の問題を追跡している福島真人の研究（福島 2001, 2010）のほか、三味線や日本舞踊の師弟におけるわざの伝達に関する生田久美子による研究（生田 1987）、宮大工や漢方医のわざの分かち伝え（川口 2006, 2011）、世阿弥の稽古哲学（西平 2009）、人形浄瑠璃における身体的なわざの継承に関する研究（奥井 2015）など、教育学の分野でも身体知や暗黙知がどのように伝えられるのかということに焦点づけられた研究が見られるようになってきている。その後生田の研究は「わざ言語」へと照準し、そこでは伝統芸能のほかにスポーツが大きな主題として取り上げられている（生田・北村 2011）。

身体における学びの特質を明らかにするために河本英夫の「遂行的イメージ」（河本 2005）という概念を援用する。たとえば逆上がりをするとき、人のやっているのを見ていたとしても、あるいは理論的な説明を受けてもできるようにならない。身体内感がイメージと接続されて初めてできるようになるのである。つまり遂行的イメージとは、単に想像的対象を思い浮かべるイメージではなく、行為の遂行とともにあるイメージのことである。美術制作やスポーツにおける学びにおいて働いているのは、こうした遂行的イメージだと思われる。これが形成されていないと視覚像に合わせて身体運動を形成しようとしても不可能である。

河本は、「体験的世界では、意識と世界の間に隙間がない。そのため意識の変貌は、世界の変貌である。」（2006: 5）として、なにかが「できる」ようになる経験領域における自己の変化を知ることの難しさを指摘している。河本は、その捉え難い変化を発達・学習・治療という観点を入れることで考察しようとしている。

遂行的イメージを最もよく理解できるのは「認知運動療法」である。片麻痺や失認症などの疾患に対して、「行為能力の回復のためには、身体感覚・内的活動感の形成が不可欠」（河本 2006：220）であるとする。しかしそのような身体内感に気づくのは難しい（例えばわたしたちは、自分の体のどこに力が入っているのかさえ容易にはわからない）。そのような身体内感を想起する手がかりになるのが遂行的イメージということになるだろう。

美術制作やスポーツにおける学びにおいて働いているものは、こうした遂行的イメージだと言うことができる。例えば、スポーツ選手に人体クロッキーをやってもらうと、途中から描きかけのクロッキーとモデルとを照合するような動きをするようになる。[(7)]これは、視覚イメージ（モデル）と自分の内的イメージ（描きかけのクロッキー）とのずれを知り、そのズレを少なくしていく動きだと考えられる。ズレが解消していくということは遂行的イメージが形成されていくことと同義であろう。伝統芸能や伝統技能の伝承の際に言われる「間」や「呼吸」なども遂行的イメージを伴わなければ理解には至らないであろう。

美術制作においては、自分のイメージをなんらかの形として外化することができる。しかも制作の大半は作られつつある途上の作品と向き合うことに費やされる。河本は、体験的行為に関わる形成のプロセスを記述するのは現象学によるしかないが、その現象学とて不十分であるとする。「不連続な経験の変化が起こるような場面では、いまだ現象学はテーマの入口にいるだけであり、解明の道具立てが整っているわけではない」（河本 2006：23）。つまり、「わからない」から「わかった」へ、あるいは「できない」から「できた」への経験の変化は記述できないということである。

美術制作においては、経験の途上の痕跡がドローイング、エスキース、マケット、つくられつつある作品などの形で、制作者が目の前にすることができるために、それらを通して変化しつつある自己を知ることができる。例えば上で見たスポーツ選手によるデッサンでは、最初の描画に対して途中線が増えていき、最後にはまた線が減って人の形を捉えることができるようになっていった。クロッキー帳に表れた線は自己と世界との接面そのものであり[8]、線の増加は画面に対して自己を開いていったことを示していよう。その接面でのやりとりを通じて、前述したように自己の内的イメージと外界に知覚されるイメージとのズレが解消されていき、「こんな感じ」というある確からしさを得る。美術プログラム終了後の感想で、美術が嫌いだったという学生が「今日は楽しかった」理由として、「自分が描きたいものと描いているものが似てきた」ことを挙げた。この言葉は遂行的イメージの形成を示していると考える。

遂行的イメージが形成されるとき、デッサンで言えば形が捉えられるようになってくると、何重にも重ねられていた線が減ってくる。それは線が外界を引き連れて形へ統合されるということであり、世界の自己への統合を示しているのだろう。形を作る過程で制作者は作られつつある作品に自己を委ねる。自己と世界との接面で造形へと展開することは、自己を世界へ開きつつ、世界を自己へと引き入れ内的なものを育てていくことなのではないか。まさにミメーシスの働きである。

ミメーシスとイマジネーション

前章でも見たように、ミメーシスとは、「個人が外界に拡張し、外界を同化するのを助ける」もので、ミメーシス的能力を用いて個人は「なじみのないものへと拡張し、それを自らのイメージや音や想像力の世界へと統合する」（Wulf 2003：246）。モレンハウアーも論じていたように、外界が取り込まれるには何らかの再提示（representation）を必要とする。イメージはそのようなものとしてミメーシスを可能にする。

ヴルフは歴史的人間学の立場から、イメージを産出するイマジネーションの力に人間の条件を見る。「イメージを産出するイマジネーションの力は、それなしでは系統発生的に言っても個体発生的に言っても人間が人間になれない、そうした人間の条件（condito humana）の一つである」。「イマジネーションは、人間を世界に、世界を人間に結びつけるエネルギーなのである。それは内と外、外と内の間の橋渡しの機能をもつ」（Wulf 2009: 127）。

すなわちイマジネーションとは、「世界を人間の中でイメージ化し、そのことによって人間の内的世界を真なるものにする力」であり、それがドイツ語では構想力（Einbildungskraft）と訳されたのである[9]（ヴルフ 2009: 127）。そのように人間と世界とを結びつけるイマジネーションは「今ある秩序を再構成し新しいものを産出する」力をもつ。それが可能となるのは、イメージとのミメーシス的取り組みにおける以下のような二つの段階があるからである。

すなわち、まず「直観においてあるイメージを追創造すること[10]」、そして「それを固定し、それに働きかけ、それをイマジネーションのなかで展開させること」である（ヴルフ 2009: 132）。イマジネーションのなかでイメージを展開させることで、イメージへと現前化された世界を突き破って新たな世界を構想することができる。

やってみる（世界とわたしの接面に進み出る）だけでは単なる体験主義である。その接面において具体的な素材とのやりとりをすることで、自分のイメージを飛び越える瞬間がある。それは単なる偶然ではなく、素材や技法という制約とイマジネーションの自由な働きとの循環の中で初めて生み出されるものである。素材や技法という制約に適応することで世界を自己へと引き受け、再び自己を世界へ開くこと、それが美術制作であると言うことができる。

制約への対応とイメージの自由な働きの循環と言ったが、いったいそれはどのようなことなのだろう。制作行為においては、素材や技法や道具に関する理解が欠かせない。モノとしての素材とやりとりすること、技法や道具について学ぶことは、モノに折り畳まれている先人の知を開いていくような行為である[11]。だがそれは分析的な視点による理解とは異なる。素材や技法や道具の理解は、それ自体を取り出すことによって果たされるものではなく、何らかの制作行為に即して深められるしかない。

制作においては、モノとのやりとりだけではなく、そこにはイメージがなくてはならない。モノを開く（unfolding）過程は、同時にイメージとメディアをともに成立させて作品化していく、つまりモノのモノ性を生かしながらそこへイメージを折り畳むこと（folding）のただ中でしか生じないということになる。だからこそ、同じモノを見ても異なる作品になるのである。非常に複雑な過程であり高度な知性が必要な行為である[12]。

他方、鑑賞においてはどうであろうか。イメージ学に位置づけられるH・ベルティングは、「そもそも外界に存在する像（イメージ）は生気を付与する（アニメーション）まなざしによって初めて像（イメージ）になる」（Belting 2011: 45（93））としている。まなざしに捉えられない限りイメージはイメージとして成立せず、意味の固定したものとしてわたしたちから切り離される。固定化されたままでは美術鑑賞は「つまらない」ものにしかならない。イメージを成立させるまなざしを得て、イメージに生気を付与する（アニメーション）ことができたとき、初めてわたしたちは美術を楽しむことができる。

イメージが生気を帯びて理解されること、そのようなまなざしを得ることで美術を楽しむときフロー体験が生じる。それは作家がコード化（encode）したものを解読（decode）するということとは異なる。フロー体験について論じるM・チクセントミハイとE・ロックバーグ－ハルトンは次のように述べる。「審美的経験はこれまで生理学的知覚という単純な感覚あるいは文化的伝統のどちらかに還元されてしまうのがふつうであった。前者では、快楽主義者の個人的快楽とみなされるのに対し、後者では、すべての意味は純粋に因習的……なものとみなされる。人と物の交流（person-object transaction）の一要素に質的な直接性（qualitative immediacy）を含めることで、芸術をすぐに社会的因習のみに還元してしまうような議論や、芸術は「快の感覚」を与えてくれるに過ぎず、社会生活の重要な側面ではないという功利主義者の議論を超越する手がかりが得られよう」

(Csikszentmihalryi & Rochberg-Halton 1981: 178 (225))。

その際チクセントミハイらが依拠するのがデューイの言う再認（recognition）と知覚（perception）の区別である。「私達がある物を経験するとき、既知の何かとしてのみ解釈する場合が再認である。……他方、知覚は私たちが物を経験し、それ自体の固有の性質を理解したときに生じる」(Csikszentmihalryi & Rochberg-Halton. 1981: 44 (53))。「知覚のばあい、物の客観的性質はわれわれの経験に内在するものであり、再認のばあい、それらは外在的なものである。知覚という経験は、われわれがある物を解釈する際の図式（scheme）を修正させられ、あるいは拡大すること、また使い慣れた解釈の枠組みを拡大し修正することで、どのように学習が成り立つか、ということである」(Csikszentmihalryi & Rochberg-Halton, 1981: 181 (229))。

知覚はまさに既定の枠組みを問い直すことで、自己変容を可能にする。イメージに生気を付与するまなざしによって作品を自己へと引き受け、それを自らの内で自由に展開させること、そのような創造力の展開こそが、対話型鑑賞の方法として注目されているＶＴＳ（Visual Thinking Strategy）において最も高度な美的発達段階とされる「創造的再構成」と言えよう（Housen 2001）。このとき鑑賞行為は単なる美的享受ではなく、イメージに新たな意味を折り畳んで（folding）経験をゆたかにしていく行為となる。

高度な発達段階にあると言われる鑑賞に限らず、鑑賞行為というものはそもそも多かれ少なかれそのような創造的再構成であると言える。[13] そのことを明らかにしてくれるのがソーシャル・ビューという鑑賞方法である。伊藤亜紗は、目の見えない人を含んだグループでの美術鑑賞のおもしろさを、客観的情報とは別の、人それぞれの経験に根ざした「主観的な意味」が共有されるところにあるとする（伊藤 2015：第四章）。

見える人が言葉で説明するのは、大きさや色などの客観的情報だけでなく、人によって異なる見方、あるいは見ていくうちに変化する見え方などの断片的な解釈である。「見えない人は、その暫定的なパーツを仮留めしながら、頭の中に作品を作り上げていく」（伊藤 2015：174）。見えない人は、他者が開いた（unfolding）作品の諸要素を集めてその都度自己の見方に折り畳むこと（folding）で一つのイメージを作り上げている[14]。自らが創造的再構成をしながらでなければ、作品の諸要素をいくら聞いてもイメージは浮かび上がってこないだろう。

自らの内でイメージを自由に展開させることは、好き勝手な見方をすればいいという意味ではない。制作の場合と同様に、新たな意味の折り畳み（folding）と、作品が宿している重層性を開くこと（unfolding）とは一体のものである。イメージ学に位置づけられる美術史家G・ベームに依拠して、絵画の経験は形象（Bild）の経験にほかならないとする三木順子は、絵画経験には「目覚め、習熟した眼」が必要であるとして次のように述べる。「眼は、形象に固有の、感性的なシンタクスを身につけなければならない。そのうえではじめて、形象は、みずからが備えている内的な関係性をあらわしだし、眼にその連関を喚起する」（三木 2002：59-60）。意味を折り畳むことのできる眼をもつからこそ意味を顕わにすることも可能になるのである。

イメージに生気を与えること、すなわち美術作品の重層性を開いていくこと（unfolding）と、そこで得られた諸要素をイメージへ折り畳むこと（folding）とが同時に重層的に行われていくこと、そこに美術の特殊性がある。イメージを介したそのような複雑なプロセスにおいて美術教育の学びは成立する。

ヴルフが述べていたように、「ミメーシス的なまなざし」によって「観察者は世界の写像を受け取り、それを自らの心的なイメージ世界に受肉する」（ヴルフ 2009：132）。このように像を介して外的世界と内的世界とをつなぐことこそメタファと呼ばれるものであることは先に見た通りである。このようなイメージを通した人間形成（Bildung durch Bild）というのは美術教育に独自な学びの姿であろう。

第3節　モノとの相互作用による学び

制作者の視点の主題化

イメージを通した人間形成であることは、鑑賞においても制作においても同様である。しかし、美的人間形成論は鑑賞者の立場に立った芸術作品の享受を中心に論じたものが多かったように思う。近年、前節で見たように、身体知や暗黙知の分かち伝えに焦点が当てられて芸術の表現者の観点に即した研究が教育学においても見られるようになってきた。それは認知的徒弟制などの新しい学習論、行為のなかの省察、臨床教育学など、従来の教育学の方法論を問い直す研究動向とも関連しているだろう。

一方美術研究には、制作活動における制作者自身において生じていることを明らかにしようとする「制作学」がある（谷川 2007）。だが、だがそうした「芸術家自身の排他的な自己省察」は、「学としての客観的普遍性」を持ちうるかという問題にぶつかる（谷川 2007：20）。谷川はこの問題に対して、芸術家が制作行為において「いわば自分を自分自身から引き離し、自分を享受者の位置に置いて」みること、価値へ向かって、「現在の作品を超出し、そして己れを超出する」ことに着目し、この点において「〈制作学〉と〈享受学〉との素朴な区別は、その意義を保持しえなくなる」とする（谷川 2007：21-22）。この見方は制作学が「本来的な美学の圏域に包摂し直された」（谷川 2007：23-24）ことを意味する。

制作学のように、客観的普遍性を目指して制作者の個人的な省察を超えようとするのではなく、制作者が制作のただ中で感じ考えているきわめて個人的な自己省察から研究を立ち上げようとしたのが、ＡＢＲ（芸術的省察による研究）である。

本書の第Ⅱ部の執筆者はみな制作者であり、その各章には明示的にか否かは別にして、制作者の内的な省察が基盤としてある。それに対してわたしは制作者ではないため、その感覚をそのまま理解することはできない。しかし、次章で詳しく考察するＡＢＲという視点を意識しながら制作者の書いたものを読み、制作者自身の変容を捉えてみたい。この考察はあくまでも制作者でない者が外側から制作者の思考を捉えようとしたものであるが、それが第Ⅱ部の制作者自身の叙述と合わせ鏡のようになって、制作学が抱えてしまったアポリアを超えていこうとするものである。

美術制作と制作者の自己形成

美術制作のただ中で制作者はどのように自己の変容を感じているのか。「美術作品を制作するということは作者自身がその制作過程のなかで変化するということを意味する。あるいは作者自身の変容なしには美術作品が生成するということはない」（生井 2011：207）。塑造による彫刻をつくりつつ美術教育研究を行う生井亮司は、このように述べて自己の制作過程を丁寧に跡づける。「「内的なイメージ」と「作者」の関係性が不確かで未分化な状態」である制作以前の段階から、「作品という物質化によって、それまで作者には見えていなかったかたちが作者に向かって開示される」ということが制作過程には生じるという（生井 2011：210）。

同じく塑造作家である猪瀬昌延はＰ・リクールのミメーシス論に依拠しつつ、自らの制作過程について論じている。「作られる作品の前理解」であるデッサンやエスキースを描く段階から、「「芯組み」「粗付け」行為による内面世界と現実世界のギャップ解消」によって創造活動が可能になり、そうして現実空間に構築された作品は、「内面世界に新しい背景を構築する」ことで「自己の広がりを可能にする」と述べている（猪瀬 2011：40-45）。

このように制作過程のただ中で生じていることが分節化して論じられるのは、生井も猪瀬も塑造作家であるということが大きく関係しているだろう。一度削ったら元に戻せない木彫や石彫（カービング）とは違って粘土によるモデリングは何度でもつけたりとったりできるという特徴をもつため、制作過程における素材や作られつつある作品と制作者とのやりとりが常に生じるからである。つまり制作における自己形成は、粘土という素材によって主題化されるのである。

粘土という素材の性質を生井は次のように論じている。「粘土とは極めて可塑性に優れた素材であるため、作者の意志にその都度応答する。粘土は彫刻制作における他の実在にくらべニュートラルな素材である。ニュートラルであるがゆえに作者の意志、すなわち作者自身の制作の運動性が表象されるのである」（生井 2011：211）。

木には木目や節や虚などがあるし、石にも石目があり下手に鑿を入れると割れが生じる。猪瀬はミケランジェロが大理石の塊の中に埋もれている彫像を掘り出すとしたような「有」の状態と対比して粘土を「無」の状態と見ている（猪瀬 2011：27）。このような粘土の「無＝ニュートラル」性ゆえに、塑造作品は制作者の意志や身体の動きを表象するものとして位置づけられる。そうした自己の表れとしての「作られつつある作品」と自己の内的なイメージとを互いに引き寄せ重ね合わせることで、作品と自己とが同時に変容していくということなのだと見ることができる。

このような制作における制作者の自己形成の過程は、塑造にのみ当てはまることなのだろうか。おそらくそうではないだろうが、素材によって制作者の意識が異なることもまた事実なのだろう。美術制作の素材は非常に多様で（さらにミクストメディアというのもあり）その一つひとつについて論じることは不可能だが、粘土とは異なる「有」の状態にある木彫や石彫の場合、木や石という素材と関わる制作者の感覚は、佐伯胖の言う「双原因性感覚」と呼ぶことができよう。

佐伯はそれを以下のように説明している。「私たちが本当に世界を「理解した」と実感するときは、私が能動的に世界に働きかけることで変化をもたらすという自己原因性感覚と同時に、対象が私に「語りかけてくる」ことに耳を傾けて、対象が原因になって私が変えられるという感覚も生じるはずだ」（佐伯 2013: 116）。

興味深いのは、佐伯がこの感覚について宮大工の西岡常一が言う「木の声を聴く」ことを参照しつつ論じていることである。「適材適所」という言葉に表れているように（西岡 2005: 76-79）、あるいは鋸がない時代に建てられた法隆寺の五重塔や薬師寺の東塔は、木の癖に沿って割った「不揃いの木」を組んで作ったことから（小川 2012: 43）、木という素材に向き合う際には、制作者の意識を貫くことは不可能で、素材そのものの本性を読み取りそれに委ねる感覚が重要になるようである。

だがそれだけではない。木や石の場合、素材と制作者とを媒介するものとして道具がある。西岡が刃物の研ぎを宮大工にとってもっとも重要な習練だと見ていたことにもそれは表れている。西岡の弟子であった小川三夫は道具に魂が宿るという。「道具というのは不思議なもんで、丁寧に丁寧に使っていると道具がそれに応えてくれるようになる。道具は自分の手の分身やから、毎日使っているうちに、道具から魂みたいなものが伝わってくるようになるんだな」（西岡・小川・塩野 2005: 232）。

道具には連綿と続いてきた技術が「折り畳まれている」。制作者はそれを受け取りつつ、自らの身体や制作目的に合わせて「折り畳み直す」とでも言えようか。手道具は使い手の身体と切り離すことはできないという意味で、その使い方の習熟は、芸道における「生きた動体」としての「型」（西平 2009: 109）の習得と同様のものと言える。

道具は使い手の身体と呼応する。制作者はみな道具を手作りする。木工芸作家の風間純一郎が詳しく論じているように、手道具は使いこまれるうちに使い手の身体の形に沿うように変形し、制作者の自己の表れとも言えるものになっていく。「職人の使っている手道具には、持ち主の身体が反映されていることが少なくない。木工芸で使用される鉋や鑿などの手道具の多くが、切削を役目とする鉄部（鋼など）と、それを保持する木部（樫など）で成り立つ性質であるため、手に直接触れる木部には、使い手の手痕が記憶されやすい。／例えば、頻繁に槌を振る鋸鍛冶の玄翁の柄には、使い手の握り拳の痕が凹状に現れる。大工や家具職人の鉋には、樫の木に含まれるタンニンと手の汗が反応して黒ずみ、掌の形が道具に染み込む。職人が他人に手道具を触られることを極端に嫌うのは、そこに職人自身の身体が投影されているからである。職人の手道具に触れる行為は、職人の身体に触れるのと一緒であるといえる」（風間 2015: 53）。

職人が自分の道具を他人に触られることを嫌い、死を間近にした大工が自らの道具の手入れをするということ（風間 2015: 66）、あるいは「西岡棟梁の道具は身構えている」（西岡・小川・塩野 2005: 233）という小川の言葉がそれを物語っている。ここにおいて、素材だけでなく、道具というモノも含めた考察が必要になる。〈身体－道具－環境〉システムとしての自己という視点を打ち出している松下良平の論文を参照しよう。

学び論における道具理解――制作者とのズレ

松下は、「身体をもった個体としての人が道具を介して一定の環境と結びつき、全体として一つのまとまりをなしているもの、それが自己だといえる」として、学びとはそうした「〈身体－道具－環境〉システムとしての自己の変容を自己の側から記述したときの姿だといえる」としている（松下 2012: 85）。この場合、道具とは「自己と世界との間に調和（mediation）をもたらしてくれる」媒介（media）であり、「モノやことばだけでなく、多様な記号や人や身体技法など、実に多様なものが含まれる」という（松下 2012: 91-92）。こうした見方は、身体技法や道具と切り離された近代的な個体概念に基づく学習論に対して、「他者やモノや出来事の痕跡が至るところに刻み込まれている」自己の変容として学びを位置づけ直すという問題意識に貫かれている（松下 2012: 88-

89)。

行動主義的な学習論を批判して、身体や道具や学習者の置かれた状況を含めて考察するこのような学び論は、状況的学習論やアフォーダンス論への注目を見てもわかるように、現在の教育学においてむしろ主流ともなっているのではないか。後に見るアクターネットワーク理論（ANT）もそうした学習論と呼応させうるものである。[15] 自己変容をこのようなものとして見ることは、前節で見てきたような制作のただ中で生じる自己形成と同じものなのだろうか。松下も自己と世界とを結びつけるものとして芸術を挙げ、また道具に魂が宿ることにも言及している（松下 2012: 92, 94）。

しかし、〈身体 - 道具 - 環境〉に自己を委ねてしまう見方は、制作者の視点からすると大きな違和感を生むものであるらしい。松下論文を読んだとき、〈身体 - 道具 - 環境システム〉としての自己という見方に強烈な違和感を表明したある学生は、「そうだとしても制作者は身体や道具や環境をコントロールする」ということがその違和感の理由だと述べていた。

自己をシステムとして捉え直し、そこに自己と世界との応答という関係を組み込むことで、学びについての理解が大きく深まることは疑いえない。だが、アーキテクチュア的統治に見られるように、今日自己とシステムとの関係はさらに複雑になっている。このような状況において、世界との応答関係によって均衡をもたらすような学びが、期せずしてアーキテクチュア的統治を強化してしまう危険性もある。[16] 制作者の視点はそれを突き抜けることをおそらくは目指している。不均衡こそが学びを誘発していくとすれば、むしろ均衡状態にあるものを壊すところに美術制作の焦点がある。

松下自身、このような学びが「〈身体 - 道具 - 環境〉システムのオートポイエーシス的な変容」ではあっても、「オートマティックな変容でない」として、学びが生じるためには、自己が世界の呼びかけを聞き取り（まさに

「木の声を聴く」ことである)、「世界への呼びかけに応答し、世界への責任を引き受け」る必要があると述べている（松下 2012: 100-101）。制作者の視点もそこに帰着する。制作者は自らの身体や使う道具や自己と作品を取り巻く環境に常に注意を払っている（原 2011）。しかし、制作者は〈身体－道具－環境〉システムに回収されない自己を保持している。おそらくここに美術制作行為に独特な自己変容がある。

松下は学びが生じる機制を「自己と世界の間に不均衡を感じ取り、そこに均衡をもたらそうとする」「世界とのかかわり方の問題」として見る（松下 2012: 100,104）。このこと自体は美術制作においても非常によく当てはまる。東日本大震災のような圧倒的な不均衡を生み出すような大災害が夥しい数の美術作品制作を促したことにそれは端的に表れている（わたしはこれらを disaster art と名づけている）。だが、そうした作品に対して違和感を表明する制作者も多い。不均衡があるから制作するのではなく、たとえ美しい均衡が保たれていたとしても、そこに敢えて不均衡を作り出すような行為こそが美術制作だと考えるからだろう[17]。

素材への愛

T・インゴルドは、人類学や考古学の研究において物質性や物質文化という主題が扱われているとはいえ、物体の物質性（materiality of objects）には着目しても、物質（material）とその特性については論じられていないことを批判して次のように述べている。「そうした研究が取り組んでいるのは、職人（craftsmen and manufacturers）の実体的な材料（stuff）ではなく、哲学者や理論家の抽象的な黙考なのである。物質性を理解するにはできるだけ物質から離れる必要があると考えているように見える」（Ingold 2007: 2）。インゴルドはまた、物質文化研究が消費のプロセスにのみ焦点を当てて制作に目を向けていないことも批判している（Ingold 2007: 9）。そうした研究は、「物質の流動性や変容からいわばすでに結晶化された物体（objects）の世界を出発点としている」からである（Ingold 2007: 9）。

しかし、モノが生み出された後も物質は消え去るわけではない。「モノ（things）の下層として、物質は雌伏しているが決して征服されつくされないのである」[18]（Ingold 2007: 10）。インゴルドがここで参照するのは、生木を用いて梯子や椅子にするデービッド・ナッシュの彫刻である。生木は時とともに、割れ、曲がり、裂ける。そのような素材を用いることで、「物質が……形成されつつある世界（world-in-formation）の活発な成分」（Ingold 2007: 11）であることを示すことになる。

制作行為におけるモノと人との関係を考える場合、作品として成立したモノだけではなく、先に粘土に即して見たように、素材（material）としてのモノ（thing）への視点も欠かせないように思う。以下のようなある印象的な場面からもそう考える。

二〇一三年夏ある大学で集中講義を行った際、最終日に東京藝術大学の学生にも来てもらって、「白い紙コップ二つで何かをつくる」工作を行った。簡単な工作で、使うのはカッターとテープとマジックだけである。できあがった作品を見てあることに気づいた。その大学の学生の作品にはほぼ全面に色が塗られていたのに対し、藝大生の作品はみな白いままで、それが紙コップであるということがわかるようにつくられていたのである。

少人数の講義ゆえ、それが何か普遍的なことを示しているとは言えないだろう。また、どちらが優れているかを云々したいわけではない。ただ、なぜ白い紙コップであったことがわかるようにつくるのかという問いに対して、制作者でもある学生は「素材への愛」と答えた。素材への愛とは何か。右で論じたことから考えると、それは、モノとして成立してなお、素材が紙コップであるということを保持するということではないか。

「子どもの遊び体験と芸術家の生とに通底している「創造的瞬間」」（矢野 2006: 78）に目を向ける矢野智司の言葉を借りれば、紙コップというモノの機能や意味を否定しつつ（素材へと還元する）、しかしそれが本来紙コップであったということを保持する（紙コップのモノ性は消滅させない）、すなわち「それはもはや紙コップではないけれども、しかしなお紙コップである」ということを示すということと言えようか。

矢野はベンヤミンとナボコフの幼年時代の回想から見立て遊びの部分を引き、次のように述べている。「見立てることは、色彩に溶ける子どもの体験のように事物に無媒介に直に一体化するのではなく、物語を挿入することによって事物を象徴化し、いったん事物と距離を取るとともに、その距離をふたたび否定して、物語世界に入りこむということで事物と一体化する。つまり見立てということは、否定をしたのち、その否定をふたたび否定する運動によって実現されるのである」（矢野 2006：85）。

シーツを山の風景に見立てる遊びが否定の否定であること、このことをモノに着目して言い直すと、自分がくるまるシーツを物語の挿入によってそのシーツとしての役割を否定し「シーツではなく山である」と見立てる。しかし、自分自身が物語に入り込むことでシーツを山と見立てて対象化する自己の視点を否定し、再びシーツにくるまるのである。このとき、モノの本来の機能や意味が否定されつつ、しかし物語の挿入によってもそのモノのモノ性は保持されているということが重要である。つまり、シーツはシーツとしての意味は否定されるが、そこにもぐりこむことのできる洞窟やテントに見立てられることで、シーツのモノ性（わたしたちを包み込むものであるということ）は維持される。

素材に手を加えることはモノのモノ性を否定することだが（モノのモノ性を否定しないで作品をつくる作家たちは「もの派」を形成した）、制作者はしかしなお「素材を生かす」と言う。素材そのものであるときよりもより良い価値を生み出すということは、前項で論じたことを受けて言えば、その制作を可能にした素材の呼びかけに応答する責任（レスポンシビリティ）を引き受けることである。それが「素材への愛」なのだろう。インゴルドも、素材の性質を尊重して「素材に対して誠実である（true to the material）」ことが良い作品には必要であると彫刻家や工芸家がしばしば言うと指摘している（Ingold 2007：13）。おそらくここが、子どもの遊びと美術制作との違いなのだと言うことができる。遊びは世界開示の方法として芸術と重ね合わせて論じられることが多いが、この点においては制作者とモノとの関係は遊びの場合と決定的に異なる。

とはいえ、やはり両者には共通する面も多い。制作行為には、意味が生成する（あるいは確定する）前の素材やモノとやりとりをするフェーズ（それを意識的に取り出したのが「造形遊び」といえよう）と、モノから意味が創発的に展開するフェーズとがある。同様に、遊びにもこの二つのフェーズがあると考えられる。日本の幼稚園に広く普及している積み木について無藤隆は、制作のトレース（軌跡）があること、やり直しが利くこと、組み合わせることで新たな特質を生み出す創発性をもつことなどを指摘している（無藤 2013：103-114）。ここでの関心から注目したいのは、観察された子どもたちの「積み木の並べ方」である。積み木が一個置かれると次の行動は「かなり制約」され、左右に置くか前後に置くか上に置くかであり、間を空けて置くということはあまり見られないという。直方体の長い積み木を少し離して立てて上に長い積み木を渡してアーチ型にするというような行動が生じてくると見立てが入り物語が展開し始めるという（つまりこの時点で積み木は積み木でありつつ積み木でないものとして遊びを誘発する）（無藤 2013：107-108）。

ではそうした見立てが生じる以前の段階、ただ積み木を前後左右あるいは上へと連ねていく時に生じていることは何なのか。無藤は子どもたちがなぜ間を開けずに積み木を重ねて連ねていくのかその理由は分からないとしているが（無藤 2013：107）、遊びと美術制作を重ね合わせて考えてみると、制作者が観察や制作において頻繁に行う「引きと寄り」の視点に立つということから説明できるのではないか。

岡田猛は、墨絵画家のふすま絵制作を観察して、描画プロセスにおいて頻繁に後ろに下がって全体を眺めるという行動が見られたことを指摘している（岡田 2006：116）。「引きと寄り」の視点によって自らの構図を説明する制作者もいる（桂川 2015）。一方で佐伯胖は、「人は世界のものごとを理解するとき、自分の分身（「コビト」）をありとあらゆるモノ・コト・ヒトの中に潜入させ」、その「コビト」の体験の結果を「あらためて統合させたとき、人は「世界」を納得する」という「擬人的認識論」を打ち出している（佐伯 2013: 98）。これは寄るだけでなく潜入してそれ自体になってみること、[19]そしてそこから再び距離をおいて引いた視点から統合的に見ることでものごとを理解するということである。積み木を連ねているときの視点は「寄り」の視点だと言えるのではないか。だから間を空けずに置く。「引き」の視点に立って、積み木が構成している空間全体を見渡すとき、遊びにも新たなフェーズが開かれる。

また、幼児とチンパンジーの粘土造形について詳細に研究した中川織江は、描画と粘土造形ではその発達過程が異なることを明らかにしている。これには粘土の可塑性が大きく関係しているようである。幼児が予告した通りに、最後まで対象イメージを持続できる（つまり作品として成立させられる）ようになるのは五歳後半になってからであり（中川 2001: 73）、描画能力は三歳児程度と言われるチンパンジーが、造形意図に沿った形成的操作が持続されるそうした段階にはいかないものの、ヒト幼児の五歳頃に対応する作品形態を制作するのは、粘土造形には、粘土というモノとのやりとりの部分が大きく関わっているからだろう。ここからも制作において二つのフェーズがあることが見えてくる。つまりモノとやりとりするフェーズと表象が成立するフェーズである。

制作者は、この二つのフェーズをつなぎ合わせて「素材の言い分」（伊藤 1995）を聞きとり、それに対して誠実に応答していく。そのようなモノと人との関係によって、作品制作と自己形成との同時性も可能になるのだろう。

ANTからSPIDERへ

モノと人との関係を考えるとき、モノを人と同じような行為者と考えるアクターネットワーク理論（ＡＮＴ）が大きな影響力を持っている（Knappet & Malafouris 2008: xi）。ＡＮＴとは、「人とモノの関係的ネットワークにおいて、エージェンシーを様々に分散し分かち持たれたものとして概念化することによって、これらのネットワークに参入するあらゆる事物（entities）を等価なものとして分析的に扱うべきだと提言する」ものである（Knappet & Malafouris 2008: xi）。

マラフォウリスは、このようなＡＮＴの事例として、陶芸家と陶土との関係について論じている。「陶芸家が轆轤で器を挽くと考えてみよう。脳と身体と轆轤と陶土の複雑な動き、行為の様々な段階を通じた相互関係を考え、この創造過程を実現するための（身体的、精神的、生物的な）力量を創造しなければならない」（Malafouris 2008: 19）。陶芸家に訊いても多くは語られないため観察することで制作過程において生じていることを明らかにしようとすると、「その行為の作者（author）はだれか」という問題が生じてくる（Malafouris 2008: 21）。そこでマラフォウリスが持ち込むのが「モノというエージェンシー（material agency）」である。陶芸家の意志がまずあって、それを粘土に伝えているのではなく、粘土と陶芸家との相互作用において生じている事態が制作行為なのである。「手は粘土を粘土がつかまれるべくアフォードしているように摑む。そうすると行為は技能（skill）となる」（Malafouris 2008: 23）。マラフォウリスは、人の志向性（intentionality）を「主体的な心理状態であるよりむしろ、分散し、創発的で相互作用的現象」として理解する（Malafouris 2008: 33）。つまり、人工物（artefact）は人間の志向性の対象ではなく、「志向性をもった状態を生み出す具体的な実例」なのである（Malafouris 2008: 33）。

制作主体を脱中心化するＡＮＴは、制作における人とモノの関係をうまく説明してくれるように見える。しかし先にも見たように、美術制作者は素材や環境などのモノというエージェンシーに（むしろ積極的に）自己を委ねながらも、いやだからこそ、そこに自己を刻み込もうとしているように見える。例えばジャクソン・ポロックのようなドリッピングや、ポロックに影響を受けていたモーリス・ルイスのようなステイニングは、絵の具の飛び散りや流れという偶然に委ねているように見えるが、そこには「高いレベルで絵具をコントロールする技術が必要である」という（屋宜 2011：15）。実際、ポロックの作品をコンピュータで解析すると、「フラクタルの要素が入り組んだ構造」になっていることが見られるため「入念で高度な技術の反映」であることがわかるという（川畑 2012：225）。

あるいはまさに轆轤で器を挽く時の感覚は次のように説明される「陶芸で器の形を作る時には時間はあまりかけることはできない。なぜならば土に水分や粘り気があるうちに形を決めてしまわなければすぐに空気や手の温度によって乾燥してしまい、自由な造形は難しくなるからである。逆に水分が多すぎても土が柔らかくなりすぎてしまい手を加えることが難しくなる。オブジェ等を作る時とは違い、器はある程度の薄さがなくてはいけないので、あまり長い時間手で触れることは出来ないのである。即興性が必要な事は陶芸の魅力の一つでもあり、器の形を作る際の重要なポイントでもある。人が短時間の内に形を仕上げるわけであるから、そこには当然形に人間味が表れ、有機的なものになる」（湯原 2015：2）。この点が制作と自己形成とを同期させるのであり、また、ANTでは捉えきれない問題でもある。

インゴルドは、ANTに対してSPIDER（Skilled Practice Involves Developmentally Embodied Responsiveness）という概念を提出する。直訳すれば、「熟達した実践は身体化された反応に発達的に関わる」ということになるが、この言葉はANT（＝蟻）をSPIDER（＝蜘蛛）の視点から批判するメタファのために持ち出された感が強い。

インゴルドは、蟻と蜘蛛の対話から両者の違いを導き出す。蜘蛛が蟻に対して言う。「わたしにとって世界は異種の小片や断片の寄せ集めではなく、糸や小道のもつれなのです。あなたたちの言うネットワークと区別するためにそれをメッシュワーク（*meshwork*）と呼びましょう」（傍点原文イタリック Ingold 2008: 212）。ＡＮＴでは様々なエージェントのネットワークによって行為が生じるのに対して、蜘蛛の巣（web）は、他のモノと対峙させられるような自足した物体（self-contained object）ではなく（つまりエージェントではなく）、蜘蛛の活動を可能にする条件なのである（Ingold 2008: 211, 213）。

インゴルドはこの観点から、先に見たマラフォウリスが、陶芸家と陶土との関係を「エージェンシーのダンス」と見てそこに平等と対称性がなければならないとしていることの誤りを指摘して次のように述べる[20]。「陶芸家にとって陶土は平等なパートナーではない。陶土は陶芸家にとって、蝶にとっての空気、魚にとっての水、蜘蛛にとっての巣である。そのようなものとしてそれは相互行為の土台を構成するが、相互行為をする主体（interactant）ではないのである」（Ingold 2008: 212）。

ここで注目したいのは、メッシュワークは蜘蛛自身が作り出した痕跡であり、それゆえ「わたしの存在そのものの延長（an extension of my very being）であるとさえ言えるものです」（Ingold 2008: 211）とインゴルドが蜘蛛に言わせていることである。インゴルドがこのような「蜘蛛中心的な（arachno-centric）見方」をとるのは、エージェンシーをモノに帰すると、有機体がある環境のなかで成長し発達するのに伴う、外界の状況に自らの動きを適合させるスキルの発達という契機を組み込めないからである。

蜘蛛の巣にいる蜘蛛は風に揺れる葉と同様に揺れるが、蜘蛛と葉との違いは、その動きが蜘蛛の意図（*attention*）の動きでもあることだとするインゴルドは、この意図にこそエージェントのエージェントたる所以を見ている。ギブソンの知覚システムに依拠して、身体化された知覚スキルの成長に関心を向けるインゴルドは、熟達した実践は型（groove）に合わせるだけでなく、知覚に導かれてむしろ自らの型を切り出すとしている（Ingold 2008: 214）。「エージェンシーはスキルを求め、スキルは発達を通して生じるため、発達の過程はエージェンシーにとって必須条件（*sine qua non*）である」（Ingold 2008: 215）。

ここにおいて、美術制作者が自己をモノへと委ねつつなお自己を手放さない理由も説明できるだろう。制作者が自らの身体によって制作する作品は、自己の痕跡であり自分の存在の延長とも言える。ただし、捕食行動を目的とした蜘蛛の巣と美術制作とは決定的に違う。蜘蛛は小枝や茎といった環境との兼ね合いで巣をかけている。その意味で蜘蛛の巣は合理性を備え、環境との調和に貫かれている。美術制作者の場合、先に見たように、自己と世界との間に均衡をもたらすのみではなく、あえて不均衡を作り出すことも行う。それには、作られつつある作品に自己を委ねるだけでなく、作品生成を自己の問題として引き受け直すことが必要になる。そこに、「人間が環境のなかで刺激を受けつつ変化し、そのように変化した人間が新たな環境を生み出していく」、人間形成（Bildung）の「力動性」（山名 2015: 214）[21]も生じる。変容を遂げてなお制作者が手をとめない理由もそこにある。こうした見方はもちろん近代以降の作家観でしかないのかもしれないが、美術の制作行為が制作者にとって陶冶となることの意味も示しているのではないだろうか。[22]

注

（1）例えば、創造美育運動の思想的背景を精査して山本鼎と創造美育運動との思想的影響関係を否定するもの（新井 2014）、山本鼎の自由画教育運動の意味を問い直すもの（齋藤 2016）、あるいは美術教育における技術の位置づけから美術教育史を問い直すもの（長尾 2016）、またイギリスと日本の美術教育における技術習得から自己表現への展開を系譜学的に問い直したものとして（Komatsu 2017d）がある。

（2）真理性が学問体系と結びついた学習内容におかれて学び手の外部にある他の教科とは違い、美術においては真理性が自己の内奥に触れている。それが美術教育の難しいところでもあり、可能性でもある。この点については（小松 2012: 62-63）参照。

（3）トピカに着目したのは、美術の育てる力を「内面の覚知と世界への開かれとを同時に実現する」ところに見て、その具体的な表れとして「場所のセンス」に着目したわたしなりの視点からである。この点については、（小松 2009）参照。

（4）森田亜紀は制作過程における作者の体験を中動態という視点から論じている。「作者は必ずしも、表現したい内容や意味、何かが〈生まれてくる〉とか〈出来上がる〉とかいうような過程を、作者は体験しているようだ。作品をつくるというよりむしろ、出来上がりの姿形を制作以前に完全に把握していて、それを作品にするのではない。作者が作品の制作に〈主体－客体〉、〈能動－受動〉の枠組みでは、とらえられない位相があるように思われる」（森田 2003: 10-11）。能動－受動では捉えきれない位相が中動的な位相である。中動態とは、インド＝ヨーロッパ系言語においてかつてあまねく存在していた態で、わたしたちが自明のものとしている能動態と受動態の対立が成立する以前に、能動態と対立していたのは中動態であったという（中動態の歴史的展開とその意義については、（國分 2017）参照）。能動態では動詞は主語の外でなされるが、中動態では主語は「動詞の表す過程に巻き込まれ、過程の中で何らかの違った状態になる」。それは「出来事的eventive」と言われる（森田 2003: 3-4）。森田はそのような中動的事態である制作を可能にしているのが、「「想」と「もの」とを同時に生じさせるはたらき」たる「技術」であるとしている（森田 2013: 104）

（5）現在流行していることばで言えば、アクティブ・ラーニングということになるのかもしれないが、本書で論じていく美術の学びはアクティブであることに重点があるのではなく、対象に即して思考することで活動に省察が伴うこと、そのことによって自己が変容するという意味でラーニングのみならずアンラーンの契機も含むことが重要である。

（6）ハビトゥスとは、環境との相互作用の中で歴史・文化的に形成された慣習的行動を生みだす身体化された性向（disposition）システムである。

（7）科学研究費（二〇〇九年～二〇一一年）挑戦的萌芽研究「美術とスポーツの身体観の相違についての実践的・理論的研究」において、複数の大学ラグビー部の選手に美術プログラムを試行した。これについては（小松・屋宜 2012）参照。

（8）自己と世界との接面という見方は「知覚は人間と世界との接蝕（ママ）面をなす」という今井康雄の議論に依拠している。今井は、美と教育の関係について思想史的遡行を経た上で、一九世紀末以降芸術の焦点が美しいものを超えて「美的なもの」へと移行してきたことを指摘して、芸術が新しい知覚様式を創出することで「現実を探究し構築する一つの通路として捉えた」ものとしてバウハウスに着目する。バウハウスで「学生たちは人間と世界との接面の成り立ちを、その最も要素的な場面に遡って探究していた」とする（今井 2009：41）。

（9）G・ベームの研究者三木順子は、「構想力 Einbildungskraft――つまり文字通りの意味で「かたちづくる力」が、みずからを可視化し実現する場が形象なのだといえよう」としたうえで、「形象は、精神と感官、内と外といった形而上学的な概念の区別に先立つ領域へと遡源し、われわれを、新たな意識の萌芽へと導く」としている（三木 2002：171）。三木の議論は形象の経験としての絵画経験についてのものであるが、制作に重点に置いた森田亜紀も以下のように述べている。「身体をもった人間が環境と関わる中から、両者の相互限定・相互依存の結果として、意味の受肉である新しい形が生まれる。そこではたらくのが構想力なのであれば、われわれは構想力を、行為する身体の内に見て取ることができるだろう。あるいは構想力は、身体と環境からなる一つの動的な構造の内部、両者の界面にはたらく力だと言った方がいいかもしれない。そしてその働きは能動――受動ではなく、中動態であるはずだ」（森田 2013：158）。像をかたちづくる構想力は、自己の内外をつなぐことで人間形成を可能にするのである。

（10）ヴルフは、具体的な美術制作の授業における、このようなミメーシス的なイメージの追創造のプロセスを分析している（ヴルフ 2010）。

（11）折り畳むという概念については、眞壁宏幹に依拠している。眞壁はブレーデカンプのライプニッツ論をイメージ源として次のように述べている。「次世代を担う子どもたちは、謂わば、意味が「折り畳まれたもの」としての事物や言語を開くための「シンボル文化技法」を学ばねばならないのである。」「陶冶とは、「シンボル文化技法」の習得という構造化＝様式化と、その構造を中断させる断片化＝脱構造化というプロセスを繰り返し、世界と自己に無数の「折り目」ないしは「襞」を刻みつけていく過程と思われる」（眞壁 2016：151-152）。

（12）この点については、（Komatsu 2017e）も参照。

（13）このことは、デューイがすでに指摘していたことである。制作においても鑑賞においても「能動と受動が緊密に結合している」（Dewey 2005：54（59））とするデューイは次のように述べている。「知覚する人（perceiver）にとっても、作る人（artist）の場合と同じように、全体を構成する諸要素の秩序づけがなければならない。この秩序づけは、細部においては異なるものの、その作品の創造者（creator）が意識的に経験した組織化の過程と同じものである。再創造の活動が伴わなければ、その対象が芸術作品として知覚されることはないのである」（Dewey 2005：56（61））。

（14）伊藤によれば、生まれつき全盲の人にとってイメージというのは、わたしたちが通常この言葉で考える意味では成立していないという。今ここでは、それを表す適切な言葉が見当たらないことと、鑑賞一般へとつなげるために、とりあえずイメージという言葉を用いる。
(15) 両者を「理論の系譜や分野が異なる」としながらも接続しているものとして（小松 2007）。
(16) アーキテクチュアと人間形成との複雑な関係については（山名 2015）。
(17) 第一章でも見たように、ビショップは関係性の美学を批判し以下のように述べている。「この関係性としての敵対は、社会的調和をその基礎とするのではなく、この調和らしきものを維持するさいに抑圧されたものを露呈させることをその基礎とする」（ビショップ 2011: 106）。おそらく、このような現代アートの動向と、政治思想の感性的（美学的）転回とは無縁ではない。「支配と抵抗の単純な合意のゲームを代補する」不和（dissensus）（Rancière 2014: 270）という観点から民主主義を捉えようとするランシエールの思想（松葉 2008）が、現代アートと教育との関係を論じた研究を触発している（Atkinson 2012）ことからもそう言えるのではないか。ただし、次章で見るように、美術と政治との関係は、何らかの政治的含意を作品が表象するということではなく、既存の認識枠組みが孕む支配や不公正を明るみに出すようなものである。
(18) ここでインゴルドは、object と thing を区別していないが、ナペットは未だ定義づけられていないモノ（thing）と、名づけられ何らかの意味を帯びて理解された物体（object）との違いを指摘している（Knappett 2008: 144）。ナペットはまた、ジェフ・クーンズの《New Hoover Deluxe Shampoo Polishers》を例に挙げ、美術館での展示における、モノ（thing）と物体（object）の関係について以下のように述べている。「展示を通してモノ（thing）からイメージが作られ、その過程で対象化される（objectifed）。しかしその人工物のモノ性（thingness）がすっかりなくなるというわけでは決してない」（傍点原文イタリック Knappett 2008: 145）。
(19) 鯨岡峻ならそれを「成り込み」と言うだろう（鯨岡 2002）。
(20) もっともマラフォウリスは、平等や対称性ということは、「陶芸家と陶土との間に重要な違いはないとか、この二つのパートナーの一つが時にダンスをリードすることもないこととかを含意しているわけではない」と述べている（Malafouris 2008: 25）。
(21) 小田部胤久は一八世紀中葉から末葉にかけて、主体としての芸術家が自らの独創性に基づいて、技術とは区別される芸術作品を創造するという意味での近代的な芸術概念が成立したことを明らかにしている（小田部 2001）。
(22) モレンハウアーは『忘れられた連関』において、「人間が自分自身に関して（たんに役割に関してだけでなく）問題をもつということが、人間の陶冶を発動させ自己活動をなくてはならぬものにするのである」としている（モレンハウアー 1987: 227）。近代の作家の多くが自画像を描いているのは、このような制作における陶冶性に理由があるのではないか。また、東京美術学校において自画像が課されたのも、自己を鏡越しに見る視線そのものを獲得させることで、近代的な意味での作家を養成することを目指していたからではないか。

第三章　芸術的省察と美術教育

小松　佳代子

第1節　Arts-Based Researchの理論と実践

ABRとは何か

本書冒頭でも述べたように、Arts-Based Researchという用語は一九九三年にスタンフォード大学で行われた教育イベントに端を発する。芸術と教育との結びつきについて論じてきたアイスナーが実施した、美的特徴に導かれた研究とはどのようなものかを理解するのを助けるような研修会である（Barone & Eisner 2012: ix）。ＡＢＲは、芸術における発見的（heuristic）な思考や理解によって従来の科学的な研究や知のあり方を問い直すものであると同時に、自己表現や感性的なインスピレーションの産物としてのみ芸術を捉える見方に対する問い直しでもある。芸術制作行為における探究それ自体を研究と位置づける。通常の科学的研究において求められるような、研究対象から距離をとって客観的な分析をするとか、複雑な事象を図式的に理解するといった方法論とは全く異なる研究の姿である。研究者（＝制作者）は、研究（＝制作）のプロセスに参与し、そのことによって研究者（＝制作者）自身の変容が促されるようなあり方である。そのように、研究者が自ら研究している事柄に参与することで、研究が進行するのと同時に研究者自らの変容も生じるという意味で、それは臨床的な知だと言えるだろう(1)。

このように芸術家の実践を研究として位置づけ直そうとする動きの背景には、質的研究の動向に加えて、いくつかの学問領域を横断して生じている視覚的転回（visual turn）があると指摘されている。それは、「視覚的イメージを情報や洞察の重要な資料とする」ものである（Sullivan 2010: xi）。そのような研究的な背景だけではなく、美術やデザインの専門教育の場が大学に組み込まれて、学位を取るなど大学に基礎を置くアーティストも増えてきたという現実的な問題もあるようである（Sullivan 2010: 73）。

ＡＢＲは現在、ヨーロッパ教育学会の芸術教育部会を担っているメンバーを中心に研究が進められ、二〇一三年からは毎年 Arts-based Research and Artistic Research 学会も開かれている。この学会では、ＡＢＲという方法論それ自体について論じるもの、ＡＢＲの手法を用いた教育実践について論じるもの、そしてアーティストが自らの作品を研究として提示するもの（これは Artistic Research（芸術実践による研究）と呼ぶべきだと考える）などがある(2)。すなわち、ＡＢＲは方法論的な吟味とその内容の充実が同時進行で行われていると言えよう。

社会的問題に対峙する芸術家の研究＝制作実践、芸術大学における芸術家養成の教育実践、そして芸術的手法によって自己と世界との関係の変容を促すような教育実践などがＡＢＲの事例として示されている。ＡＢＲの可能性はおそらくここにこそある。芸術系大学の専門教育と初等中等教育の美術教育を分断することなく、美術制作における思考という面に着目して、同じような活動であると捉えることで、両者を貫く美術教育を語ることができる。

ＡＢＲは芸術教育に限定されるものでもない。後に見るように、社会的問題を顕在化させ、思考を促すために芸術的手法を用いるような研究が行われている。その意味で、ＡＢＲは専門教育と学校教育、美術とその他の学問領域、制作と研究といった様々な境界を揺るがすものとしても期待される。

そもそもＡＢＲは、アイスナーら美術教育研究者の活動から出発していることもあり、芸術を通じて自他の変容を促すものとして教育的な色合いが強いと見られている。ＡＢＲにおいて芸術と教育とはいかに接続されるのか。

arts-based、つまり芸術を「ベースにする」とはどういうことか。「ＡＢＲは、それ以外の方法では言い表すことができない意味を表現するために、論証的な（discursive）コミュニケーションという限定的制約を超える努力である」（Barone & Eisner 2012：1）。通常の論文という形では伝えきれないものを、非論弁的シンボルである芸術に基づいて表現するのである。

カーンマン・テイラーは、教育的探究に芸術を統合する方法は多様にあるとしながら、次の二つの枠組みを提示している。すなわち、芸術的研究と科学的研究とが「混成する形式（hybrid forms）」と、「学問のための芸術（art for scholarship's sake）」を生み出すことである。前者は、詩や版画や彫刻や自伝やエスノドラマといった芸術創作を経験科学の文脈に置き直すことによって、芸術と科学との境界領域を揺るがすものである（Cahnmann-Taylor 2008：9）。

一方後者は、教育的なフィールドワークにおける経験を用いて芸術作品を作ることだと言われる（Cahnmann-Taylor 2008：10）。「学問のための芸術は、徹底的な芸術的訓練に基づいて、研究から得られた社会的関心に貫かれた（socially engaged）意味を芸術に吹き込み、社会的関心に貫かれた研究に芸術をしみこませることを目指すものである」（Cahnmann-Taylor 2008：10-11）とされる。

前者は、金田卓也が紹介しているような、博士論文の中に小説や脚本を組み込むような形になるだろう（金田

2014）。後者は、リレーショナル・アートやソーシャル・エンゲージド・アートそのものである。小説は博士論文として認められるかということをめぐってアイスナーとH・ガードナーが論争をしたように（Eisner 2008: 18）、エビデンスに基づく研究が主流である学問の世界において、ＡＢＲが認められるのはまだまだ遠い道のりであるように思う。唯一可能性があるとすれば、芸術系大学の博士論文などにおいてであるが、今のところその気運は見られない。

逆に芸術系大学において、あるいはプロのアーティストにおいても、「学問のための芸術」作品は、むしろ制作の主流とも言えるものとなっている。ビショップが指摘しているように、二〇〇〇年代以降、教育的アート・プロジェクトが興隆してきている[3]（Bishop 2012: 241（366））。そうだとすれば、ＡＢＲはこれらのアートプロジェクトと変わらなくなり、わざわざＡＢＲと名付ける必要もないだろう。

それでもＡＢＲに関心が寄せられているのは、「芸術に基づく」ことで既存の学問分野を越境する方法論的な期待があるからだと考える。現在ＡＢＲへの関心としては、大きく分けて、社会学からの関心、教育的な関心、そして制作者からの関心に分けられるように思う。本書も、教育学的関心と、第Ⅱ部においては制作者からの関心によってＡＢＲを考えるものであるが、次節で述べるように先行研究でＡＢＲと考えられているものとは異なる視座を打ち出す。まずは現在の研究動向を確認しておこう。

社会学からのアプローチ

ＡＢＲに既存の学問（特に社会学）の枠組みを揺るがす可能性を見て、精力的に実践と研究を重ねているのが、岡原正幸を中心とした慶應義塾大学の「ＡＢＲ研究会」である。これは、「（科学）言語のみによる研究活動では観察、把握、理解、伝達しえない生の有り様を探求するために、多様なアートワーク実践を研究活動の主軸に据え、従来の人文社会科学では実現されなかった知や経験そしてその学びや公開の新たな仕組みを開拓、展開することを目的」として二〇一五年に設立された（岡原 2017：2-3）。

ライフストーリーやオートエスノグラフィーの手法をもとにしたパフォーマティブ社会学からＡＢＲにアプローチしている岡原らは（岡原 2014）、ＡＢＲを次のように定義づけそれを実践している。「学術的な研究作業のプロセス全体で、特に最終的なアウトプットにおいて文字媒体を主とするテクストではなく、写真、映像、パフォーマンス、ダンス、演劇、あるいは平面、立体、インスタレーション、アートプロジェクトなどの美術、サウンドや音楽、さらには文字媒体だとしても小説や詩や戯曲などの文学を媒体として公開される研究スタイルである」（岡原・高山・澤田・土屋 2016：65）。

映像やメディアや詩などの実践によって既存の社会学の研究方法論を問い直し、「事実を確定するものではなく、むしろ発見的なもの」としての社会学、すなわち「アートベース社会学（ＡＢＳ）」を構築しようとする目論見である。それゆえ、彼らは実践と並行して方法論的な問い直しを含む論文を執筆し、あるいはシンポジウムやイベントを立ち上げるなど、多様な形で差異を仕掛ける。「研究実践自体がパフォーマティブであることの自覚」（岡原ほか 2016：67）をもとに、従来の研究方法論の限界を突破するＡＢＲの可能性を十全に展開するとこのような多様な広がりが見えるのだということを教えてくれる。

ＡＢＲ研究会によって三田哲学会『哲学』第一三八集（2017）でアートベース社会学が特集されている。ここでは「どのようにすればアートになるのか」（土屋 2017：138）ということを追求して、アウトプットをアートの形にすることが目指されてもいるが、アートは研究の結果として生み出されるというだけではなく、研究の対象であり研究の方法でもある。

例えば八月六日前後に広島平和記念公園周辺で十三台のカメラを使って撮影された映像を分析している後藤一

樹の論文（後藤 2017）は、社会学の理論を用いた映像及び調査撮影する方法についての分析であると同時に、映像から切り取られた画像を論文に組み込むことによって、画像それ自体が研究の結果ともなっている。さらに、研究プロセスを記述するだけではなく研究者自身の一人称的な語りが記述され、それをさらにナラティヴ分析することで、研究のただ中における研究者自身に生じる変化にも言及される。オートエスノグラフィによって新たな問いが引き起こされる、このような研究方法自体がアート的だと見ることができる。

「この特集におけるＡＢＲの考え方を方向付けているのは「なぞらえ」やレプリケーションといった概念である」（土屋 2017: 150）と土屋大輔は述べている。現実世界の事象を何らかのメディアによって切り取り、それを追遂行できるような何らかの形にすることがアートなのだろうか。この点については、社会学からＡＢＲにアプローチする場合と、美術教育の視点からＡＢＲにアプローチする場合では大きく見方が異なるように思う。芸術とは何かということに関わる難しい問題であるが、この点については次節で考察したい。

同じく社会学から出発してＡＢＲを実践しているのがＰ・リーヴィーである。リーヴィーはいくら優れた学術論文を書いても、高度な専門的な訓練を受けた少数の人にしか読まれないという状況が変わるところにＡＢＲの可能性を見る。リーヴィーは研究方法論を革新するプロジェクトに携わったことでＡＢＲに出会い（Leavy 2015: viii）、伝統的な学術論文ではなく「芸術に基づく小説（arts-based novel）」を書いたところ、様々な年齢や教育のバックグラウンドを持つ人々をメンバーとする読書クラブや大学生などにも届き、さらにはメディアやラジオのインタビュー、特集記事、ブログなども含めた「公共的学問（public scholarship）」に携わる機会が得られたという（Leavy 2015: 2）。それがＡＢＲの力なのだとする。

リーヴィーは、「芸術に基づく」実践は、研究のあらゆるフェイズ、すなわちデータ構築、分析、解釈、そして表象に資するとしている。そのようなＡＢＲの実践の強みとして以下の諸点が挙げられている。①新たな洞察と学び、②現実世界の問題（飢餓・いじめ・人種差別・暴力・貧困・摂食障害・トラウマ・悲嘆など）に有用、③個人の人生とより大きな文脈をつなぐ、④学問間の相乗効果、理論と実践の結合などのホリスティックなアプローチ、⑤情動的にも政治的にも喚起的であること、⑥社会的意識や共感の涵養、⑦ステレオタイプを揺るがし、周辺化された声や見方を包摂すること（Leavy 2015: 21-26）。

このほかにあと四つの強みが挙げられているが、それらはみな、研究をアカデミックな世界に閉じ込めて学者だけを少数のエキスパートとするのではなく、人々の参加や対話によって多様な意味を生成し、公共的学問にすることを通して、研究を有用で社会正義の仕事の一部にしていくことに収斂する（Leavy 2015: 26-27）。

ＡＢＲによって学問研究を現実の社会問題とつなげ、公共的で有用なものにすることで倫理に貫かれた研究実践にするというリーヴィーの意図はよくわかるが、ＡＢＲを問題解決や社会正義の実践だと位置づけてしまうと、「芸術をベースにする」という場合の「芸術」の意味が縮減されてしまうように思う。この場合は、芸術は学問的な訓練を受けていなくてもわかる、あるいは情動的な喚起力をもつというような意味でしかない。芸術はそのように直接的に倫理に結びつくものだろうか。

また、「共感を醸成する」ことによって、社会的マイノリティについての偏見が修正されるということの意義は認めるが、芸術の可能性をそこにのみ見ることには同意できない。共感をつくるよりもむしろわかりえないものを提示することで、鑑賞者がそこから思考を始めること、そして、提示した制作者自身もその中で思考を重ねること、それが芸術的省察なのではないか[4]。

リーヴィーはナラティヴ、詩、音楽、ダンス、演劇、映像などさまざまな芸術領域における実践を挙げているが、ここでは視覚芸術で挙げられている例を見ておきたい。

「視覚的ＡＢＲは必然的に参加的——すなわち、視覚芸術にはそれを経験する鑑賞者がいる」（Leavy

2015：231）とするリーヴィーは、「研究参加者がデータとして、あるいはまたデータを表象するものとして芸術を制作することに関わる特別な一連の実践」を「視覚芸術に基づく参加的方法」だと位置づけている（Leavy 2015：232）。

リーヴィーが挙げているのは、言葉の壁を迂回できる写真、社会的アクションリサーチの方法としてのフォトヴォイス、方法としてのコラージュ、データとして参加者がつくる芸術（視覚ジャーナルの制作、本の改造、参加的な芸術に基づく方法）、解釈における視覚芸術（情報やデータを視覚化する）である。「参加的な芸術に基づく方法」とは、例えば生徒たちが自分自身をどのように見ているのか、学校をどのような場だと考えているのかを伝えてもらうために芸術（自画像、記憶地図、場所の写真、ナラティヴ、場所における自己の写真、ファウンドオブジェクト、二次元三次元の芸術作品）を用いるものである。ここでは、「芸術は探究の方法として、また伝統的な質的探究への踏み台として見られうる」（Leavy 2015：242）とされている。

ここにおいて、「アートをベースにする」一つの方法が明示されている。芸術制作によって世界をどのように捉えているかが外化される。それをデータとして研究を進めていこうとするものである。美術教育に引き寄せて考えた場合、制作過程で自らのものの見方が外化されそれを省察することで、制作者自身の内面形成が図られるのだとすれば、それは芸術的省察による研究になるだろう。ただ、リーヴィーの挙げる事例には、どうしても研究や教育やセラピーの手段として視覚芸術という方法が用いられている感がぬぐえない。わたしたちの考えるＡＢＲはそれとは異なる。芸術制作のただ中における省察それ自体を研究と考えるのである。

教育的アプローチ

美術教育の実践としてＡＢＲを取り入れているのがバルセロナ大学のＦ・ヘルナンデスである。ＡＢＲの手法を用いてＡＢＲを学ぶということを行っている。大学の授業では課題を設定し、それについてのイメージをアーカイブするのと並行して、文献購読、あるいはテーマに関わる人へのインタビューをして、それらをドキュメンテーションする。芸術的な方法を使って社会問題を考えるような実践である。

ヘルナンデスは、ＡＢＲにおける探究を「ノマド的学習」と呼ぶ（Hernández 2016）。その学習は、研究している当事者である学び手、そこに関わる他者、あるいは教師も含めて、絶え間ない変化が生じる生成のプロセスであるからである。視覚芸術を専攻する学生たちが最終的に制作するのは、アートベース社会学のように敢えてテキストから離れるということをしなくとも、アート作品である。そのような作品は、リレーショナル・アートとどこが違うのかというわたしの質問に対して、ヘルナンデスは、「研究である以上、探究のプロセスを公開して、ディスカッションやピアレビューが可能なものにする必要がある」という点で、アート作品の制作とＡＢＲとは区別されると答えた(5)。

本書冒頭でも言及したＲ・アーウィンらのアートグラフィ（a/r/tography）も、教育的アプローチと言えるだろう。「アートグラフィは、自己学習、社会のなかにあること、関係的・倫理的探究に関わるものであるとわたしたちは主張する」「アートグラフィの研究は標準化された基準に従うのではなく、むしろダイナミックで流動的で不断に動的なものである」（Irwin & Springgay 2008：xix）。

アートグラフィ（a/r/tography）という言葉が、芸術家（artist）であり研究者（researcher）であり教育者（teacher）が記述する（graphy）という意味であることに示されているように、アーウィンらが繰り返し述べるのは、「あいだ（in-between）」という視点である。探究の方法として「言語、イメージ、素材、情況、空間、時間の同時的使用」（Irwin & Springgay 2008：xix）、あるいは「実践としての、過程としての、複雑な情況としての理論（theory-as-practice-as-process-as-complication）」が知覚や知を意図的に揺るがすような「生きた探究」

（Irwin & Springgay 2008：xxi）、あるいはまた、「精神と身体、自己と他者の編み合わせ、わたしたちと世界との相互作用」よって生じる研究（Irwin & Springgay 2008：xxii）、そしてなによりも、理論（theoria）、実践（parxis）、制作（poiesis）が折り畳まれた「リゾーム状の世界経験の方法を作る」（Irwin & Springgay 2008：xxiv）ことである。もちろん、既存の芸術領域を超える、あるいは芸術領域と他の学問領域との「あいだ」ということでもある（Irwin & Springgay 2008：xxxi）。

実践（＝制作・研究・教育）の内容、方法、あるいは実践に関わるスタンスについての多様性を示すと同時に、その実践自体が他者との関係の中で生じる社会的な活動であるという意味で、「あいだ」それ自体が重層性をもつものと考えられている。

「実践家に基礎を置いた研究は必然的に自己に関するものになるが、それはまた実践の共同体についてのものにもなる」（Irwin & Springgay 2008：xxiv）と述べるアーウィンらは、アートグラフィの研究条件を「関係性（relationality）」に見る。すなわち、「関係的探究、関係性の美学、関係的学習」である（Irwin & Springgay 2008：xxvii）。アートグラフィは「関係性の美学の一方法」であるとも述べている（Springgay et al. 2008：86）。

アーウィンらは、「アートグラファが他者とともに活動するとき、多くの個人やグループが自らに適したやり方でアートグラファになる可能性が開かれる」として、次のような例を挙げる。「小学校の先生は幼い子どもたち（彼らも年齢に適した形のアートグラフィックな実践にたずさわるかもしれない）とともに活動することでアートグラファになりうる」「共同体に基礎を置いた芸術家は、共同体のメンバー（彼らもまた自らの共同体で当たり前だとされているあり方を考え直すことでアートグラファになる）とともに活動することでアートグラファになりうる」（Irwin & Springgay 2008：xxiv-xxv）。

誰もがみなアートグラファになりうるとしたら、アーウィンらの言う制作者・研究者・教育者ということの意味は、いわゆる日常語から考えられる意味そのままではないことは明らかだろう。「アートグラフィの文脈における教育は、学習、理解、解釈に関わるあらゆる文脈を意味するものとして広く考えられる」ものであり、「同じようにアートグラフィにおいて芸術は、世界との継続的な関わりと出会いを通して理解され、解釈され、問われる、感覚志向的な制作物を意味するものとして広く考えられる」（Irwin & Springgay 2008: xxv）。

幼い子どもたちもアートグラファになりうるということから考えれば、芸術家とは感覚を通した「生きた探究」によってモノに実践的に関わる人、教育者とは学びの共同体における「生きた探究」を通して自他の変容に関わる人、研究者とはそのような探究をメタレベルから思考する人というような意味で解するべきなのではないか。

アートグラフィという概念は、制作と研究と教育とをつなげることによって、それぞれの意味内容を問い直し、互いの境界を揺るがしていくようなものである。それは単に区別をなくすというようなことではなく、これまで自明と思われてきた区分が、本来は分けられないものであると見て、すなわち互いに互いが「折り畳まれている（folding）」と見ることで、その意味内容を開いていく（unfolding）ようなものとしてある。そうした開示はまたさらなる折り畳みをもたらす、すなわち折り畳みの中にさらに折り畳む（folds within folds）ようなものである（6）（Springgay et al. 2008: 87）。

制作者・研究者・教育者としてのa/r/t（活動や制作物としてのartのダブルイメージ）はそういうものとしてある。そこに記述を意味するグラフィ（graphy）が接続されていることが、アートグラフィのもう一つの特徴である。「アートグラファは自らの美術形式にテクストを含むことを選択する場合としない場合があるだろうが、彼らの進行中の探究過程においては常にテクスト的な素材と記述することが含まれている」（Irwin & Springgay 2008: xxviii）とされる。それゆえ、インタビューやフィールド日誌、あるいはナラティヴが重視されるが、そのような文字言語が中心であるというわけではなく、人工物の収集、写真によるドキュメンテーション、あるいは絵画・作曲・詩作といった芸術的探究も含む（Irwin & Springgay 2008: xxix）。命題を生み出す論文を目指すのではなく、「アートグラフィや芸術をベースにした、あるいは芸術に導かれた（arts informed）研究においては、解釈（exegesis）がより適している」（Irwin & Springgay 2008: xxix）とされているように、アートグラフィは記述ということそれ自体をも問い直していこうとするものである。

「アートグラフィカルな研究の構築は、研究論文や学位論文にイメージを挿入したり各自の「データ」を楽譜に変換したりすることを超えている。アートグラフィは関係的な生、探究、存在の、あるあり方なのである」（Irwin & Springgay 2008: xxxi）。このように言われるとき、アートグラフィがアートをベースにすることで人間の生き方や存在様式を問い直すものであることが見えてくる。アートグラフィを教育的アプローチであると位置づけるのはこのゆえである。

本書は、制作と研究と教育とを織り合わせていくようなアーウィンらの考え方に賛同しつつ、次節で見るように、関係性の美学や共同体における学びに限定されないところでABRを考えようとしている。その理由は、本書が教育学から美術教育を考察するものであると同時に、ソーシャル・エンゲージド・アートのような作品ではなくとも、あらゆる美術制作において芸術的省察が働いていると考え、そこにこそABRの可能性があると考えるからである。では制作者からのアプローチにはどのようなものがあるのだろうか。その視点からの先行研究を見ておきたい。

制作者からのアプローチ

ペンシルベニア州立大学美術学部長を務めるサリヴァンは、一九九〇年代より芸術家の批評的・省察的

（critical-reflexive）思考過程や視覚芸術で用いられている探究方法について研究し、大学や美術学校におけるアトリエでの制作に基づいた研究の側面を向上させるために、美術実践に固有の視覚的思考過程について考察してきた（Sullivan 2010：281）。アーティストでもあるサリヴァンの研究は、アトリエでのアーティストによる制作それ自体を研究と位置づけ、美術制作の学術的意義を確固たるものにしようという切実な課題意識に貫かれている。

　すなわち視覚芸術は、「しばしばわかりにくく、理解しがたい曖昧で個人的なシンボルを用いていると見られている」ために、「芸術の学問的・文化的・社会的価値が過小評価されている」。それに対して「研究の言説に芸術的実践を置いて、その理論的基礎を見出す」ことを目指すのである（Sullivan 2005：xi）。サリヴァンの研究は、現代美術に関する研究、高等教育機関で教えるという経験、そして実践するアーティストとしての制作から得られた知に基づいている（Sullivan 2004：p.xxi）。まさにアートグラフィの実践である。

　サリヴァンはアーティストとして一九九〇年代からストリートで見つけたモノを使ったサイトスペシフィックな作品を制作している。モノと場所とのやりとりによってそれらのモノを再構成し、別の場所に置くというような作品である（Sullivan 2005：xxii）。そうした制作は「不確かな探究（uncertain inquiry）」であってその結果について確信することはできないが、別の場所に置き直された作品は、他の人にとって「つまづかされる」ようなものになり、そうした側面が「視覚芸術の教育的役割」であるとも述べている（Sullivan 2005：xxii）。

　このように、実践の結果がどのようなものになるか確たることは言えない「不確かな探究」というスタンス、しかしそれでもなお「モノを別様に見る」ことができるような視覚芸術に「教育的役割」があるというスタンス、これらは社会学や教育的アプローチには見られなかったように思う。このような不確かさゆえ、美術制作は研究であり学問であると位置づけることが難しいと思われてきた。美術制作を「確かな探究」にすることが重要なのではなく、おそらくその不確かさゆえにもつ美術制作の意義というものがある。本書がABRに着目するのもそれゆえである。

芸術・デザイン領域の高等教育における「問題解決」に焦点を当てた研究は、D・ショーンが『反省的実践家』で述べた「行為の中の省察」理論に沿ったものであるが、こうした方法論は問題の解決ということに引き寄せられ過ぎていて、視覚芸術にはそぐわないとサリヴァンは指摘する（Sullivan 2010: 67）。ここにおいても、美術制作が「不確かな探究」であるというサリヴァンのスタンスが保持されている。

一九七〇年代において科学的研究の「方法崇拝」を批判し、アトリエの経験と研究とを結びつけたバイテルの美術教育研究、あるいは一九八〇年代イギリスにおける治療（cure）ではなくケアに重点を置いた実践に基づく研究（practice-based research）、さらには固有の学校文化や個々人に応じた「状況的な」学校改革など、エビデンスに基づく研究に対抗する動向を紹介した上で、サリヴァンは次のように美術制作を位置づける。「アトリエでの経験（studio experience）は、知的で想像的な探究であり、アトリエは、個人的に状況化され社会的・文化的に重要な知や理解を生み出すのに十分確かな研究が行われる場である」（Sullivan 2010: 70）。「芸術的な知のプロセスや成果」を問う視覚芸術における研究において、「アーティストは研究者であり同時に研究対象」である。それゆえ「自己観察アプローチ（self-study approach）やオートエスノグラフィ」という方法が用いられるとする（Sullivan 2010: 70）。

制作者は、研究と位置づけられなくとも、制作行為において常に思考や探究を重ねている。それをこのように敢えて学術的な研究の枠組みに入れて語られねばならないのはなぜか。アーティストによる自己言及も、コンセプチュアルな作品では必要かもしれないが、そうではない作品の場合にはむしろ作品にとって邪魔なものになるのではないか。サリヴァンがアトリエでの制作を研究と位置づけるのは、先にも述べたように美術とは何かについて原理的に考察すること以上に、高等教育政策の転換という現実的な課題への対応という面が色濃くある。

美術・デザイン学校が高等教育システムに組み込まれたこと、そして特にイギリスやオーストラリアで顕著なように国庫補助金が直接的に研究成果に結びつけられたことによって、大学における視覚芸術の位置についての議論が生じてきたという（Sullivan 2010: 73）。すなわち、「アトリエでの探究は大学の研究共同体の一部として考えられうるか」という問題である。これに答えるために、「芸術実践を研究として理論化するための確固たる議論の必要が生じてきたのは明らかである」とサリヴァンは率直に述べる（Sullivan 2010: 74）。同様に、大学に所属するアーティストや美術教育者は、イギリスやオーストラリアで見られる政策転換、市場の要求、説明責任の計測、あるいはヨーロッパのボローニャプロセスなどへの対応にも迫られている（Sullivan 2010: 74）。この状況は、日本においても同じように進行している。にもかかわらず、日本の美術制作研究や美術教育の状況が変わらないということは不思議でさえある。[7]

これまでの美術教育研究を問い直すものとしてABRに着目してきたが、ABRが、日本の高等教育にも強力に導入されてきているグローバル経済の下における目標管理型マネジメント（松下 2010: 10）への現実的対応だとすると、安易にそれを取り入れるということの危険性も考えておく必要がある。サリヴァンもそのことには気づいていて、このような状況の変化が、美術学校や美術教員養成や実践に基づく専門教育の自律性を縮減し、他者からの管理を呼び込んで、「アイデンティティ・クライシス」を引き起こしていることを指摘している（Sullivan 2010: 74）。

美術制作を研究として位置づけるとしても、それはこれまでの自然科学や人文科学の方法論に則るのではなく、「アーティストが研究しているときに行っていることをより適切に表象することができるようにアトリエという文脈で行われうる研究の種類を再定義していく」ような挑戦が必要であるとしている（Sullivan 2010: 75）。すなわち、美術制作を大学における学問研究と位置づけつつ、既存の学問に組み込むのではなく学問方法論それ自体を問い直すような両面作戦である。

サリヴァンは、学術世界において視覚芸術の位置を確かなものにするために以下の二つの戦略を立てる。一つは、「視覚芸術実践の作品を、より伝統的な学問領域に結びついた学術レベルに対応するような指標に乗せる」(Sullivan 2010: 79) ことである。すなわち例えば個展を一回行えば、査読つき論文一本と同じ業績だと評価するというようなことである。もう一つは、「何が高い質を持った業績かということを解釈する」ベンチマークを作っていくということである。もちろん、作品の評価は多様である。しかし研究として位置づける以上、評価を支え、客観性や比較可能性に欠けるという問題を克服していくには、こうした強力な作業や、一定の根拠づけが必要であるとしている (Sullivan 2010: 80)。

わたしは公募展などの作品評価がどのようになされているかは知らない。いくつかの学会で関わってきた学術論文の査読の場合、査読者の評価基準とその評価の根拠が常に問われる。査読対象の論文のテーマが自分の専門であるとは限らない。その場合でも、当該分野の研究状況を可能な限り調べ、課題設定や論証の説得性など一般的に論文として備えている要件などについて精査し、それを編集委員会で説明しなければならない。査読者にはそのような答責性がある。美術制作においてはそのような厳密な評価基準を設定できないとしても、少なくとも、印象批評や好悪ではなく、評価理由を開示し議論可能な状況にする責任は求められるはずである。サリヴァンのように、美術制作を研究として位置づけることは、大学における制作の位置づけのみならず、美術制作をめぐるさまざまな状況に対する問題提起を含んでいるのである。

ＡＢＲへの三つのアプローチを見てきたが、これらはクリアに分けられるものでもなく、またもちろんこの三つに尽きるわけではない。例えば、ＡＢＲと密接に関係している領域として、創造的なアートセラピー

(creative art therapy) がある (McNiff 2009)。芸術と心理学とを合わせた学問 (hybrid discipline) であるアートセラピーは、後にアートをベースにした研究者が活用するような芸術の可能性を活用してきた (Leavy 2015: 15-16)。すなわち、意味生成、エンパワーメント、アイデンティティの探求 (exploration)、情動的表現、多感覚的コミュニケーション、意識形成、癒やし、自己省察や個人の成長、関係的結びつき、間主観性、表現力などである (Leavy 2015: 15-16)。

あるいは教育哲学の論文集においてもＡＢＲの実践とその意味を考察した論文が見られる (Michael & Munday 2014)。「研究実践の行為／発話／素材の組み合わせ (arrangement) を媒介する」ものとして制作者がドローイングを描き、制作者の自己省察とともに、教育哲学者が哲学理論を用いながらその行為を分析している。

ＡＢＲはその方法論的な彫琢、実践領域の拡大も含めて、大きな展開を見せていくことが予想される。特に研究というものを学問の内側で再生産するのではなく、広く社会においてなされる活動だと見た時、ＡＢＲは有効な方法論として位置づけられるだろう。だが、そのように研究の方法論を拡張していくＡＢＲにおける「アートをベースにする」ということの意味はまだ明確ではない。社会における問題を研究しその成果を何らかのアート作品にすることで社会に介入していくことなのか (それは研究に基づく芸術 (research-based art) ではないのか)、研究のプロセスにおいてドローイングや写真によるドキュメンテーションなどのアート活動をするということなのか、あるいは学術論文の文体や論証方法をアート的に組み替えていくことなのか。

見てきたようなＡＢＲの展開からすれば、おそらくそのどれもＡＢＲと言われるだろう。

しかし、わたしたちが考えるＡＢＲはおそらくはそのどれでもない。いわゆる従来の美術制作のただ中に芸術的省察を見ようとするものである。それはもはやＡＢＲと呼ぶべきではないのかもしれない。ＡＢＲとは別の新しい用語が必要なのかもしれない。しかし重要なのは、新しい概念をつくることではなく、ここまで研究が進んできているＡＢＲの内実を自らの研究において実りあるものにしていくことだと考える。

第2節　芸術的省察による質的知性の形成

これまで論じてきたＡＢＲの実践と、本書でわたしたちが考えるＡＢＲはかなり異なる。芸術制作を研究と捉え、これまでの自然科学や人文科学とは異なる、芸術に固有の探究に着目することで可能になる研究方法論を見出したいという基本的方向性は同じでも、欧米で進められてきたＡＢＲについて学べば学ぶほど、わたしたちが構想するものとの齟齬を感じるようになってきた。先にも述べたように、もしかしたらそれはＡＢＲとはもはや呼べないのかもしれない。だが、「日本の」「芸術系大学の」「理論研究と実技制作を二つながらに追究する」「美術教育に関わる」研究の場だからこそ、発想できるＡＢＲというものがあっても良いのではないか。それをわたしたちは「芸術的省察による研究」と呼び、ＡＢＲを敢えてそのように翻訳したい。

先行研究（＝実践）との違い

ここまで見てきたＡＢＲの作品は、リレーショナル・アートやソーシャル・エンゲージド・アート、あるいは各地で行われているアートプロジェクトと見分けがつかない。先に見たパフォーマティブ社会学としてＡＢＲを実践しているＡＢＲ研究会の作品は、むしろそういうものを目指しているようにも見える(8)。本書第Ⅱ部の執筆者は全員美術制作者である。だが彼らは、プロジェクト系の作品をつくっているわけではなく、美術の基礎的な修練の上に立って平面や立体作品を制作し、美術館や画廊で展示している。わたしたちは、ＡＢＲが美術教育にとっても重要だと考えているため、学校教育において日常的に行われている表現活動に見られるような、一見すると従来通りの美術制作の過程に生じている思考や省察にむしろ着目して、ＡＢＲを考えたい。

見てきたような社会学的アプローチとの違いは何よりも専門性の問題である。ＡＢＲ研究会の研究者は、ライフストーリー・インタビューやオートエスノグラフィといったエスノグラフィの専門的な調査・研究の方法論を用いて、データの収集を行い、それを用いたアート作品を制作し、その作品の展示／上演で生じたことをまたオートエスノグラフィの方法論で考察する。

社会学からアートへアプローチするこのような実践の積極的意味は、調査者と調査協力者との「「対等で双方向的」な関係の構築の困難」を乗り越えるものとして次のように説明されている。「アートに関しては、調査者がプロのアーティストでない限り、その能力に調査者と調査協力者の間で開きが少ない。よって、調査者も調査協力者も、アートの手法を共に学びつつ、教え合いつつ、研究実践を遂行できる」。また、「アートという表現形式は共通点と差異とを両方持つ相手との媒介物、コミュニケーションツールとして、言語よりも円滑に働く」(中村 2017：199-200)。つまり、アートは境界線や排除を不可避とするアカデミズムや政策言説などの「強い言説」ではなく、弱さと多様性によるつながりを形成する「弱い言説（表現）」であるという意味での「公共性」をもつのである（岡原 2017：247)。

アートが多様な解釈を引き込む「弱い言説」であるという岡原らの議論に同意しつつ、しかし美術を専門として学んでいる学生たちと日々接している身から言うと、やはり一定のスタンスの違いを感じざるをえない。わたしたちは「どうすればアートになるのか」という問題（土屋 2017：137）は考えないし（どうすれば優れた美術作品になるのかということは考えるが）、ＡＢＲ研究会の論文集を方向付けているとされる「「なぞり」やレプリケーション」（土屋 2017：150）という方法論は採らない。むしろそこからいかに離れるかを考えている。

このようなスタンスの違いは、しかし、社会学的アプローチとわたしたちのアプローチを分断しようとするものではなく（それではまた境界をつくるだけである）、多様なアプローチを示すことで、ＡＢＲの可能性を広げようとするものである。

わたしたちの場合、ＡＢＲという概念に出会う前から、日々の実践として美術制作があった。むしろその意味を考える前につくっている。つくりながら考えている。とはいえ、その思考を言語化して説明するのは難しい。感覚的な実践であり、通常の言い方ではそれは思考とは呼ばれないようなものなのかもしれない。しかし、制作に没入している状況から離れて、メタレベルで振り返ったとき、それは思考と呼ぶべき省察だと感じられる。

わたしたちのＡＢＲも身体的な活動であるということは、ＡＢＲ研究会と同様である。が、非常に大きな違いとして、わたしたちのＡＢＲは個人的な活動であるということがある。岡原は、研究自体がパフォーマティブであることの用件として、「その当事者（研究に関わる人たち）が身体的に存在すること、当事者同士が関わりつつ共同でつくり出すこと、その現場を離れて一般化されないこと」という絡み合った三つの側面があるとし、「ＡＢＲにもしこのパフォーマンス性を度外視した作品群がありえるなら、それらは社会学的ＡＢＲとしての意義は失うだろう」（岡原ほか 2016: 67）と述べている。

美術表現の多様化が進むなかで、社会学的ＡＢＲと同じような共同的な作品も多く生み出されている。しかし本書に参加している美術家はみな、互いにアトリエで議論することや、作品を通じて他者とコミュニケーションすることはあるにしても、日々の制作においては一人で作品と向き合っている。見てきたようなＡＢＲの概念から言えば、そのような作業をＡＢＲと言うことには無理があるのかもしれない。

とはいえ、そうした制作スタイルをとっている美術家たちがＡＢＲに関心を寄せたのは、制作と並行して論文を書くという、かなり特殊な環境において、自らの制作における探究活動と理論研究活動とが別のものではないということを身をもって実感しているからだと思う。

さらには、その専門性が美術制作であると同時に美術教育であるということも関係しているだろう。ＡＢＲにとって、美術の制作・研究と同時に、自他の変容という教育的な課題が重要なものであることが、美術教育を専攻する者にとって魅力的に映ったのだと思う。それゆえわたしたちのＡＢＲは（もしＡＢＲと名乗ることが可能であるならばだが）、美術教育的ＡＢＲなのかもしれない。

美術教育ということを考えたとき、プロジェクト系の美術表現ではなく、学校の美術教育で通常行われているような制作活動もＡＢＲと捉えることで、美術の専門教育のみならず初等・中等教育の図工・美術教育にもこれを取り入れたいという目論見もある。美術の専門教育は、美術表現方法の多様化に応じて、教育方法や評価方法は変わりつつある。だが、専門教育と学校の美術教育との懸隔はいまだに大きい。学校教育には学習指導要領の下で固有の教育目標があり、専門教育のように柔軟な変化は見込めない。そもそも学校教育は本来的に芸術と相容れないところで成立しているとも言える[9]。

美術制作を美術に固有の思考や研究のプロセスと捉えることで、感性や直観による活動であるから指導や評価が難しいという美術教育が常に抱えている課題に対しても、一定程度応えることができるのではないか。前節の「制作者からのアプローチ」で見たように、制作を研究として位置づけることで、学術論文を評価するにあたっての評価者の答責性と同じような責任が、美術制作を評価する場合にも求められる。専門的な作品審査の場だけではなく、学校の美術教育においても、教育目標に照らしつつ、児童・生徒の制作活動が探究としてどのように深まっているかを評価することは可能なのではないだろうか。

ＡＢＲを美術教育の文脈に引き入れるために、ここではＡＢＲを敢えて「芸術的省察による研究」と訳し、さらに美術の制作・鑑賞活動における省察によって「質的知性」が形成されると考えたい。「知性」という個人化された用語を用いる点で、ＡＢＲとはすでに相容れないのかもしれないが、今はＡＢＲの概念を拡張する意味で、この用語を用いる。

美術制作における質的知性

アイスナーは、「教育の目的は芸術家になる準備として考えられるべきだ」とするＨ・リードに賛意を示して、この場合の芸術家とは画家やダンサーや詩人や脚本家などではなく、「個々の作品の領域に関係なく、十分に調和し、熟練によってなされ、想像的な作品を作るような考え、感性、技能、想像力を発達させた諸個人」を意味しているとする（Eisner 2004: 4）。このように「芸術的に巧みにつくられた作品を創造するのに必要とされる、特徴的な思考様式」を「芸術的に基礎づけられた質的な知性の様式」と呼んでいる（Eisner 2004: 4）。

「質的な知性」とは何か。アイスナーはデューイに依拠して次のように説明している。[10] 例えば子どもが白い紙に自らの意図を伝えるビジョンを示す際、「素材に関する自らの行為の結果に応じ」、「素材をメディアとして機能させるよう素材を扱わなければならない」。同時に、「創造行為に不可避に生じる幸運な（あるいは不運な）偶然性も認識しなければならない」。その過程を通して「作品が全体としてまとまりを持つように作品において統一性あるいは一体性を展開するという問題にも直面する」。こうした状況において「素材の使用を通して生じる視覚的質や、芸術的目的として考える視覚的質における無数の相互作用に対処している」（Eisner 1972: 113-114（140））。

このように、何をどう用いて制作をするかという素材とその扱いに関する問題、何を制作するかという制作の目的に関わる問題、そしてその制作のプロセスに生じてくる様々な問題に対処するような知性のことである。それが芸術家の思考様式である。「芸術家は、深く感じ、個人的な思考、感情、イメージを何らかの公的な形に変換することができる思慮深い人々である。このようなことをする能力は質を視覚化し統制することに依拠することからそれは質的思考の行為と考えることができよう」(Eisner 1972: 115 (143))。

アイスナーが制作プロセスを、一般に知性と呼ばれるものとは違うがなお知性と呼ぶのは、そのように位置づけることによって、それが「教育的経験の産物」であり「発達させることができる」ものとなるからである(Eisner 1972: 115 (142))。美術を才能の問題と見てしまえば、それを教育することが難しくなるし、ましてや学校教育のカリキュラムに位置づけることの正当性も得られなくなる。芸術を単に情動の表出と考えるのではなく、思考と感情とが結びついたところで成立するものと捉えることで、教育において重要な意味をもつものとして価値づけることをアイスナーは目指している。

芸術の創造には質的知性が働いていると言われるのは、芸術それ自体が「稠密」なものだからである。グッドマンは、「美的なものには五つの徴候 (symptoms) がある」として、次の五点を挙げている。すなわち (1) 構文論的稠密 (syntactic density)、(2) 意味論的稠密 (semantic density)、(3) 相対的充満 (relative repleteness)、(4) 例示、(5) 多重で複合された指示 (multiple and complex reference) である (Goodman 1978: 67-68 (130-131))。グッドマンの記号論をここで詳細にたどることはできないが、「稠密性」ということは、ある二つのものの中間が無限に設定できて分節できないことをいう[11]。例えば日常言語においては、青と緑の中間色、さらに青緑と青の中間色、さらにその中間色と青との中間色というように表現は無限にできるので、意味論的には稠密であるが、それを名付ける言葉は、一つ目は青緑と言うことはできるかもしれないが、青緑と青の中間色、さらにそれと青との中間色を示す言葉はないし、そもそもさまざまな調子をもつ青を「青」と呼んだ時点で分節化している[12]。

芸術は、意味論的にも構文論的にも稠密である。例えば絵画であれば、色という構成要素一つとってみても、今見たように、その調子は分節化できない無限の多様性をもつ。線の太さや濃さなども然りである。あるいは何らかの題名が付され、そこに具象的な形が表現されていたとしても、それは街中にあるサインとは異なって、多義性をもっている。

そのように多様で多義的な要素が複雑に絡み合っている稠密なものを制作あるいは鑑賞するために求められるのが「質的知性」である。複雑なものを要素に分解して整理するのとは違って、複雑なものを複雑なままにその全体性を理解するような知性とでも言えばいいだろうか。だが、そのように言うだけでは「質的知性」の内実は明らかにならない。捉え難いものだが、それがどのように働くものなのかを具体的な場面に即してもう少し考えてみたい。

質感の把握

デッサンをする場面を考えてみよう。現実世界はそれこそ稠密であり、その稠密さを縮減して何らかのモチーフが組まれる。モデルや石膏像だけを描く場合でも、描こうと思えばどこまでも細かく描けるので、それ自体稠密である。稠密な世界のどこを描き、何を捨象するかということは描く側に委ねられている。美術予備校などでは、その訓練を通して空間や陰影の捉え方などを教えるのだろう。

何を捉えればデッサンとして成立するのだろう。「全く描けない」ところから「描ける」という変容のモーメントを入れてみると少しわかってくる。空間にある人やモノを捉えようとするとき、何の指示もなく描き始めた場合何を見るだろうか。自らの経験や美術制作者ではない人にいくつかの場面で描いてもらったことから考えると、例えば人体デッサンでは、髪の毛やモデルさんがつけている衣服の細かい装飾に目が行って全体が捉えられないということが起きる。あるいは逆に、輪郭ばかりをとらえようとして、人体の立体感や柔らかさなどがまったく捉えられないということも起こる。だからといって、細部の表現にのみこだわると、身体全体のバランスがとれなくなる。また表面の筋肉の動きなどに目を向けるだけでは、見えていない骨格の部分を捉え難い。

このように少し考えただけでも、例えばモデルを見て描くということが非常に複雑な課題であるということがわかる。部分を捉えつつ全体を捉える、全体を捉えつつ必要な要素をそこに組み込むということになろうか。部分と全体というのは、細部が正確に描かれているとか、輪郭が追えているとかということを意味するわけではない。人体の立体感や柔らかさという、いわば人のからだの「質感」ともいうべきものが捉えられている場合、わたしたちはそのモチーフが十全に表されていると見るのではないか。わずかな線で描かれたものでも、その質感が捉えられていればそれはデッサンとして成立していると見るだろう。そのような質感を把握できることが質的知性であるとまずは言いたい。

言うのは簡単だが、質感を捉えて表すにはどうすればよいのか。結局は眼と手の訓練ということになるのか。そういう面もあるのかもしれないが、デッサンが表現の基底となるためにはおそらくそれだけではじゅうぶんではないだろう。美術家にとってデッサンは表現を支えるものであるのは当然として、時間数が限られている学校の美術教育においては、なおさらそうした基礎的な習練と表現とが密接に結びつけられなければ教科の目標が達成されえないだろう。

描画における制作者の思考過程を考えてみる。何らかのモチーフを眼で見て理解・解釈し、手を動かして描く。描きつつある画面とモチーフとを照合してモチーフに近づくように修正していく。しかし、どれほど細かく描画したとしても、モチーフのすべてを描ききることはできない。そのため制作者は常に稠密な現実のある側面を取り出して、その稠密性を縮減しているはずである。おそらくそれが制作者のイメージである。ではイメージを表出するということが表現なのだろうか。

眼前にモチーフがない場合を考えてみる。単純に考えれば何らかの発想や構想があって、そこから発したイメージを何らかの素材や道具をつかって表現するのが作品だと言うことができるのかもしれない。その際、作られつつある作品とイメージとを照合して作品を作っていくということになるのだろうか。しかし、前章で述べてきたように、制作者のなかにあらかじめイメージがあってそれを何らかの技術によって外部化するだけが制作行為ではない。イメージ自体が具体的なモノとのやりとりの中で明確化していくのである。そのように、「つくるという過程において「想」と「もの」とを同時に生じさせるはたらき」こそ技術である（森田 2013：104）。

あるいは質感とは、何らかの形として自覚化される前の、さまざまな可能性を含んだ「前ゲシュタルト」（クラウスベルク 2016）だと言えばよいだろうか。二〇世紀初頭に知覚研究において、ゲシュタルトに先立つ〈前ゲシュタルト経験〉について論じたフリードリヒ・ザンダーが述べているように、「この先行期は著しく全体的で感情的」であるという（クラウスベルク 2016：123 より再引）。質的知性は、このような前ゲシュタルトにおける豊穣性を保持しつつ、それを具体的な作品へと表現するときに働くものだと考えたい。稠密な現実を縮減してもなお、稠密性が芸術作品に宿るのは、このような前ゲシュタルトにおける全体的で感情的な経験が保持されるからであろう。

そのような質的知性による表現活動は、モノとのやりとりにおいて最終的な作品が形成されると同時に、そもそも自己が構想していたイメージの省察を伴っているため、制作者自身の変容も引き起こす。そのような表現と省察とが表裏一体となったところで、質的知性もゆたかになっていくと言えるのではないだろうか。

重層性の把握

第二章第3節で、制作とはモノのモノ性を生かしながらそこへイメージを折り畳むことであると述べた。今見たように、イメージとは単なる像ではなく、制作者自身の感情や精神活動を伴っていると考えたい。芸術的省察とは、そのような制作者自身の内的な活動であるがそこにとどまらない。制作行為において重要なのは具体的な素材や道具とのやりとりであり、そこにも芸術的省察が働いている。

今度は小学生の制作行為に即してこの点を考えたい。二〇一六年、東京都現代美術館と二つの小学校の協力により、美術作品の鑑賞活動から制作への展開について観察した。[13]

二つの小学校（M小学校とK小学校）の六年生が現代美術館の「紙の仕事」という展示を鑑賞したあと、同じく紙を使った作品を図工の時間に制作する。その一連の過程を観察し、モノから触発されてモノへと制作する過程で生じたことを考察した。

二つの学校でそれぞれ用意された紙の素材が異なっており、その素材に子どもたちの制作は大きく方向づけられていたように見えた。M小学校では、段ボールやロール紙など大きな紙が用意されていたため、大型のものを協同して作る姿が多く見られた。K小学校では、大きな段ボールは用意されず、その代わり紙コップや布、あるいは割れ物を詰めるときに使う緩衝材など、M小学校にはない素材がたくさん用意されていた。紙コップと緩衝材は多くの子どもが用いていた。立体作品が多かったこととも関係しているのだろうけれども、最初からある形態をもつ紙コップや緩衝材が魅力的に映ったのかもしれない。特に紙コップは逆さにしてプリンにする、建物の支柱にする、人や動物の体に見立てるなど、様々な使われ方をしていた。

こうした制作を見ていて、わたしは当初、素材としてのモノの力が制作を推し進めているとだけ考えていた。また、K小学校の方が圧倒的に色を塗る子どもが多かったのは、図工室に絵の具がすぐ使える状態で用意されていたからだろう。つまり子どもの制作は、過去の鑑賞活動からの触発よりも、目の前にある素材や道具からの触発の力が大きいのだと思っていた。

現代美術館に展示されていた「紙の仕事」に即した作品としては、照屋勇賢のマクドナルドの紙袋を切り抜いた作品《Notice-Forest: Madison Avenue》と同様に、紙袋を切り抜いている子が一人K小学校で見られた。どちらの学校でもミニチュアの風景を作っている子どもが多くいたのは、トーマス・デマンドの福島第一原発の制御室を紙で作って写真に撮った《制御室》からの触発かとも思われたが、それほどミメーシスが生じているようには見えなかった。それは、作品が素材へ還元されてニュートラルなものになってしまうとき、表象が消えてしまうからではないかと考えた。表象に触発されて表象するという、美術作品に触発された制作というのは高度な精神機能で、そう簡単には起こらないのではないかと当初は考えていた。

K小学校の方が、現代美術館での鑑賞活動と制作活動のつながりが見えるように思えた。それは、鑑賞の直後にアイデアスケッチを描かせており、それがイメージを維持する手がかりになっていたためであろう。表象と表象をつなぐそのような仕掛けがなければ、作品に触発された制作というのは難しいのではないかと思われた。その後の研究会でこの授業を担当した教諭は、「現代美術館で見たことをもとに」ということを常に意識させるということは、「普段の授業より高尚な投げかけ」であったとしている。

しかし、制作終了後、子どもたちが制作の意図を発表したときに、上記のような考えが覆された。例えば、紙コップや紙の端をギザギザにして家具を作っていた子どもがいた。当初、多く見られた室内風景の一つと思って見ていたのだが、ギザギザにした意図は、吉岡徳仁の紙でできた椅子《Honey-pop》のハニカム構造がギザギザというイメージをもたらしたからだと彼女は言ったのである。また、箱の中の四面に異なる風景を描いてのぞき込むと様々な風景を見ることができる作品を作った子どもは、照屋の作品が袋の中をのぞき込むときれいだったからそういうものを作ったのだと説明してくれた。子どもたちが素材としての紙に向き合ったとき、目の前にあるモノの向こう側に、その素材を用いて作品をつくる美術家が感受されているのではないか。あるいは、その素材もまた誰かの手によってつくられたものであるということも含まれているかもしれない。(14)

美術制作者が作品をつくるとき、素材がそれであるということを保持すること、そのとき素材そのままではない、ある「かたち」へと変容されるが、しかしその素材感が生かされることで作品としてのモノの向こう側に素材としてのモノが重層化している。[15] このような重層性があることが美術制作を可能にしていると言ってもよいのかもしれない。子どもたちが対峙しているモノは、図工室に用意されていた素材としての紙ではなく、紙を使って制作した美術家の経験が「折り畳まれた」ものとしての紙だということである。素材の向こう側に作品が重ねられていると言えるのではないか。

モノの重層性はそこにとどまらない。子どもたちの制作過程を見ていると、アイデアスケッチはあるものの、最初に決めたイメージに向かって一直線に進んでいくというよりも、自らがつくりつつある作品の途中のかたちに次の展開が促されることや、他の子どもがつくっているパーツを自分でもつくってみたり、さらには他の子どもからそのパーツをもらってきたりして作品が展開していくということが頻繁に起こっていた。素材としての紙と自らの完成作品とのあいだに、そうした多様なモノが介在しているということ、そうした重層性のなかに美術制作はある。

制作途中の自らの作品に触発されて作品が展開していくことは、専門的に美術に取り組んでいる制作者においても生じる。エスキースとできあがった作品とが必ずしも一致しないのはそのためもあろう。モノとつくり手とのやりとりのなかで、思考のレイヤーができてくる。この点が、説明書通りにキットを組み立てていくことと、また単なる自己表現とも異なる表現教育の意味である。

目の前にあるモノの重層性を捉え、重層的なモノとのやりとりの中で思考のレイヤーができてくるということは、制作行為に限らない。それに気づいたのは、K小学校の子どもたちが書いてくれたアンケートによってである。

「現代美術館はあなたにとってどういう場所ですか?」という質問に対して、何人もの子どもが「落ち着ける場所」「リラックスできる場所」と答えていたことに着目したい。それに類する言葉を拾ってみる。「静かな場所」「自分の心が落ち着く場所」「自分の世界に入れました」「きぶんてんかんができたりできるところ」「自分の空間に入れて、気分てんかんができる所」「作品があって、日常を忘れられる空間」「作品を見ていると気分がすっきりする」「作品や絵がたくさんおいてあるから、気分が良くなる」「いろいろな発想や思考力がひろがっているわくわくする場所　ゆっくり落ち着ける場所」「自分の心をおちつかせることができる場所」「とてもリラックスできる場所」「なんとなく心がやわらぐ場所」「いつもとはちがう気分になりリフレッシュできるところ」「いろいろな作品があって自分だけの空間に入れる場所」「心がうきうきする・おちつく・ムチャクシャしていた気持ちがかいしょうされる」「「ほっと」できる場所だし、尊敬する場所です。また、いつもと違う気持ちになります」「心がいやされる場所」。

六八人のアンケートにおいてこれだけの数の同様の言葉が出てくる。この見方は予想していないことだった。美術作品との出会いが日常を異化するということはよく言われる。「面白い」「楽しい」という言葉が出てくることは予想していたが、それが「落ち着く」や「リラックスできる」という感覚に結びつけられるのは意外であった。

美術鑑賞の約束ごととして、触らない、走らない、大きな声を出さないというのがある。子どもにとっては大きな制約だろう。だが、そういう制約の下、特に「大きな声で話さない」ということ、かなりの時間黙って作品と向き合うということは、子どもたちにとって、自らの内側で感情が表出されないままリフレインされる時間を生むのではないか。言語化することや、自己表現すること、元気よく大きな声で発言すること、あるいは他の人の意見を聞いて自らの意見を持つこと、とりわけ近年「言語活動の充実」という旗幟の下に普段学校で求められることとは異なり、そこに作品があり黙って作品に向き合うことで、自己へ沈潜することができる。それを子どもたちは「落ち着く」と記述しているのではないか。作品を自らの「出来事」として生き直している時間とでも言えばよいだろうか。しかしそれは、単なる内省とは異なり、意味や概念の世界へと展開する可能性を秘めている、そのような自己への沈潜である。

個々の作品については、「面白い」「驚いた」「すごい」など感情を揺さぶられる一方で、「落ち着く」場所だということ、そのような重層的な経験を生む場として美術館はある。それを可能にしているのが美術作品というモノと対峙する時間と空間である。

ここまで論じてきたとき、美術の制作と鑑賞とを分けて考える必要がないことに気づかされる。モノとのやりとりの中で思考を深めるという制作経験は、作品として成立させる対象化（objectification）の側面と、素材や作られつつある作品とのやりとりの中でそれを自分の出来事として主観化（subjectification）して引き受ける面の両方があるのではないか。それが可能になるのはモノが目の前にあるからである。美術制作を自己の内面の表出と捉えるのではなく、モノと自己との相互作用と考えると、それは見てきたような鑑賞経験と重なりあう。図工・美術科教育において制作と鑑賞の関係づけが繰り返し説かれるが、重層化されたモノとのやりとりと考えれば、両者は別のことではなくなる。

今回の子どもたちの制作においては、鑑賞活動が制作の基底にあったが、逆に制作した経験が鑑賞活動において作品と向き合ったときに重層的に働いてより豊かな鑑賞が導かれることもあるだろう。モノをただ享受したり使用したりするだけでなく、モノと自己との関係のなかでモノに折り畳まれている意味を省察しつつそこに自分なりの意味や感情を折り畳んで制作や鑑賞を行うこと、そのような芸術的省察の中で自己が変容していくこと、美術の学びとはそういうものであると言えよう。質的知性は見てきたようなモノの重層性を捉えるときに働き、また思考のレイヤーが重ねられていくことで新たに展開していくものだろう。

総合的な知性としての質的知性

質的知性（qualitative intelligence）と言った場合、H・ガードナーの言う多重知能（multiple intelligence：以下MIと略記）が想起されるかもしれない。ガードナーは知能を「情報を処理する生物心理学的な潜在能力であって、ある文化で価値のある問題を解決したり成果を創造したりするような、文化的な場面で活性化されることができるものである」と定義している（Gardner 1999：33-34（46-47））。ガードナーは脳損傷の事例などを用いて、ある知能が別の知能と分離できることを見出し、八つの知能（言語的、論理数学的、音楽的、身体運動的、空間的、対人的、内省的、博物的）を挙げている。

本書で言う質的知性は、そのような生理学的な知見に依拠しているわけではない。それを敢えて知性と呼ぶのは、子どもは放っておいても表現活動をするから図工・美術教育は必要ないというような意見に抗するという目的がある。この点はアイスナーも論じていたことは先に見た通りである。ガードナーも「この潜在能力が活性化されたり、されなかったりするのは、特定の文化の価値や、その文化で利用できる機会や、個人やその家族、教師などによる個人的な決定しだいで変わる」（Gardner 1999：34（47））と言っているように、MI理論は遺伝決定説に立つわけではなく、「受胎の瞬間からの、遺伝と環境の要因間の、不断の動的相互作用」を強調するとしている（Gardner 1999：87（123））。

ガードナーは「厳密に言えば、「芸術的知能」は存在しない」とする。それぞれの知能は活用の仕方しだいで「芸術的にも、非芸術的にも機能する」（Gardner 1999：108（151））からである。質的知性は見てきたように、非常に複雑な思考過程において働くものであり、MI理論で言えば、複数の知能が協働している状態だとみることができる。しかしMI理論に依拠するのではなく、敢えて「質的知性」という総体的な言葉を用いるのは、ガードナーとは異なって、美術教育において働き、美術教育だからこそ育まれる知性があると考え、それゆえ図工・

美術教育は学校の必修科目であり続ける必要があるということを示すねらいがある。

ＭＩ理論が脳局在論によって知能を分節化して捉えてその協働を論じるのに対し、質的知性は先に見たアイスナーの言にあるように、さまざまな事象を総合的に把握するようなところで働くものだと言えよう。リアリズム絵画を描いている橋本大輔は、描画における知覚の様式を以下のように説明している。「描画における知覚の様式とは、大まかにいって上記の〔空間を知覚させている〕空間的情報をどのように認識し、運用するかに関係するものである。また、これらのばらばらな単なる情報に過ぎないものを組み合わせて何らかの「質」を創発することが制作では求められることである。特に「もの」を介在したアナログ描画においては、これらの情報を総合的にまとめ上げる必要があり、「マティエール」という概念は組み合わせの「質」にほかならない。」（角括弧内引用者　橋本 2017：64）。質的知性とはこのように、複雑に絡み合っている「質」を創発する総合的な知性のあり方である。

また、ＭＩが生物心理学的なものであるのに対して、質的知性はモノと人の接面で成立するものと言えよう。環境次第で顕在化するかどうかは異なるにせよ潜在能力であるＭＩに対して、質的知性は、モノとのやりとりの中で思考のレイヤーができてくることによって形成されるものだと考える。それは、芸術的省察を可能にするような知性であるとともに、芸術的省察を通して形成されていくような、いわば「形成的能力」とでも言うべきものである。

アイスナーが述べているように、美術制作における質的知性は素材を機能させせつつ全体をまとめる判断力である。それは美術作品を制作するうえでは不可欠のものだろう。だがここで言う質的知性はそれにとどまらず、作品としてまとまる以前の探究過程においても働いているものと考える。見てきたような質感の把握とモノの重層性の把握ということに即して言えば、世界をイメージへと取り込み、そのイメージを外化していくミメーシスにおいて働いているものであり、また、モノに折り畳まれた意味を開き、自らのイメージを作品へと折り畳むことを可能にしているものである。

前章で見たようにミメーシスは外界を内的イメージへ取り込むことで、自己が外界へと拡張していくことを可能にする。また、モノの重層性を開くことは美術文化理解であり、開いたイメージを自らの作品へと折り畳むことは個性化の過程だと言える。このように外的世界と自己との往還、あるいは社会的に受け継がれてきた文化の理解と個々人の自己省察との往還を可能にするのが質的知性であり、その往還における陶冶過程によって質的知性はゆたかになっていく。

そのような往還によって個人的な問題が自閉に至らず共有可能なものへと開かれていく。今井康雄は「アート教育は途中経過を本務とする」ところにその特徴を見て、それこそが「学校教育のなかにアートに関わる教科や教育内容が組み込まれている意義」だとする（今井 2017a：211）。このようなアートの「過程的性格」を考えると、時間的往還もあるのではないか。美術制作においては、つくりたいイメージがまずあってそこから逆算していくような作業もある。だが、そこへ向けて直線的に進むだけではない。美術制作の場合、何かしらつくりたいイメージがあるにせよ、過程の作業における判断のただ中で結果として生み出されるものが変わっていく。特に子どもの制作においては、変化は常態的なものであり、むしろ最初のイメージが維持されることの方が珍しい。

つまり過程は、単に目的に向かう「途上」ではなく、それ自体が目的を作り直すような意味をもつ。だからこそ、その都度その都度の判断において、作り手自体が変容していくのである。そのような、目的に向かう作業が目的自体を作り直すような創発的な知性も含めた、美術の学びの過程のあらゆる段階を貫いて働いている総合的な知性を質的知性と呼ぶ。美術制作の過程に即して見ていく方がわかりやすいが、述べてきたように、制作と同様の思考が鑑賞においても働いたとき十全な鑑賞となるのであれば、それは鑑賞においても同じように働き、また鑑賞においても育てられる知性だと言えよう。

第3節　美術教育の意義と課題

第I部の最後に、ここまで論じてきたことをもとに、美術教育とはいかなるものなのか、現時点での暫定的な結論であるが、思考の過程をまとめておきたい。

質的知性を涵養するものとして美術教育は、学校教育のカリキュラムとして正当に位置づけられなければならないと述べてきた。他ならぬ美術教育だからこそ可能になることを考えてみたとき、これまで論じてきたように、キーワードはモノとイメージということになるだろうか。

モノとのやりとりによる思考のレイヤーの形成

前節で、モノとのやりとりによって思考のレイヤーができてくることが表現教育の意味だと論じた。素材や道具、あるいはつくられつつある作品、他者の作品などさまざまなモノとやりとりをすることがなぜ思考のレイヤーの形成を可能にするのか。それはモノが「既定の意味や意図に回収できない対象」（今井ほか 2016: 146）であるからである。

このようなモノの未規定性は、コトとの対比でさらに明確になる。山名淳が述べているように、この場合のモノとコトはドイツ語の〝Ding〟と〝Sache〟に対応している。「「モノ」は、その意味が確定しておらず、それをどのようにみなすかという明確な方向付けを有していない。人が何かを学習するために通常必要とされるような意味づけや構造化を促すというよりは、むしろそれを動揺させ、ときには脅かす」。それに対して「コト」は、

「ある特定の立場から何ものかが指し示された状態、意味や価値が与えられた状態を指す」と言われる（山名2016a: 85）。災害と厄災の記憶伝承においては、「負の出来事・体験との出会いを教育によってもたらす」ために、〈モノのコト化〉がなされる。それに対して山名は〈コトのモノ化〉の可能性を探る。その契機となる事例として芸術に言及したうえで、山名は次のように述べる。「芸術は、モノとコトのどちらかに属する性質のものとしてではなく、〈モノのコト化〉と〈コトのモノ化〉のメディアとして、とりわけ後者のメディアとして位置づけられるように思われる」（山名2016a: 90）。

芸術が既定の意味を「動揺させ、ときには脅かす」という意味で、〈コトのモノ化〉のメディアであるというのはその通りだろう。例えば二〇〇〇年代に興隆する教育的アート・プロジェクトについてビショップは次のように述べている。「教育におけるアート・プロジェクトは、私たちに次のことを要求する。［芸術と社会の］双方が作用する領域について、私たちが自明視している事柄を洗い出すこと。そして、それらの独創的な交差領域から立ち現れてくるであろう、生産的な共通の属性と、相容れない属性について思考を重ねること、である。結果として生じるのは、途切れることのない、双方の繰り返される生成の流れだ」（Bishop 2012: 274（413））。「芸術それ自体を教育の一つのあり方として考察すること」（Bishop 2012: 271（410））。そのことによって明らかになるのは、〈コトのモノ化〉によって既定の意味を脅かす芸術の可能性である。だが同時に、そのような現代アートの動向は、教育という枠組みには決して収まらない不快なものや暴力的なものとして表現される場合もある。「既定の意味や意図に回収できない」モノに可能性を見るとしても、美術と教育との接続は簡単なことではなく、そこには教育という事態が存立しなくなる危険性もあるということにも目を向けなければならないのではないか。あるいはそうした事態をも包摂しうる教育概念を打ち立てていくべきなのか。

それに果敢に挑んでいるのがD. アトキンソンの「出来事の教育学（Pedagogy of the Event）」である。[16] 教育的関係において生じることは「確立された枠組みでは理解されえない」ことが珍しくないため、教師も生徒も「存在論的な境界が不確かになり解体されるような危険な状態」に置かれるとアトキンソンは述べる（Atkinson 2009: 2, 5）。そのような新たな存在論的状態へと至らせる「真なる学び（real learning）」について考えようとすれば、それに見合った教育学が求められる。それが「出来事の教育学」であり、「国家（あるいは状態）に対抗する教育学（Pedagogy against the state）[17]」と言いかえられるものである。

アトキンソンはA・バディウの出来事という概念を、現代美術と教育とを結びつける自らの目的に即して変容させつつ次のように述べる。「出来事はわたしにとって、理解や行為の方法の阻害（disturbance）、破壊（rupture）、破裂（puncturing）と関係していて、真なる学び（real learning）を促進する可能性を持つ」（Atkinson 2012: 6）。「真なる学びは新たな存在論的状態への動きを含む」ものであり、確立された理解のパターンを破裂させ変容させる。そのような真なる学びにおける「真理」の過程は、「ある概念、ある情動、ある新たな実践、ある新たな見方、ある新たな意味理解などへのコミットメントと見られうる」ような、「主観化の過程（a process of subjectification）」だと言われる（Atkinson 2012: 9）。つまり自明だとされている意味を揺るがし、新たに「わたしのこと」として世界と関わるような学びのあり方である。

山名が美術作品は〈モノのコト化〉と〈コトのモノ化〉の両方に関わると述べていたように、良い作品とは、意味の世界である「コト」が展開するような方向と、「出来事」として生きられる方向との両方を触発する重層性にあるのではないか[18]。

制作行為も同様である。未規定なモノである素材を何らかのテーマや意味をもった作品として成立させることは〈モノのコト化〉[19]の側面と言えよう。テーマや意味を自らの手で形象化することによって、その経験が「わたしの」出来事になる。前述した東京都現代美術館のプロジェクトに関わった眞壁が子どもたちの制作について述べている次のくだりは、モノとのやりとりの機制を的確に描きだしている。「子どもたちが現代美術の経験を契機に素材に触発され、自分や友達との対話の中で「モノを折り返す」この経験は、子どもの「私」から見れば、モノとの新しい出会いによって自分が「折り返される」経験でもある」（眞壁 2017：124）。「「モノ」と「私」の接面で生じている」この事態を眞壁は「陶冶」の過程だと述べている（眞壁 2017：124）。

モノの重層性を開き、またモノを重層的なものとして形成するというモノとのやりとりによって、自らの思考のレイヤーを重ねていくこと、すなわちモノを介した陶冶が美術教育の意義であると言うことができる。

主観性と普遍性

美術教育が陶冶の過程となるのは、作品を鑑賞したり自ら制作したりする、モノとのやりとりが同時に自己の変容を促すからである。制作や鑑賞が他ならぬ「わたしの」出来事として生きられるということを考えようとすると、それは〈モノのコト化〉に対する〈コトのモノ化〉と言うだけは捉えきれないように思う。というのも、意味の世界を揺るがすことが〈コトのモノ化〉だとしても、そこに主観性の要素がうまく組み込めないからである。「芸術は、主観的現実を客観化し、自然界の外部的経験を主観化する」（ランガー 1967：88）とランガーが述べたように、芸術活動には主観性という問題が重要な論点であり、未規定なモノに着目するだけではこの問題をうまく捉えきれないように思う。

その側面を考察するうえで参照したいのが、山名が言う意味での「モノ」と「コト」とは異なる「もの」と「こと」の見方である。木村敏は、西田哲学にも依拠しながら、「もの」と「こと」について次のように述べている。「人間は自分の周囲にある「もの」に対して、文化的あるいは個人的に規定された彼なりの生きかたに従って実践的・ノエシス的に関わっており、この関わりの中で「行為的直観」という仕方で何かを「見て」いるのである。この「何か」のことを「こと」と呼ぶ」（木村 2005: 156）。「「こと」は決して「もの」のようにはっきりした輪郭で区切られたまとまりではない。それは古語辞典も言うように《人と人、人と物とのかかわり合いによって、時間的に展開・進行する出来事》であり、《人間の行為》なのだから、空間内の位置も持っていないし形ももっていない」（木村 2005: 158）。

木村の言う「こと」は、山名の言うようなSacheとしての「コト」ではなく、「自らの生命的関心に従って世界と実践的に関わるときに見えてくる事象のこと」（木村 2005: 151）である。[20] 前節で論じたことで言えば、「前ゲシュタルト」、あるいは第二章で論じた、インゲニウムによって洞察される「根源の形相（ゲシュタルト）」が、ここで言われる「こと」にあたるのではないか。日常的な言葉づかいで言えば、わたしたちが何かを見たりつくったりするときにそれぞれが漠然ともっているが、しかしそれとして取り出すことはできず、何らかの作品として表現されるなかで明確化されていくしかないようなイメージ、しかし作品においてもそのすべてが不足なく表されることは決してできないような内的なイメージのことだと言ってもいいかもしれない。

「こと」というノエシス的な経験を何とかして形象化しようとしたのが美術作品である。[21] 美術制作活動には、どうしても制作者自身の個人的な問題が関与するが、しかしそれは単なる自分語りをしているのではなく、個人的な問題を形象化しつつ、制作途中の作品に働き返されながら制作することで、何かしら普遍的な問題へ通じるという側面があるように思う。木村は、「「こと」は、人と人、人と「もの」との「あいだ」に起こる出来事である。というよりもむしろ、この「あいだ」そのものが——未来への時間の動きとして——まがうことなき「こと」である」としている（木村 2005: 158）。「こと」を美術作品として形象化することは、「もの」として固着させることではなく、「もの」を通して「こと」が賦活されていくということであろう。それが可能になったとき、美術の制作は出来事として生きられ始めるのではないか。

鑑賞についても同様のことが言える。前節でも言及した東京都現代美術館とのプロジェクトでは、現代美術館の展覧会を鑑賞した東京都内の小学生（一年生から六年生まで四一校、約二〇〇〇名）の感想文の分析も行った。子どもたちの感想文には Sache としての「コト」と、今みたような「こと」の両方の側面が記述されていたように思う。

作品を見て、それを既成の理念や概念へと落とし込もうとする感想文がある。「私は芸術の自由が学べました。」「よくみてみると地球や人、命などいろいろなことをあらわしている気がして、この作品は芸術なんだなと思いました。」「二つの作品は、エコな作品なので、いっしゅん、未来の事、地球の事など、色々なことをふくめ、作品を作っているのかなぁと思いました。」これらは、作品から言語的な理解によって概念を展開させようとしている。山名の言葉を借りれば〈モノのコト化〉と言えよう。

それに対して、作品を見て、その素材に還元することで、自分がつくるとしたらどうするか、自分でもつくりたいといった、自らへ引き寄せる感想文もある。「［ストローで作られた作品に言及した後で］私がもしデザイナーでこの現代美術館に作品が展示されるとしたらペットボトルのキャップで何かを作っているでしょう。」「私個人で、暇になったらやりたいと思ったのは、コレクションです。みんながやっているコレクションではなく、「型」からぬけ出したコレクションです。私は砂のコレクションを見た時、そう思いました。」「例えば「ゴミ」「切手」「リボン」……のように魅力的な作品は、身近な物が使われていました。」「私も見る人が「何を使ったのかな」「面白い作品だな」と思えるような、作品を作りたいなぁと思いました。」

こうした感想文が書かれるのは、作品が自分たちもよく知っている身近な素材でできていることを認識した場合のようである。作品の向こう側にある素材へと作品を還元して、「モノ」の重層性を感受していると言えるのかもしれない。だが同時に、「自分が作るとしたら」というかたちでモノと自己との「あいだ」が焦点化されていく。さらには、美術館の展示空間に引き寄せられているからなのかもしれないが、自らの想像上の作品と、それを見る想像上の鑑賞者との「あいだ」についての思考も賦活されているのである。

このように、作品というモノと素材、素材というモノとわたし、わたしの作品と他者、それぞれの「あいだ」に媒介されて、美術作品は「こと」として生きられ始める。

美術教育は、このように外的世界を主観化して、モノと自己とのあいだで省察を促す。それは単なる内省ではなく、モノを介して意味の世界へと展開するような省察である。これまで論じてきた用語を用いれば、モノを介して「こと」が賦活されると同時に、「こと」を保持しつつモノを介して「コト」にもつながるような複雑な過程である。そのような過程が芸術的省察であると考えている。

解放の美術教育／美術教育の解放

芸術的省察を美術教育の中心に据えることによってどのような可能性が開かれるだろうか。ここではJ・ランシエールの議論に触発されて、美術が「解放」をもたらすこと、そしてそれを通して美術教育それ自体が解放されることに求めたい。

ランシエールは、『無知な教師』において一九世紀はじめルーヴェン大学でフランス文学の講師をしていたジョゼフ・ジャコトの実践に言及しつつ次のように述べる。「ジョゼフ・ジャコトを捉えた啓示は、説明体制の論理を逆転させなければならぬ、ということに帰着する。説明は理解する能力がないことを直すために必要なのではない。反対に、この無能力こそが、説明家の世界観を構造化する虚構なのだ。無能な者を必要とするのは説明家であってその逆ではない。無能なものを無能な者として作り上げるのは説明家である」(Rancière 1987: 15 (10))。

ランシエールはこのような「説明」を「教育学の神話」と呼び、また「愚鈍化の原理」とも言う。「愚鈍化する者」とは、旧来の知識を詰め込む教師でも、自らの権力保持に汲々とする邪悪な者でもなく、「博識で教養があり、善意の者」である（Rancière 1987: 16-17 (11-12)）。そうした教師は、生徒が「理解」するように「説明」するのである。ランシエールがこのような「愚鈍化」に抗して提出するのが「解放（émancipation）」であり、「普遍的教育（enseignement universel）」である。

ここにおいては、「理解する（comprendre）」とは、「物事のヴェールを取るなどというしようもない能力なのではなく、ある話者を他の話者と面と向かわせる、翻訳する力」（Rancière 1987: 108 (95)）だとされる。ジャコトはデッサンと絵画もこのような考えに即して教育しようとする。「彼はまず描こうとしているものについて話すよう生徒に要求する。仮に摸写すべきデッサンだとしよう。取るべき処置について、作品を描き始める前に子供に説明を与えるのは危険である。……だから子供の摸写しようという意志に任せることにしよう。ただし、この意志を確認するようにしよう。……こうして生徒はより注意深く、そして自分の能力により意識的になって、摸写することができるようになる。……それは視覚的な記憶や所作の訓練などによる成果とは全く別のものだ。この訓練によって子供が確認したこと、それは絵画が一つの言語であり、摸写するように言われたデッサンは彼に話しかけているということだ」（Rancière 1987: 111-112 (98-99)）。

このような美術の学び方は、「絵を描く「術を知らない」者にとって解放の手段であり、それは書物のうえで知性の平等を確認するのとまったく同じことなのである。」（Rancière 1987: 113 (100)）とランシエールは言う。このような〈解放の美術教育〉は、「描きたいものを自由に描きなさい」という美術教育とどう異なるのか。

先にも述べたように「出来事の教育学」に立つアトキンソンは、ランシエールにも依拠しつつ「解放とは既存の秩序に対する破裂過程（a process of disruption）」であると述べ、教育においても既存の概念や理解の限界を広げて新しい地平を拓く現代アートが重要であることを示そうとする。とはいえ、アトキンソンの教育と現代アートのつなぎ方は、禁欲的であり、かつ大胆である。

現代アートが支配的な枠組みや合意を超えた文脈で制作をしようとしているのに対し、アトキンソンは「美術教育にも、根深い支配的枠組みや同意があるか?」と問う。おそらくあるだろうが、だとしたらアートと同じようにそれを壊していくということが適切かという問いに対しては懐疑的であるように見える。「教育者が、現状の治安維持的な（policing）枠組みを侵食し、学びにとってより生産的で公正で解放的な（emancipatory）空間を構築するために、教育学的な視界という共同作因（coefficient of pedagogic visibility）を犠牲にすることは可能か、また適切か?」（Atkinson 2012: 8）という問いは多分に反語的である。そこにはおそらくそれだと教育そのものが成立しないという危惧や、現在の制度枠組みでは不可能であるという諦念も含まれているように読める。「禁欲的である」というのはこの意味においてである。

他方で「大胆である」としたのは、アトキンソンがバディウやランシエールの議論を受けて打ち出す「国家に対抗する教育学（Pedagogies against the state）」という概念ゆえである。アトキンソンは、ランシエールの設定するポリスの秩序（確立された社会秩序）とポリティクス（平等の名の下に物事の既存の秩序を問い直したときに発生）との区別を教育学の文脈に引き取り、それ以前にはない新たな学習者と教師が登場してくるポリティクスに着目する。「理解の枠組み」は出来事によって破裂させられたところで生じるものであり、ここにおいて「学びは政治的な行為となる」のである[22]（Atkinson 2012: 12）。

このように教育の政治的含意を通して、アトキンソンは「競争社会への準備や知識や技能の個人的な発達」といった教育概念そのものを問い直す。それは、「学校における教授・学習実践を統制する広い社会的‐政治的文脈」へと批判を届かせることでもある（Atkinson 2012: 14-15）。アトキンソンは次の三つの観点から「国家に対抗する教育学」を論じている。第一に、「真なる学びとの関係」で、「以前の理解様式から新たな様式への運動」として学びを捉えること、第二に、国家のカリキュラム政策との関係で、教師が生徒に知識や技能を伝達するという既存の教育原理への対抗、第三に、「教育学と民主主義政策との関係を問う」、より明白な政治的レベルである。そこでは、バディウとランシエールのポリティクス概念、すなわち「社会的不公正を永続化する規範的で支配的なイデオロギー的権力から独立した思考‐行為（thought-action）の過程」が参照される（Atkinson 2012: 15）。このようにしてアトキンソンは、学びそれ自体を「政治的行為（political act）」として位置づけ直そうとするのである。

「出来事」としての教育、あるいは「政治的行為」としての学びといった教育のあり方は、既存の秩序を揺るがすものとして、芸術表現と重ね合わせることができる。しかし、アトキンソンのある種の「禁欲」に見られたように、学校を取り巻く社会的‐政治的文脈を批判するにせよ、教育そのものが成立しない地点を超えない限りにおいてであろう[23]。むしろ美術教育は、「無関心性」に基づく美（学）的判断を根拠として芸術の「破裂」的側面を馴致しているとも言える[24]。

戦後日本の美術教育を席巻した創造美育運動は、ホーマー・レイン[25]の心理学にも影響を受けつつ無意識の重要性に着目し、美術教育の目標を「抑圧の解放」に据えた（初期創美運動を記録する会 1991: 32）。それゆえに、創造美育運動は「性と美術教育」といった問題や「攻撃性」という問題などを取り上げることができたという（初期創美運動を記録する会 1991: 85-86）。柴田和豊もそこに可能性を見て次のように述べる。「私は「創美」を、精神衛生のためにというような、道徳や秩序感覚に支配される矮小なものではなく、内面の魔的な力までを見すえようとする、壮大なスケールを潜在するものと思い描く。そのアナーキーなといってよい広がりは、人間の広汎で多面的な理解において、平板な人間像と、教育概念の再考を迫る。一般的に美術教育は、教育論的に決定されたある人間像を実現するための、教育的効用の見地から構想される。だがより本質的には、芸術の力はある「教育論的決定」じたいを問い返しうるラディカルさを有する」（柴田 1992: 49）。

このような観点から見るならば、創造美育運動を厳しく批判し、「人間の本質を環境との相互作用、（実践＝生活）のなかで形成される社会的主体として把え」る「新しい絵の会」（井手・鈴木 1980: 16）の方が、美術教育を生活や現実認識というところに収斂させてしまうという意味で、その可能性を縮減するもののように見えてくる。しかし、いわゆる「創美論争」は美術の機能や図工・美術の教科観などをめぐる論争に終始し、美術が教育に及ぼす危険性にまで踏み込んだ議論にはならなかったように見える。創造美育運動については、運動創始者である久保貞治郎と理論的支柱と言われてきた美術家の北川民次との思想的相違や[26]、単に子どもの内的な創造性を解放する創造主義的な教育に収まらない多面的な面を持っていた点が近年の研究で明らかになってきており[27]、そうした研究から新たな意味づけも行われていくだろう。

本書で見てきたＡＢＲもまた、芸術における解放的な作用に着目している。ＡＢＲの社会的関与を論じるくだりで、バロンは「芸術は我々を固着した共通感覚的な世界の見方から解放する」というグッドマンの芸術観に言及する（Barone 2008: 36）。ＡＢＲは、研究に基づいて芸術作品をつくるＲＢＡ（Research-based Art）とは異なり、「啓発する（enlighten）創造的な表現形式の基礎として芸術を用いる」ものとされる（Barone & Eisner 2012: 9）。「啓発」とは、バロンがサルトルに言及しながら論じているように、「政治的に因習的で社会的に定型化したものを批判することによって、公衆の意識を形作り影響を与える」（Barone 2008: 36）芸術の作用を指しているのだと考えられる。しかしそれは、芸術が直接的に人々の意識に影響を与えるということではなく、問題を目に見える形にすることで議論を巻き起こすことである[28]。

バロンがＡＢＲの特徴として社会的関与とともに「認識論的な謙虚さ（epistemologically humble）」を挙げてい

るように、それは支配的な物語に対抗することを目指すのではない。「新しい全体的な対抗的物語を提示するのではなく、人間の成長と可能性に関する多様で、複雑で、陰影に富んだイメージと、部分的で局所的なポートレートを味わうよう鑑賞者を導く」ことを目指す（Barone 2008：39）。「将来における より解放的な（more emancipatory）社会的編成」（Barone 2008：39）を構築しようとするＡＢＲにおける啓発は、啓蒙主義的なものではなく、また強力な政治的主張を前面に出すものでもない。それはランシエールの言う「ポリティクス」に限りなく近い。

ランシエールにとってデモクラシーとは、ハーバーマスの言うような「多様な利害のあいだの理性的なコミュニケーション」にではなく、あるいはアーレントの言うようにその理念化した形態として共和主義を想定するものでもなく（松葉 2008：171-172）、本来すべての人間に与えられているはずの言葉を奪われている人たちが、「自分の声を聞かせ、正しいパートナーであることを認めさせようとする闘い」、すなわち「不和」なのである（松葉 2008：172, 松葉 2014 参照）。そのために求められるのが「「権限のある者」と「権限のない者」のあいだの根本的平等」（ランシエール 2008a：160）である。

『無知な教師』の思想に基づいてアカデミーにおいて行われた芸術家向けの講演に端を発する『解放された観客』において、ランシエールは芸術家が意図したものを同一なまま伝達できると考えることを「愚鈍化の論理」として退け、制作者の意図がそのままの形では伝わらない、いわば〈誤配〉にこそ解放の可能性を見る。その際、重要な役割を果たすのが芸術家と観客の間に介在するモノである。「解放の論理においては、無知な教師と解放された見習いの間に、常に第三のモノ（chose）――一つの書物あるいは全く別の書き物の断片――がある。この第三のモノは教師と生徒双方にとって未知のものであり、双方がそれを参照することで、生徒が見たモノ、それについて生徒が言っていること、そして考えることを、一緒に確かめることができるのである」（Rancière

だろう。

2008b：20-21（20））。美術教育ということを考えた場合、ここに「生徒が制作しているモノ」を加えた方がよい

教師が「説明」する内容が生徒に伝達されるというのとは異なる教育のあり方を「解放」と呼ぶとすれば、それは創造美育協会が目指した子どもの精神の解放とどう違うのか。[29] 創造美育運動がいう「抑圧からの解放」が戦後直後の時代状況に依るということは措くとして、大きな違いは、創造美育運動においては子どもの精神とその作品との間に齟齬は考えられていないということである。それは、「子どものかいた絵が子どもの気持をよく表現していることが第一に必要です」（久保 2007：265）という久保貞次郎の言に端的に表れている。[30]

バロンやランシエールの言う「解放」においては、制作されるものが制作する本人にとっても未知であり、制作するモノによって制作者自身の見方も変容を余儀なくされる。そのような未規定な「モノ」に対しては、美（学）的判断による判定が難しいだろう。美術制作は、自然素材の加工やコンセプトの具現化といった、未規定なものを意味づける行為であると同時に、制作されつつあるモノの未規定性において、意味が固着することから免れる。

教育目標に対していろいろな学び方があるというようなプロセスの多様性にとどまらない。美術制作における個々の学びを尊重していくことは、当初の目標を組み替えてしまう場合がある。あるいは教育の論理を超えるある種の危険性を伴うこともあるかもしれない。しかしそのことがまた「真なる学び」となり「教育学の神話」を問い直す美術教育の可能性でもある。教育学から美術への期待はおそらくこの点にこそある。「モノ」の未規定性が重要であるならば、学び手自身が「モノ」を制作してその未規定性を自らの「こと」として生きることが重要になってくる。〈解放の美術教育〉には制作行為が不可欠である。

制作の過程において芸術的省察を繰り返し、そのただ中で制作者の自己形成が行われていく。モノの変容が自

己の変容と一体化する。具体的なモノを介して、それとのやりとりにおいて捉えがたい自己の内的なイメージを明確化して表出する営みのただ中で、自己への省察も行われる。くりかえし論じてきたように、この省察は内省にとどまるものではなく、モノを介して外界をとりこみつつ内界をゆたかにしていくような営みである。そのように「こと」を賦活しつつ、モノを介して意味の世界へと自らの経験をつなげていくことも行われる。このような学びは美術にしかできないとまでは言えないのかもしれないが、美術だからこそ十全に行われるとは言えよう。美術教育の重要性はそのように、美術の根源的なところから主張されるべきであろう。

美術教育は解放されなければならない。制作者中心主義からも、技術あるいは自己表現のみを重視して、知性や思考の問題ではないとする見方からも。美術は探究や思考の営みであり、芸術的省察によって質的知性を涵養するという教育的意義をもつ営みである。それゆえ制作者が論文を書き理論的な思考を深めることは、制作と別のことではない。第Ⅱ部はその例証となるだろう。

注

(1)　ＡＢＲと臨床教育学の近接性については、（小松 2017a）参照。
(2)　二〇一六年にフィンランドで開催された本学会の概要については、（小松 2017b）参照。
(3)　ビショップが取り上げているのは、アートが教育的働きを含み持つような事例である。一方、教育を表現した現代美術作品について考察したものに（中川 2012）がある。どちらも既存の教育を問い直す作品を取り上げているが、後者では教育を対象化することで、教育の枠組みそれ自体が裏書きされてしまうのに対して、ビショップが挙げる例はアートによって教育の新たな可能性を開示しているように思われる。
(4)　美術の「わからなさ」の意義については、（梅澤 2017）参照。
(5)　二〇一七年三月九日横浜美術大学におけるワークショップ（Workshop on ABR）における筆者の質問に対する応答。
(6)　折り畳むという概念について、アーウィンやスプリンゲイが依拠しているのはドゥルーズのライプニッツ論である（ドゥルーズ 1998)。前章で見たように、折り畳むという概念を眞壁はブレーデカンプのライプニッツ論に依拠して導き出している。ともに、ライプニッツ論に依拠することで同じような概念に至っている。但し、ブレーデカンプは、ドゥルーズのライプニッツ論を、外部から差し込む像と脳の内部空間におけるスクリーン(それは生来の知見が折り畳まれた襞でできている)との「ゆらめく交換過程・刺激過程を精神性の圏域へ揮発させた」誤謬の例として挙げている(ブレーデカンプ 2010: 14-15)。

(7) 東京藝術大学では、芸術実践領域における博士学位のあり方に関する研究を目的として芸術リサーチセンターが設置され、そこでは「実践に基づく博士学位(practice-based doctorate)」など、諸外国の博士学位について調査が行われた。その際、サリヴァンにもインタビューを行っている(東京藝術大学芸術リサーチセンター 2013: 96-97)。しかし、この調査を受けABRについて研究を進めることや、博士学位のあり方の問い直しは今のところ行われてはいない。

(8) 先に見たABR研究会を立ち上げた岡原は川俣正のワークインプログレスに影響を受けている。実際、ABR研究会は、「いちはらアート×ミックス」に向けた取り組みそのものをABRとして提示している(坪井 2017, 後藤ほか 2017)。

(9) 椹木野依は学校教育と芸術との関係について次のように指摘している。「美術という言葉が教育という制度の強い影響下にあるということは、取りも直さず、それが国家の統制下にあることから避けられないからです。事実、美術という言葉を社会的に定着させている制度的な機関の多くは――それが美術館であれ美術大学であれ美術史であれ美術鑑賞であれ――国家が下敷きとする様々な規定や了承、要項や基準を満たさなければ成り立たないようにできています。しかし、先ほどお話ししたのと同じ理由で、わたしは、美術ではなく芸術というものの可能性が「学び」や「習熟」(つまり教育ということ)をはみ出しているのと同じように、最後には国家のような権力が、その強い力によってもけっして回収することができない次元ではじめて意味を持つ、と考えています。もう少しはっきりした言い方をすれば、国家は芸術のなんたるかを知らない、ということになります。逆に言えば、国家は芸術を理解可能な「美術」に落とし込むために、伝達が可能な教育をベースに懸命に諸制度を整えている、とも言えるでしょう。なぜ懸命なのか、ということ、それは、もし人びとが芸術の究極な姿に気づいてしまえば、その人にとって、国家というようなものはあまり意味を持たなくなってしまうからです。つまり、芸術は内在的にはある種の革命性を孕んでいるのです」(椹木 2010: 3-4)。

(10) デューイの「質的思考」論がアイスナーも含めたアメリカの美術教育研究に影響を与えたことについては(岡崎 1983)参照。

(11) グッドマンの記号論の理解については、(清塚 2004)を参照した。

(12)　作品を同定することが重要である楽譜は、意味論的にも構文論的にも分節化されている。

(13)　科学研究費補助金による研究課題「教育空間におけるモノとメディア――その経験的・歴史的・理論的研究」(研究代表者 今井康雄)による。この研究成果については教育哲学会第五九回大会におけるラウンドテーブル「教育空間におけるモノとメディア――現代美術の経験を手がかりとして」(二〇一六年一〇月一〇日 東京大学)、及び第七六回日本教育学会ラウンドテーブル「教育空間におけるモノとメディア」(二〇一七年八月二五日 桜美林大学)において発表した。そのまとめについては(今井ほか 2017)参照。

(14)　段ボール紙は素材として用意されていたが、わざわざ紙を折ってダンボール状の丈夫な構造をもった紙を作り出していた子どもがいたことからもそれがわかる。

(15)　作品と素材とのこのような関係は、美的体験における「物的なもの」を論じたハイデッガーの議論(ハイデッガー 2008: 14)を解説したガダマーの言によく表れている。「芸術作品はあまりにもそれ自体で現に存在するので、それの素材となっているもの、石、色彩、音、語は、逆に芸術作品の内でそれ自体はじめてそれ本来の現存在に至るのである。そのようなわけで、或るものが加工を待っている[いまだ加工されていない]単なる素材である限り、それは現実的には現に存在するのではない。それは真の現前性[Präsenz]の内へと現れてくることはない。その或るものそのものは、用いられて、しかも作品へと結び付けられて、はじめて現れてくるのである」(ガダマー 2008: 165-166)。

(16)　美術教育の分野では近年、出来事あるいは出来事化(eventualization)というのがキーワードになりつつある。例えば(Hernández 2015)(Martins 2016)参照。また、美術表現が〈できごと〉として制作者や鑑賞者の思考を揺さぶることについては(原 2011)参照。

(17)　Stateという語は、「実践の局所的状態(local states of practice)と、規制の政治的／イデオロギー的状態(political/ideological states of regulation)」を示すために「意図的に両義的な」ものとして用いられているという(Atkinson 2011: 1)。それゆえここではさしあたり「国家(あるいは状態)に対抗する教育学」と訳しておきたい。

(18)　ただし、山名は災害と厄災に即して、「固有性と一回性」を有する実相を「出来」と呼び、それが意味づけられて「出来事」となるとしている(山名 2016b: 14)。山名とわたしの立場のズレは、次項で見るような山名の言うモノとコトとは異なる「もの／こと」概念にわたしが着目しているところから生じている。

(19)　アトキンソンが紹介している、若者がテートモダンでの展示に触発されたテーマでアニメーションをつくるというワークショップの事例においても、作品が若者たち自身の出来事になることが、プロジェクトの企画者による次の言葉から読みとれる。「彼らはその作品に対して自分自身の反応を形成し、自分自身の参照枠組みで解釈するよう促される。その結果、そのグループはその展示に対して大きな所有者意識（ownership）を持つようになる」（Atkinson 2011: 65）。

(20) 木村は、Ding もSacheも「もの」を言い表す言葉であり、「こと」はドイツ語で説明するのが難しいと述べている（木村・森田 2016: 9）。

(21) 木村のこの議論を用いて、美術制作者の自己変容について論じたものとして（生井 2010）。

(22) ランシエールの議論は主として政治哲学において取り上げられる。特に、「政治思想の美的転回」では大きな理論的根拠となっている（Kompridis 2014）。教育学においても近年、民主主義教育論やシティズンシップ教育との関係で注目されている（例えばビースタ 2016, 広田 2013, 田中・村松 2015 など）。

(23) 例えば「学校教育におけるアートの可能性」という論文において、山田康彦は「芸術の多様な機能を教育に生かす」として次の四点を挙げている。「①世界を新鮮な感覚や目で見直す ②ものや人とのコミュニケーション回路を開く ③思いを多様な形で表す ④多層的多重的な対話の場を生み出す」（山田 2012: 23）。それ自体全く正しいと思うが、こうした議論において芸術の破壊的側面などの危険性はどこまで考慮されているのだろうか。

(24) 学校教育という枠組みの中で芸術の「破裂」的側面を生かそうとした実践として、長野県戸倉上山田中学校で行われた「とがびアートプロジェクト」がある（中平 2014）。

(25) ホーマー・レイン（Homer Lane, 1876-1925）は、スロイド式の手工教師から出発したが、一九一三年イギリスでリトル・コモンウェルスの校長になる。これは、「裁判所や福祉事務所から送致された子どもたちを収容する政府公認の収容施設」（レイン 1976: 5）であった。レインの理論は、子どもの非行の原因となる大人の抑圧を批判して、子どもの「創造的衝動」を解放し表現させることを目指すものであった。

(26) 新井は、北川の思想を四期（第一期：一九三七―四九年、第二期：一九五〇―五四年、第三期：一九五五―六一年、第四期：一九六七―七八年）に分け、北川が久保の言う創造主義の美術教育論にきわめて近い立場で発言をしているのは、第二期のみであると言う。さらに「もともと北川民次と久保貞次郎とは、美術教育に対する関心のありかも考え方も、基本的な部分でかなり大きく異なっている」としている。美術教育の対象と考えている年齢（北川は一〇歳以上）、あるいは「北川が子どもの絵に対しても造形的な問題（エッセンシャルズ）を重視するのに対して、久保が造形的な問題よりも表現に向う姿勢や態度を重視する点」にも違いが見られるとする（新井 2006: 67）。美術家である北川は、ラーニングのみならずアンラーンを伴う美術家としての学びが美術教育に資することを次のように論じている。「日本へ帰って来て、いろいろな議論を拝聴しましたが、そのなかには美術教育は美術家が指導にあたるのが良いか悪いかということも、たいへん議論にのぼっているようです。私は今述べた点から推して、私が絵描きであるから我田引水するのかもしれないが、それには美術家が適当だと思われます。ラーニングとアンラーンというような変則な勉強を実際に経験し、他の画家たちと一緒に実際に諸種の制作上の問題を苦しみつつ日々新しく解釈して来たというような美術家の方が、美術教育には一層適しているのではなかろうかと、私には感じられるのです」（北川 1969：45-46）。

(27) 久保が推進した「小コレクター運動」は、人々の趣味判断の陶冶と作家育成をともに目指したものであった。「小コレクター」とは久保によれば版画を三点以上所有する人であり、「ある種の自立した意識を喚起するとともに、自他の作品や美術館や画廊の作品を見比べながら、鑑賞に係る基本的な眼識をたかめさせようとした。角度を代えれば、才能に恵まれた未だ無名の作家たちの不遇の時代をこうした草の根的で広汎な収集活動の展開によって、支え、作家育成をもくろんだともいえる」（太田 2004：219-220）。この運動が活発に展開された福井県の状況については（大野市玄関に子供の絵をかける会 2007）参照。

(28) バロンが挙げている例はニュー・オーリンズのホームレスの若者を描いた*Street Rat*というエスノドラマである。

(29) たとえば次のような教育学からの創美に対する再評価がある。「子どもの抑圧された生活に着目し、それを子どもと保育者、教師との関係を媒介にして自由にしていくことによって自ら解放していくように導く。これを教育と考えたわけである。そこに、教えるとか指導するという教育イメージとは異なる教育発想が期待されていた」（汐見 2009：218）。

(30) 久保は次のようにも述べている。「すべての子どもの絵は、その子どもの性質にしたがってかかれていればそれでよいのです。元気のよい子は元気よく色をぬります。内気な子は色数も少なく、うすく、しかし微妙な調子をたたえてぬります。知的に優れた子は、ち密な絵をかきます。ふだん家庭でびくびくしている子は、びくびくした絵をかきます。あまり家庭で規律を重んじすぎると、子どもはそういう絵をかきます。ぼくたち子どもの絵を研究している者は、そういう絵を見ると、すぐにわかります」（久保 2007：265）。

第I部　参考文献

相田隆司（2015）「美術教育における人間形成をめぐる一考察――戦後民間美術教育運動をめぐる一九八〇年美育文化誌記事をきっかけにして」『東京学芸大学紀要 芸術・スポーツ科学系』第六七号、五五―六六頁。

新井哲夫（2006）「北川民次と創造主義の美術教育――我が国における児童中心主義の美術教育に関する研究(1)」『群馬大学教育学部紀要 芸術・技術・体育・生活科学編』第四一巻、六一―八四頁。

新井哲夫（2014）「創造美育運動に関する研究(1)――「創造美育運動」とは何か?」『美術教育学』第三五号、二七―四四頁。

荒巻敦（1996）「授業における指導の芸術性――E・ウェーバーの教育芸術論を手がかりに」日本教育方法学会紀要『教育方法学研究』第二二巻、三一―三九頁。

Atkinson, D. (2009) Pedagogy of the Event, http://www.kettlesyard.co.uk/wp-content/uploads/2014/12/onn_atkinson.pdf（二〇一七年五月一一日最終アクセス）

Atkinson, D. (2011) *Art, Equality and Learning: Pedagogies Against the State*, Sense Publishers.

Atkinson, D. (2012) Contemporary Art and Art in Education: The New, Emancipation and Truth, *The International Journal of Art & Design Education*, vol. 31, No.1, 5-18.

Barone, T. (2008) How arts-based research can change minds, in: Cahnmann-Taylor, M. & Siegesmund R. eds., *Arts-based Research in Education: Foundation for Practice*, Routledge.

Barone, T. & Eisner, E.W. (2012) *Arts Based Research*, Sage.

Beittel, K. (1973) *Alternatives for Art Education: Inquiry into the Making of Art*, W.C. Brown, 長町充家訳（1987）『オルタナティブ――人間的心理学のための美術教育研究』三晃書房。

Belting, H. (2011) *An Anthropology of Images: Picture, Medium, Body*, Princeton University Press, 仲間裕子訳『イメージ人類学』平凡社、二〇一四年。

ビースタ・G（2016）『よい教育とはなにか――倫理・政治・民主主義』（藤井啓之・玉木博章訳）白澤社・現代書館。

ビショップ・C（2011）「敵対と関係性の美学」（星野太訳）『表象』第五号、七五―一一三頁。

Bishop, C. (2012) *Artificial Hells: Participatory art and the politics of spectatorship*, Verso, 大森俊克訳（2016）『人工地獄――現代アートと観客の政治学』フィルムアート社。

Blake, N. et al. eds.（2003）*The Blackwell Guide to the Philosophy of Education,* Blackwell.

Bourdieu, P.（1977）*Outline of a Theory of Practice,* Cambridge University Press.

ブレーデカンプ・H（2010）『モナドの窓――ライプニッツの「自然と人工の劇場」』（原研二訳）産業図書。

ブレーデカンプ・H（2016）「〈インタビュー〉思考手段と文化形象としてのイメージ」（坂本泰宏訳）『思想』第一一〇四号、一九―三三頁。

Burke, P.（2008）*What is Cultural History?,* Polity.

Cahnmann-Taylor, M.（2008）Arts-based research: Histories and new directions, in; Cahnmann-Taylor, M. & Siegesmund, R. eds., *Arts-based Research in Education: Foundations for Practice,* Routledge.

Caroll, N.（2003）Aesthetics and the Educative Powers of Art, in; Curren, R. ed., *A Companion to the Philosophy of Education,* Blackwell.

クラウスベルク・K（2016）「神経美学の〈前形態（ゲシュタルト）〉」（濱中春訳）『思想』第一一〇四号、一一七―一三六頁。

Csikszentmihalryi, M. & Rochberg-Halton, E.（1981）*The Meaning of Things, Domestic Symbols and the Self,* Cambridge University Press, 市川孝一・川浦康史訳（2009）『モノの意味――大切な物の心理学』誠信書房。

Debray, R.（1992）*Vie et mort de l'image: Une historie du regard en Occident,* Gallimard, 西垣通監修、嶋崎正樹訳（2002）『イメージの生と死』NTT出版。

ドゥルーズ・G（1998）『襞――ライプニッツとバロック』（宇野邦一訳）河出書房新社。

Dewey, J.（2005）*Art as Experience,* Perigee Book, 栗田修訳（2010）『経験としての芸術』晃洋書房。

Efland, A. D.（1990）*A History of Art Education: Intellectual and Social Currents in Teaching the Visual Arts,* Teachers College Press.

Eisner, E. W.（1972）*Educating Artistic Vision,* Macmillan, 仲瀬津久ほか訳（1986）『美術教育と子どもの知的発達』黎明書房。

Eisner, E. W.（2004）What Can Education Learn from the Arts about the Practice of Education, *International Journal of Education & the Arts,* vol.5, No. 4., 1-13

Eisner, E. W.（2008）Persistent tensions in arts-based research, in; Cahnmann-Taylor, M. & Siegesmund, R. eds., *Arts-based Research in Education: Foundations for Practice,* Routledge.

Elgin, C. Z.（2009）Art and Education, in; Siegel, H. ed., *The Oxford Handbook of Philosophy of Education,* Oxford University

Press.

福島真人（2001）『暗黙知の解剖――認知と社会のインターフェイス』金子書房。

福島真人（2010）『学習の生態学――リスク・実験・高信頼性』東京大学出版会。

ガダマー・H・G（1986）『真理と方法Ⅰ』（轡田収訳）法政大学出版局。

ガダマー・H・G（2008）「導入のために」ハイデッガー・M『芸術作品の根源』（関口浩訳）平凡社。

Gardner, H.（1999）*Intelligence Reframed: Multiple Intelligences for the 21st Century*, Basic Books. 松村暢隆訳（2001）『MⅠ――個性を生かす多重知能の理論』新曜社。

Geahigan, G.（1992）The Arts in Education: A Historical Perspective, in: Reimer, B. & Smith, R.A. eds., *The Art, Education, and Aesthetic Knowing*, University of Chicago Press.

ジョヴァンニ・B（1987）「バロック人ヴィーコ」（廣石正和訳）『思想』第七五二号、一五〇―一七〇頁。

Goodman, N.（1978）*Ways of Worldmaking*, Hackett Publishing. 菅野盾樹訳（2008）『世界制作の方法』筑摩書房。

後藤一樹（2017）「〈祈り〉の映像社会学――広島平和記念公園における原爆死没者追悼のポリフォニーとドラマトゥルギー」三田哲学会『哲学』第一三八集、六一―一二二頁。

後藤一樹・坪井聡志・高山真・プルサコワありな・岡原正幸（2017）「一〇の小品・牛久――きおくうた」（いちはらアート×ミックス2017作品提案書）三田哲学会『哲学』第一三八集、一七五―一九一頁。

グラッシ・E（2016）『形象の力――合理的言語の無力』（原研二訳）白水社。

原美湖（2011）「〈できごと〉としての美術表現」東京藝術大学美術教育研究室編『美術と教育のあいだ』東京藝術大学出版会。

原美湖（2015）「造形表現と思考――制作者のための現代美術をめぐる一考察」東京藝術大学大学院美術研究科博士論文。

長谷川哲哉（2005）『ミューズ教育思想の研究』風間書房。

橋本大輔（2017）「絵画技法の現象学的考察――リアリズム絵画制作の実践を通して」東京藝術大学大学院美術研究科修士論文。

橋本泰幸（2001）『ジャポニズムと日米の美術教育――濃淡の軌跡』建帛社。

ハイデッガー・M（2008）『芸術作品の根源』（関口浩訳）平凡社。

Hepburn, R.W.（1998）The Arts and the Education of Feeling and Emotion, Hirst, P. & White, P. eds., *Philosophy of Education: Major Themes in the Analytic Tradition*, vol. 4, Routledge.

ハーバーマス・J（2000）『近代――未完のプロジェクト』（三島憲一編訳）岩波書店。

Hernández, F. (2015) Promoting Visual Culture Art Education Learning Experiences as a Pedagogical Event, in: Kallio-Tavin, M. & Pullinen, J. *Conversations on Finnish Art Education*, Aalt Arts books.

Hernández, F. & Fenler, R. (2016) Normadic learning as mode of inquiry in an Arts Based Research classroom, 4th Conference on Arts-based Research and Artistic Research, 26 June, 2016 @Aalt University, Finland.

広田照幸（2013）「メリトクラシーからデモクラシーへ――J・ランシエールの「ポリス／政治」論を手がかりに」『日本教育社会学会大会発表要旨集録』第六五号、一〇―一一頁。

Housen, A. (2001) Eye of the Beholder: Research, Theory and Practice, http://www.vtshome.org/research/articles-other-readings（二〇一七年二月一九日最終アクセス）。

井手則雄・鈴木五郎（1980）『美術教育入門――理論編』百合出版。

井島勉（1955）「図工専科の問題」『美術教育』第二八号、二―四頁。

井島勉（1957）「美術教育の核心」『美術教育』第三九号、一八―二三頁。

井島勉（1974）『美術教育の理念』光生館（初版 1969）。

生田久美子（1987）『「わざ」から知る』東京大学出版会。

生田久美子・北村勝朗（2011）『わざ言語――感覚の共有を通して「学び」へ』慶應義塾大学出版会。

今井康雄（1997）「メディア・美・教育――20世紀ドイツ教育思想史序説」教育思想史学会『近代教育フォーラム』第六号、八一―九八頁。

今井康雄（1999）「「美と教育」の二つの焦点――シンポジウムでの議論を回顧して」教育思想史学会『近代教育フォーラム』第八号、一四九―一五五頁。

今井康雄（2001）「ワイマール期ドイツにおけるアカデミズム教育学と芸術教育」『東京大学大学院教育学研究科紀要』第四一巻、四一―六五頁。

今井康雄（2005）科学研究費研究成果報告書『「美的なもの」の教育的影響に関する理論的・文化比較的研究』（研究代表者 今井康雄）。

今井康雄（2009）「美――美と教育の関係はどのように考えられてきたか」田中智志・今井康雄編『キーワード 現代の教育学』東京大学出版会。

今井康雄（2016）『メディア・美・教育――現代ドイツ教育思想史の試み』東京大学出版会。

今井康雄（2017a）「アート教育カリキュラムの創造——ひとつの予備的考察」佐藤学ほか編 岩波講座教育 変革への展望5『学びとカリキュラム』岩波書店。

今井康雄（2017b）「モノの露呈と制作過程におけるその経験」教育哲学会『教育哲学研究』第一一四号、一一九—一二一頁。

今井康雄ほか（2016）「研究状況報告　教育活動における言葉とモノ」教育哲学会『教育哲学研究』第一一三号、一四六—一五三頁。

今井康雄ほか（2017）「研究状況報告　教育空間におけるモノとメディア——現代美術の経験を手がかりに」教育哲学会『教育哲学研究』第一一四号、一一九—一二五頁。

Imai, Y. & Wulf, C. eds. (2007) *Concepts of Aesthetic Education: Japanese and European Perspectives*, Waxmann.

Ingold, T. (2007) Materials against Materiality, *Archaeological Dialogues*, vol.14, No.1, 1-16

Ingold, T. (2008) When ANT meets SPIDER: Social theory for arthropods, in: Knappett, C. & Malafouris, L. eds., *Material Agency: Towards a Non-Anthropocentric Approach*, Springer.

猪瀬昌延（2011）「彫塑制作におけるミメーシスの循環」東京藝術大学美術教育研究室編『美術と教育のあいだ』東京藝術大学出版会。

石川毅（1985）「芸術教育学」武藤三千夫・石川毅・増成隆士『美学／芸術教育学』勁草書房。

石川毅（1992）『芸術教育学への道』勁草書房。

石川毅（1995）「教育と美学」『東京学芸大学紀要 第二部門』第四六号、三一三—三二三頁。

伊藤亜紗（2015）『目の見えない人は世界をどう見ているか』光文社。

井藤元（2009）「『崇高論』によるシラー美的教育論再考——シラー美的教育論再構築への布石」『京都大学大学院教育学研究科紀要』第五五号、一七三—一八七頁。

井藤元（2012）『シュタイナー「自由」への遍歴——ゲーテ・シラー・ニーチェとの邂逅』京都大学学術出版会。

伊藤廣利（1995）「素材の云い分——木目金制作を通して」美術教育研究会『美術教育研究』第一号、三七—四四頁。

Irwin, R. L. & Springgay, S. (2008) A/r/tography as practic-based research, in: Springgay, S., Irwin, R. L., Leggo, C. & Gouzouasis P. eds., *Being with A/r/tography*, Sense.

金森修（2010）『〈生政治〉の哲学』ミネルヴァ書房。

金田卓也（2014）「教育に関する質的研究におけるArts-Based Researchの可能性」『ホリスティック教育研究』第一七号、一—

一六頁。

金子一夫（2003）『美術科教育の方法論と歴史［新訂 増補］』中央公論美術出版。

金子一夫・藤澤英昭・柴田和豊（1997）「戦後美術における〝創造主義〟の再検討」『美育文化』第四七巻 第一〇号、一四―二九頁。

神林恒道（2009）「巻頭言 日本美術教育学会の理念と「美学」」日本美術教育学会『美術教育』第二九二号。

カント・I（1964）『判断力批判（上）』（篠田英雄訳）岩波書店。

桂川美帆（2015）「気色を染める――ろうけつ染めによる藝術表現の可能性」東京藝術大学大学院美術研究科博士論文。

川畑秀明（2012）『脳は美をどう感じるか――アートの脳科学』筑摩書房。

川口陽徳（2006）「漢方医道の継承――浅田宗伯の知識観と師弟関係」『東京大学大学院教育学研究科紀要』第四五巻、一一―二〇頁。

川口陽徳（2011）「「文字知」と「わざ言語」――「言葉にできない知」を伝える世界の言葉」生田久美子・北村勝朗『わざ言語――感覚の共有を通しての学びへ』慶應義塾大学出版会。

河本英夫（2005）「遂行的イメージ」『現代思想』第三三巻 第八号、六四―七八頁。

河本英夫（2006）『システム現象学――オートポイエーシスの第四領域』新曜社。

風間純一郎（2015）「合わせの美学――木工芸による思考と身体の再同一化」東京藝術大学大学院美術研究科博士論文。

菊池理夫（1981）「トピカと政治――ルネサンス・ヒューマニストの方法」『思想』第六八二号、一六〇―一七六頁。

木前利秋（1987）「トピカと労働の論理――ヴィーコとマルクス」『思想』七五二号、二五六―二九六頁。

木前利秋（1991）「構想力・神話・形の論理――『構想力の論理』再考」『思想』第八〇七号、二五―四三頁。

木村敏（2005）『あいだ』筑摩書房。

木村敏・森田亜紀（2016）「臨床哲学／芸術の中動態」『現代思想』第四四巻 第二〇号、八―二五頁。

北川民次（1969）「私の美術教育」『美術教育とユートピア――北川民次美術教育論集』創元社。

清塚邦彦（2004）「ネルソン・グッドマンの記号論（2）――Pictorial Representation の分析を中心に」『山形大学人文学部研究年報』第一巻、三七―六四頁。

清原知二（2000）「戦後美術教育運動史から学ぶもの」花篤實監修『美術教育の課題と展望』建帛社。

Knappett, C.（2008）The Neglected Networks of Material Agency: Artefacts, Pictures and Texts, in; Knappett, C. &

Malafouris, L. eds., *Material Agency: Towards a Non-Anthropocentric Approach*, Springer.
Knappett, C. & Malafouris, L. (2008) Material and Nonhuman Agency: An Introduction in: Knappett, C. & Malafouris, L. eds., *Material Agency: Towards a Non-Anthropocentric Approach*, Springer.
古賀徹（2014）「哲学と教育について――ヴィーコの「創発力」をめぐって」九州大学哲学会『哲学論文集』第五〇号、五七―七三頁。
國分功一郎（2017）『中動態の世界――意志と責任の考古学』医学書院。
Koller, H.-C, On the Meaning of Things in Transformative Processes of *Bildung*, Paper presented at the Symposium, "Meaning of Things in Educational Space", 11 March, 2017, @Keio University.
小松秀雄（2007）「アクターネットワーク理論と実践コミュニティ理論の再考」『神戸女学院大学論集』第五四巻 第二号、一五三―一六四頁。
小松佳代子（2009）「場所・身体・美術教育」美術教育研究会『美術教育研究』第一四号、一―一五頁。
小松佳代子（2011）「つくることと生きること――美術と教育の交叉」東京藝術大学美術教育研究室編『美術と教育のあいだ』東京藝術大学出版会。
小松佳代子編著（2012）『周辺教科の逆襲』叢文社。
小松佳代子（2015）「『美術教育研究』の課題と展望――機関誌の一九年をふりかえる」美術教育研究会『美術教育研究』第二〇号、八八―九七頁。
小松佳代子（2017a）「芸術体験と臨床教育学」矢野智司・西平直編著『臨床教育学』協同出版。
小松佳代子（2017b）「4th Conference on Arts-basaed Research and Artistic Research」美術教育研究会『美術教育研究』第二二号、八五―九一頁。
小松佳代子（2017c）「美術教育学会誌」美術教育研究会『美術教育研究』第二二号、七四―八四頁。
Komatsu, K. (2017d) Genealogy of Self Expression: A Reappraisal of Art Education in Britain and Japan, *Paedagogica Historica*, vol. 53, Issue 3, 214-227.
Komatsu, K. (2017e) Art Education as Folding and Unfolding of Things, *Journal of Educaiton and Training Studies*, vol. 5, No. 8, 101-105.
小松佳代子・屋宜久美子（2012）「スポーツ選手に対する美術教育実践の試み――美術における学びの意味を考えるために」科

学研究費研究成果報告書『美術とスポーツにおける身体観の相違についての理論的・実践的研究』（研究代表者 小松佳代子）、四三―五五頁。

Kompridis, N. ed. (2014) *The Aesthetic Turn in Political Thought*, Bloomsbury.

Koopman, C. (2005) Art as Fulfilment: On the Justification of Education in the Arts, *Journal of Philosophy of Education*, vol. 39, 85-97.

久保貞次郎（2007）『久保貞次郎美術教育論集上巻――児童美術・児童画の見方・子どもの創造力』創風社。

鯨岡峻（2002）『〈育てられる者〉から〈育てる者〉へ――関係発達の視点から』日本放送出版会。

教育思想史学会（1999）『近代教育フォーラム』第八号。

教育思想史学会（2010）『教育思想史コメンタール』。

教育哲学会（2009）『教育哲学研究』一〇〇号記念号。

レイン・H・T（1976）『新版 親と教師に語る――子どもの世界とその導きかた』（小比木真三郎訳）文化書房博文社。

Langer, S. K. (1963) *Philosophy in a New Key: A Study in the Symbolism of Reason, Rite, and Art*, Harvard University Press. 矢野萬里・池上保太・貴志謙二・近藤洋逸訳（1960）『シンボルの哲学』岩波書店。

ランガー・S（1967）『芸術とは何か』（池上保太・矢野萬里訳）岩波書店。

Leavy, P. (2015) *Method Meets Art: Arts-Based Research Practice*, The Guilford Press.

Martins, C. S. (2016) The Eventualizing of Arts Education, ECER @University College of Dublin.

松葉祥一（2008）「民主主義でも、民主制でもなく――J・ランシエールにおけるデモクラシー」『現代思想』第三六巻第一号、一六四―一七四頁。

松葉祥一（2014）「デリダ／ランシエール――デモクラシー・他者・共同性」岩波講座政治哲学5『理性の両義性』岩波書店。

眞壁宏幹（2006）「美的経験・教育・自己形成――「シンボル生成」としての美的経験をめぐって」田中克佳編著『「教育」を問う教育学――教育への視角とアプローチ』慶應義塾大学出版会。

眞壁宏幹（2010）「ワイマール共和国芸術教育の変遷とその思想的背景――時代区分の試み」三田哲学会『哲学』第一二三集、四三―一〇四頁。

眞壁宏幹（2012）「モレンハウアー『回り道』の方法論へのコメンタール――教育学的図像解釈はいかにして可能か」モレンハウアー・K『回り道――文化と教育の陶冶論的考察』（眞壁宏幹・今井康雄・野平慎二訳）玉川大学出版部。

眞壁宏幹（2016）「〝あいだの世界〟の心理学――ヴェルナー『シンボル形成の心理学』をシンボル論的陶冶論として読む」教育哲学会『教育哲学研究』第一一三号、一五一―一五二頁。

松下佳代（2010）「〈新しい能力〉概念と教育」松下佳代編著『〈新しい能力〉は教育を変えるか――学力・リテラシー・コンピテンシー』ミネルヴァ書房。

松下良平（2012）「人はなぜ学ぶのか――学びのエコロジーへ」田中毎実編『教育人間学』東京大学出版会。

松浦良充（2013）「脱・機能主義の大学像を求めて」教育思想史学会『近代教育フォーラム』第二二号、一五一―一六七頁。

三輪貴美枝（2000）「陶冶」教育思想史学会『教育思想事典』勁草書房。

宮寺晃夫（2000）『リベラリズムの教育哲学――多様性と選択』勁草書房。

Mauss, M. (1968) *Sociologie et Anthropologie*, Presses Universitaires de France, 1968, 有地亮・山口俊夫訳（1976）『社会学と人類学Ⅰ・Ⅱ』弘文堂。

McNiff, S. (2009) *Art-Based Research*, Jessica Kingsley Publishers.

Michael M. K. & Muncay, I. (2014) Material and Aesthetic Tensions Within Arts-Based Educational Research: Drawing Woodpaths, in: Smeyers, P. & Depaepe, M. eds., *Educational Research: Material Culture and Its Representation*, Springer.

三木順子（2002）『形象という経験――絵画・意味・解釈』勁草書房。

モレンハウアー・K（1987）『忘れられた連関――〈教える―学ぶ〉とは何か』（今井康雄訳）みすず書房。

モレンハウアー・K（2001）『子どもは美をどう経験するか――美的人間形成の根本問題』（眞壁宏幹・今井康雄・野平慎二訳）玉川大学出版部。

モレンハウアー・K（2012）『回り道――文化と教育の陶冶論的考察』（眞壁宏幹・今井康雄・野平慎二訳）玉川大学出版部。

森田亜紀（2003）「芸術体験の中動相」『美學』第五四巻 第二号、一―一四頁。

森田亜紀（2013）『芸術の中動態――受容／制作の基層』萌書房。

無藤隆（2013）『幼児教育のデザイン――保育の生態学』東京大学出版会。

那賀貞彦（2000）「ディシプリン論の行方」花篤實監修『美術教育の課題と展望』建帛社。

長尾幸治（2016）「美術教育における技術の位置付け――手工教育思想の考察を通じて」東京藝術大学大学院美術研究科博士論文。

中平千尋（2014）「とがびアート・プロジェクト一〇年の歴史――とがびアート・プロジェクト第1期：借り物アート期（二〇

○一年—二〇〇四年）」『美術教育学』第三五号、三六九—三八一頁。
中川素子（2012）『スクールアート——現代美術が開示する学校・教育・社会』水声社。

中川織江（2001）『粘土造形の心理学的・行動学的研究——ヒト幼児およびチンパンジーの粘土遊び』風間書房。

中村香住（2017）「フェミニストABRというパフォーマティブな共働——その系譜と展開」三田哲学会『哲学』第一三八集、一九三—二二五頁。

中村隆文（2000）『「視線」からみた日本近代——明治図画教育史研究』京都大学学術出版会。

中村二柄（1987）「本学会創立会長・井島勉先生の思い出」日本美術教育学会『美術教育』第二五四号、二一—二三頁。

中村雄二郎（1979）『共通感覚論』岩波書店。

生井亮司（2010）「塑像制作における「身体的自己」の形成について」美術教育研究会『美術教育研究』第一五号、一—二〇頁。

生井亮司（2011）「表現する身体・生成する自己」東京藝術大学美術教育研究室編『美術と教育のあいだ』東京藝術大学出版会。

西平直（2009）『世阿弥の稽古哲学』東京大学出版会。

西村拓生（1994）「現代米国の「美的認識」論による芸術教育の基礎づけについて——成立の背景と基礎理論の素描」『仁愛女子短期大学研究紀要』第二五号、六七—七七頁。

西村拓生（1996）「『美的なるもの』の人間形成的・教育的意義に関する覚書——現代ドイツ教育哲学における議論から」和田修二編『教育的日常の再構築』玉川大学出版部。

西村拓生（1999）「プリズムとしてのシラー『美的書簡』——「美と教育」に関するトピカのために」教育思想史学会『近代教育フォーラム』第八号、一三七—一四八頁。

西村拓生（2010）「「美と教育」は如何に論じられたか?」教育思想史学会『教育思想史コメンタール』（九七—一一三頁）。

西村拓生（2012）「美と教育——シラー『美的書簡』をめぐって」皇紀夫『「人間と教育」を語り直す——教育研究へのいざない』ミネルヴァ書房。

西野範夫・柴田和豊・鈴石弘之（2014）「創造主義的美術教育再生のために何をすべきか」『美育文化』第六四巻 第一号、六—一五頁。

西岡常一著・西岡常一棟梁の遺徳を語り継ぐ会監修（2005）『宮大工棟梁・西岡常一「口伝」の重み』日本経済新聞社。

西岡常一・小川三夫・塩野米松（2005）『木のいのち 木のこころ〈天・地・人〉』新潮社。

野平慎二（2007）『ハーバーマスと教育』世織書房。

小川三夫（2012）『不揃いの木を組む』文藝春秋。

岡田温司（2014）『イメージの根源へ――思考のイメージ論的転回』人文書院。

岡田猛（2006）「美術の創作プロセス」大津由紀雄ほか編著『認知科学への招待2　心の研究の多様性を探る』研究社。

岡田猛（2013）「芸術表現の捉え方についての一考察――「芸術の認知科学」特集号の序に代えて」『認知科学』第二〇巻 第一号、一〇―一八頁。

岡原正幸（2014）『感情を生きる――パフォーマティブ社会学へ』慶應義塾大学出版会。

岡原正幸（2017）「アートベース社会学へ」三田哲学会『哲学』第一三八集、一―八頁。

岡原正幸・高山真・澤田唯人・土屋大輔（2016）「アートベース・リサーチ――社会学としての位置づけ」『三田社会学』第二一号、六五―七九頁。

岡崎昭夫（1983）「デューイの質的思考と戦後アメリカの美術教育研究」大阪教育大学『美術科教育研究』第一号、一五―三三頁。

岡崎昭夫（1996）「戦後におけるアメリカ美術教育の展開」『宇都宮大学教育学部紀要 第一部』第四六号、一三三―一五五頁。

奥井遼（2015）『〈わざ〉を生きる身体――人形遣いと稽古の臨床教育学』ミネルヴァ書房。

大野市玄関に子供の絵をかける会（2007）『福井創美のあゆみ』第五版。

太田將勝（2004）「久保貞次郎論――小コレクター運動と版画収集をめぐって」『上越教育大学研究紀要』第二四巻 第一号、二一九―二二九頁。

小田部胤久（2001）『芸術の逆説――近代美学の成立』東京大学出版会。

小田部胤久（2009）『西洋美学史』東京大学出版会。

大橋皓也（1999）「学会化の提案」美術科教育学会『美術科教育学会二〇年史』。

パーモンティエ・M（2012）『ミュージアム・エデュケーション――感性と知性を拓く想起空間』（眞壁宏幹訳）慶應義塾大学出版会。

Polanyi, M.（1966）*The Tacit Dimension*, Routledge & Kegan Paul. 佐藤敬三訳（1980）『暗黙知の次元――言語から非言語へ』紀伊國屋書店。

Rancière, J.（1987）*Le maitre ignorant*, Fayard. 梶田裕ほか訳（2011）『無知な教師――知性の解放について』法政大学出版局。

ランシエール・J（2008a）「デモクラシーというスキャンダル」『現代思想』第三六巻 第一号、一六〇―一六三頁。

Rancière, J.（2008b）*Le spectateur émancipé*, La fabrique, 梶田裕訳（2013）『解放された観客』法政大学出版局。

Rancière, J.（2014）, The Aesthetic Dimension: Aesthetics, Politics, Knowledge, in: Kompridis N. ed., *The Aesthetic Turn in Political Thought*, Bloomsbury.

Reimer, B.（1970）*A Philosophy of Music Education*, Prentice-Hall, 丸山忠璋訳（1987）『音楽教育の哲学』音楽之友社。

佐伯胖（2013）「子どもを「人間としてみる」ということ――ケアリングの三次元モデル」子どもと保育総合研究所編『子どもを「人間としてみる」ということ――子どもとともにある保育の原点』ミネルヴァ書房。

齋藤功司（2016）「美術家が美術教育に関わることの意義――自由画教育論の再措定」東京藝術大学大学院美術研究科修士論文。

齋藤直子（2012）「訳者あとがき」スタンディッシュ・P『自己を超えて――ウィトゲンシュタイン、ハイデガー、レヴィナスと言語の限界』法政大学出版局。

佐々木健一（1995）「天才」『美学辞典』東京大学出版会。

佐々木正人（2006）『アート／表現する身体――アフォーダンスの現場』東京大学出版会。

佐藤邦政（2012）「現代の「教育の分析哲学」の方向性と見通しについて」日本大学文理学部人文科学研究所『研究紀要』第八四号、一―一〇頁。

佐藤学（1997）『学びの身体技法』太郎次郎社。

佐藤学・今井康雄編（2003）『子どもの想像力を育む――アート教育の思想と実践』東京大学出版会。

椹木野衣（2010）『反アート入門』幻冬舎。

柴田和豊（1992）「「創美」研究に向けて」『東京学芸大学紀要　第五部門　芸術・健康・スポーツ科学』第四四巻、四一―五〇頁。

初期創美運動を記録する会（1991）『初期創美運動について』文化書房博文社。

柴山英樹（2011）『シュタイナーの教育思想――その人間論と芸術論』勁草書房。

汐見稔幸（2009）「教育における生活概念と戦後教育・保育――生活綴方と創美に着目して」日本保育学会『戦後の子どもの生活と保育』相川書房。

Shusterman, R.（1997）The end of Aesthetic Experience, *Journal of Aesthetics and Art Criticism*, vol.55, No. 1, 29-41, 秋庭史典訳（1995）「美的経験の終わり（end）」『理想』第六五六号、八二―一〇五頁。

シュスターマン・R（1999）『ポピュラー芸術の美学――プラグマティズムの立場から』（秋庭史典訳）勁草書房。

シュスターマン・R（2012）『プラグマティズムと哲学の実践』（樋口聡・青木孝夫・丸山恭司訳）世織書房。

Simpson, A.（1985）The Usefulness of 'Aesthetic Education', *Journal of Philosophy of Education*, vol. 19, No. 2, 273-280.

Smith, R. A.（1991）Philosophy and Theory of Aesthetic Education, in: Smith, R. A. & Simpson, A., eds., *Aesthetics and Arts Education*, University of Illinois Press.

Springgay, S., Irwin, R. L. & Kind, S.（2008）A/r/tography and Living Inquiry, in: Knowles, J. G. & Cole, A. L. eds., Handbook of the ARTS in Qualitative Research, Sage.

Standish, P.（2005）Public and Private: Aesthetics, Education, and Depsychologising Psychology, 科学研究費研究成果報告書『「美的なもの」の教育的影響に関する理論的・文化比較的研究』（研究代表者 今井康雄）、八―一七頁。

Standish, P.（2007）Rival conception of the philosophy of education, *Ethics and Education*, Vol. 2, No. 2, 159-171.

スタンディッシュ・P（2012）『自己を超えて――ウィトゲンシュタイン、ハイデガー、レヴィナスと言語の限界』（齋藤直子訳）法政大学出版局。

Sullivan, G.（2005）*Art Practice as Research: Inquiry in Visual Arts*, Sage.

Sullivan, G.（2010）*Art Practice as Research: Inquiry in Visual Arts*, 2nd ed., Sage.

鈴木幹雄（2001）『ドイツにおける芸術教育学成立過程の研究――芸術教育運動から初期G・オットーの芸術教育学へ』風間書房。

鈴木晶子（1999）「思想史の方法としてのフィクション――美と教育の連動にみる「ドイツ的なるもの」」教育思想史学会『近代教育フォーラム』第八号、一五七―一六五頁。

鈴木晶子（1990）『判断力養成論研究序説――ヘルバルトの教育的タクトを軸に』風間書房。

田中智輝・村松灯（2015）「「モノ」から見たシティズンシップ教育――J・ランシエールにおける『知性の解放』をめぐって」『日本教育学会第七四回大会発表要綱』三九二―三九三頁。

谷川渥（2007）「制作学」藤枝晃雄・谷川渥・小澤基弘『絵画の制作学』日本文教出版。

鳥光美緒子（2010）「ネルソン・グッドマンとハーバード・プロジェクト・ゼロ（1967-1971）――芸術・教育・研究に関するグッドマンの概念をめぐって」中央大学教育学研究会編『教育学論集』第五二号、七九―一〇七頁。

東京藝術大学芸術リサーチセンター（2013）『芸術リサーチセンター成果報告書』。

東京芸術大学百年史編集委員会（2002）『東京芸術大学百年史 美術学部篇』ぎょうせい。

坪井聡志（2017）「市原レポート――いちはらアート×ミックスへ向けた取り組み」三田哲学会『哲学』第一三八集、一五一―一七四頁。

土屋大輔（2017）「ＡＢＲ作品のつくりかた――レプリカ交響曲《広島平和記念公園8月6日》（2015）」三田哲学会『哲学』第一三八集、一二三―一五〇頁。

上村忠男（1977）「歴史の論理と経験――ヴィーコ『新しい学』への招待」樺山紘一ほか『社会科学への招待 歴史学』日本評論社。

上村忠男（2009）『ヴィーコ――学問の起源へ』中央公論新社。

上野浩道（1981）『芸術教育運動の研究』風間書房。

上野浩道（2007）『日本の芸術教育思想』風間書房。

上野浩道（2013）「『教育はアートである』ということ」『大田堯自撰集成月報 1』藤原書店。

上野正道（2010）『学校の公共性と民主主義――デューイの美的経験論へ』東京大学出版会。

梅澤綾子（2017）「「徴候」としてのアート――わからなさの考察」東京藝術大学大学院美術研究科修士論文。

ヴィーコ・Ｇ（1979）『新しい学』（清水幾太郎責任編集）世界の名著三三 中央公論社。

ヴィーコ・Ｇ（1987）『学問の方法』（上村忠男・佐々木力訳）岩波書店。

ヴィーコ・Ｇ（1988）『イタリア人の太古の知恵』（上村忠男訳）法政大学出版局。

White, J. (1998) The Arts, Well-Being and Education, in: Hirst, P. H., & White, P. eds., *The Philosophy of Education: Major Themes in the Analytic Tradition*, Routledge.

ウィガー・Ｌ、山名淳、藤井佳世編著（2014）『人間形成と承認――教育哲学の新たな展開』北大路書房。

Wulf, C. (2003) Perfecting the Individual: Wilhelm von Humboldt's concept of anthropology, *Bildung* and mimesis, *Educational Philosophy and Theory*, vol. 35, No. 2, 241-249.

ヴルフ・Ｃ（2009）「イメージ・まなざし・イマジネーション」（今井康雄訳）東京大学大学院教育学研究科教育学研究室『研究室紀要』第三五号、一二三―一三三頁。

ヴルフ・Ｃ（2010）「芸術の授業――もう一つの教えと学び」（小松佳代子ほか訳）『東京藝術大学美術学部紀要』第四七号、四一―五八頁。

屋宜久美子（2011）「美術制作における作家と世界のつながり」東京藝術大学美術教育研究室編『美術と教育のあいだ』東京藝

術大学出版会。

山田康彦（1991）「戦後日本の芸術教育理論への一視角――創造美育運動の思想的射程」『美術教育学』第一二号、一一―一五頁。

山田康彦（2012）「学校教育におけるアートの可能性」『季刊 人間と教育』第七六号、二〇―二七頁。

山本正男（1981）『美術教育学への道』玉川大学出版部。

山本正男（1984）「現代と美術教育学研究」山本正男監修・久保尋二編集『美術教育学1 美術教育の理念』玉川大学出版部。

山名淳（2015）『都市とアーキテクチャの教育思想――保護と人間形成のあいだ』勁草書房。

山名淳（2016a）「被爆の記憶伝承と言語活動――〈モノのコト化〉と〈コトのモノ化〉の観点から」科学研究費研究成果報告書『「言語活動の充実」の具体化のための教師教育のあり方についての研究』（研究代表者 渡辺哲男）七七―九二頁。

山名淳（2016b）「災害と厄災の記憶に教育がふれるとき」山名淳・矢野智司編著『災害と厄災の記憶を伝える――教育学は何ができるのか』勁草書房。

矢野智司（2006）『意味が躍動する生とは何か――遊ぶ子どもの人間学』世織書房。

湯原康仁（2015）「人とモノの間――現代社会におけるモノ作りの可能性」東京藝術大学大学院美術研究科修士論文。

第Ⅱ部　制作者による芸術的省察

第四章　リアリズム絵画における知覚と思考

橋本　大輔

はじめに

リアリズム絵画とは何か。この問いに答えたいという欲求は、わたしが絵画制作に携わる主要な動機づけの一つである。しかし、この問いは、当然容易に答えを出せるものではない。リアリズム絵画についての思索を実行することは、わたしが実際に制作する探究のただ中で、答えようのない謎を前にした堂々めぐりを実行することを意味する。

本章では、そのような堂々めぐりを実践する一制作者の視点から、リアリズム絵画における知覚と思考に焦点を当てて考察する。思想的な背景は現象学、記号論等に依拠しているが、制作実践における省察に即して、制作者の世界との関わりを探っていく。

第1節　知覚と思考の場としての絵画

リアリズムの探究

冒頭の問いは、触れるのをためらわせる危険な響きをもっている。リアリズムとは何かという問いは、断定的な答えを出せるものではない。その問いを主題とするものが、各々の立場や側面から問い続けることが必要である。それゆえ、辞書的な定義づけを参照しても不十分であり、主観を重視した語りは際限ない視点の増殖に見舞われることになる。リアリズムについての問いは方角を見失いやすい。重要なのは、リアリズムの「何についてどのように問うか」である。

リアリズムに関わる方法として、二つの方向がある。一つは、作品をまずつくってみるという工学的・芸術的なものである。もう一つはリアルとは何かという問いの深淵に向かう科学的・哲学的なものである。リアリズムに依拠しているか否かを問わず、美術制作を実行するものは、この二つの立場の境界を越境しながら問いを深めていく(1)。

芸術的実践において、制作することと思考することは不可分であり、つくること自体が一種の思考である。「つくり手は、精神意味的なものと物質的感覚的なものとが一体となって目の前にあることを目指して、物質的感覚的実在を相手にあれこれ試行錯誤する」（森田 2013: 190-191）のであり、その「過程の内にあるものが過程の内で生成したり変化したりする事態」として芸術をとらえるならば、芸術とはつくり手の中動態的なありかたを示すものであるだろう(2)。

そのような実践において、制作者であるわたしの語りは、わたしを過程の座とした過程内部からの把握に基づいている。それは、あらかじめ与えられた記号や観念の体系において語るということを逃れられないのであるが、その上で、認識がそれについて語っている認識以前の世界へと立ち返ることもまた志向する。制作を通じてわたし自身は更新されてゆく、つまり過程に巻き込まれて不断に変容していくのであり、制作とは、つねに世界を見ることを学びなおすことでもある。

美術制作は世界とわたしの関わりのひとつのあり方であり、流れのなかにある時間的な運動である。そのような意味でも冒頭の問いへの応答はつねに未完結であり続け、無限の省察であり続ける。それはいいかえればリアリズム絵画によるわたしの陶冶の様相であり、リアリズム絵画という過程のなかで、世界とわたしとの関係を考えることでもある。

リアリズム絵画とは何かという問いを制作者の立場から問うことが、すなわちその過程内部で語ることであるといえるならば、この問いは内容を限定して次のようにいいかえることができるだろう。すなわち、「リアリズム絵画を実践するとき、主体はどのような知覚や思考をともなうか」である。この問いを手掛かりに、リアリズム絵画という枠組み自体の更新を試みたい。

絵画という媒体

「絵画とは、なんとむなしいものだろう。原物には感心しないのに、それに似ているといって感心されるとは。」（パスカル 1973：90）絵画において対象の再現作用に快感を覚え、片やそのことゆえに空しさを覚える。パスカルのことばは、絵画という媒体の不思議さを物語っている。

絵画制作を実践するということは、絵画による知覚や思考に身を委ねることでもある。そこで、まず思考の範疇としての絵画を相対化することから始めたい。

絵画という媒体の固有の領域を考えた時、ドニやグリーンバーグの言うような絵画の不可避の平面性[3]に立ち返ることは、再現的で幻影的な三次元性に対する二次元性という対立構造を再考することでもあり、絵画以外の媒体との差異において絵画を位置づけようとすることでもある。

絵画的事象の固有性という考え方は、ランシエールが指摘しているように、「絵画の素材と絵画の形式が一致することを保証」（ランシエール 2010：96）しようとするものである。素材と形式との一致、これは一方では「モノ[4]」自体を形式化する志向性をもち、もう一方では、精神的な素材と形式の結びつきを志向するという表現主義的傾向を示す。ここで排されているのは、モノと表象としての空間の結びつきであり、これを支えている社会的慣習である。本論文では素材や形式によって意味作用をする媒体を記号であるとし、記号論的な観点から絵画を考察する[5]。

芸術は媒体を芸術として見るというまなざしが無ければ存在しない。芸術とは、芸術という概念の変動する外延であり、それは一つの体系をなし、諸々の分節化によって成り立つ。絵画の平面性も、そのような差異化によってつくられた体制であり、絵画という媒体の固有性における二次元性と三次元性の対立は実のところ本質的なものではない。絵画が平面として見られるのは、「として」見るという体系の構造がそうさせるのである。同様に、絵画に三次元性を見るのも芸術という場において、平面と絵画空間がある種の詩的な結びつきにあるためである。

モダニストによる「表象的体制」の破壊が意味しているのは、それによって芸術を新たに分節するところの「美学的体制」である。そこにおいて多様なイメージは「無言のパロール（発話）」として事物に住み着き、事物それ自体が語ったり沈黙したりするやり方を示している。

ことばと絵画

無言のパロールとは、美術作品の語りであるということができる。その際、語る主体が属する体制、すなわちそのラング（言語体系）があるのであり、それらの総体としてのランガージュ（言語活動）が想定されている。

これらの概念はソシュール記号論によるものである。ソシュールによれば、まずランガージュという人間の言語活動の全体があり、これが社会的な側面と個人的な側面とに分けられる。ラングとは社会におけるランガージュの適切な実現を可能にする体系性をもった規則の集合であり、パロールとはある個人の具体的な状況においてラングが実現したものである。芸術活動は社会におけるランガージュの一環として存在している。

ラングとパロールは互いが他方を前提としている。パロールが理解され、期待される効果をすべてあげるためにはラングが必要であり、逆にラングが確立するためにはパロールが必要である。ソシュールは、「社会生活の内部で諸記号がどのような働きをしているのかを研究する学問」として「記号学」を提唱したのであり、それは構造主義の根本思想でもある（ソシュール 2016：35）。

そのような観点において、絵画のラングを同時代的ならびに歴史的に考察することの重要性が見出される。思考はそれを成り立たせる記号体系に依存しているとするならば、絵画における思考をとらえるためには絵画のラングを考察することが必要になるからだ(6)。同時に、言語記号と視覚的記号を相対化することの必要性も生じてくる。いかなる部分において言語記号と視覚的記号は異なっており、また共通しているのか。絵画など芸術としての記号とはどのようなものか。ことばと絵画はどのように関係しているのか。

第2節　記号としての絵画

フッサールの像理論

ここで、視覚的記号系としての絵画に目を向けてみる。絵画はその際どのようにわたしたちに現われてくるだろうか。すると、第一にそこには支持体や各種絵具などのモノとしての素材が、フッサールのいうような「像物体（像基体）」として存在し、第二にそれらが構造化した像である「像客体」という相があり、第三に像客体が主題として表象する「像主題（像主体）」が現れるという三つの相が見出される（小熊・清塚 2015：6）。具体的にわたしたちに知覚されるのは、前者二つの像であり、像主題は「不在の現前化」である。金田によれば、この第二の像の位相を知覚の対象として、その固有性を承認したところにフッサールの独自性があるという（金田 1984：29）。

三つの像の現われ方はそれぞれ異なっている。まず、像物体と像客体の関係に目を向けてみる。像物体とは絵画において支持体や絵具を指している。平面上に塗られた絵具は、それ自体では単なるモノであり、その時点では絵画であることすら不明確である。しかし、その絵具の配列がわたしたちに知覚され、そこに絵具それ自体とは異なる何らかの像を結んだとき、その知覚は像客体の位相のものである。これは像の「ゲシュタルト」というべきものであり、像の構成要素とは区別される(7)。

一方、像客体と像主題の関係はどうだろうか。像主題とは、像客体が表象する主題あるいは、対象そのものを指す。例えば、絵画である《モナリザ》を見て主題としての「モナリザ」がそこに見られるといった際の後者である。これは写真の場合より直接的になるが、「《モナリザ》の写真」を見て《モナリザ》が見られるといった場合は《モナリザ》が像主題であるだろう。ここに示した例からわかるように、像主題は像客体とは独立に存在するものでありながら像客体なしには存在しえないものである。また、「《モナリザ》の写真」を見る場合、そこから主題としての「モナリザ」を見ることも普通に行われるように、像主題は解釈者がどこに重みづけをして見ているか、全体としての記号系の中でどのような価値を与えているかに依存して可変的である。ここには、像客体としての《モナリザ》を見て、それを「《モナリザ》である」とみなすような分節化能力も介在してくるのであり、ここには直接的な知覚より高次な判断や思考が介在してくる。

絵画の素材や形式、意味、それらの記号としての使用過程は、「渾然一体となることがままある」（田中 2017: 55）というように、絵画はそれと一体化した主題と解釈を表象するとされる。それは、絵画の「モノ」としての側面と、「イメージ」としての側面の両者を分断できないことに起因する。すなわち、フッサールのいう上記三つの像が一体化して記号としての絵画を形成しているからである。ランシエールが述べている表象的体制の破壊による美学的体制への移行とは、ある絵画からコード化された像主題へと絵画の解釈を止揚していくという体制の崩壊に伴い、体制自体を揺さぶること自体が主題となるような、芸術の価値体系の変容である。平面性への志向は、像物体を主題化することであり、表現主義とは、像主題の非現前性および制作者と絵画のつながりの内的必然性の主題化なのである。絵画はどの像に焦点を合わせようとも、つねにすべての相が構造化された記号なのである。

像と言語記号

以上にフッサールの像理論を参照し、絵画の現象作用について考えたが、ここで、それをソシュール記号論と比較してみよう。ソシュールにおいて記号は聴覚映像（シニフィアン）と概念（シニフィエ）の結合体として定義される。この結合は恣意性の原理に基づくが、ある体系内でコード化されているものである。一見矛盾するこの両義性は、諸記号が全体論的な価値体系における差異によってしか存在しえないということを示している。価値を決定するためには集団性が必要であり、個人だけではなんらの価値を決定することもできない。記号はその要素としての記号の価値が系全体に関わるとき、「構造的」であるという。

記号がシニフィアンとシニフィエの結合体として存在するというあり方は、フッサールの像理論において三つの像が結合していることと類似した関係にあるといえるが、同時に差異も認められる。まず、ソシュールの記号モデルは二元論であり、フッサールでは三元論となっている。次に、ソシュールにおいてシニフィアンとシニフィエの結合は恣意的なものであるが、像理論においてそれらの結合は恣意的とみなせるのかは定かではない。さらに、言語記号においてシニフィアンは聴覚映像であるように線的なものであるが、像においては空間的なものである。これらについて、ここでそれぞれ考察していく。

二元性と三元性

まず、記号モデルにおける二元性と三元性であるが、この対比で代表的なのは、ソシュールとパースのものである。ソシュールにおいては前述したようにシニフィアンとシニフィエという構成要素によって記号が成り立っていた。一方、パースにおいては、表意体、解釈項、対象という三つの構成要素で記号が成り立っている。まずソシュールとパースの比較から入り、その上で像の性格を考えたい。

ソシュールの二元論は先に触れたので、ここでは、パースの三元論について述べる。パースによれば、表意体がそれの等価あるいは発展した記号である解釈項をつくり出し、それが対象へ至るという三項関係で記号が成立している。パースのいう記号作用とは「記号、記号の対象および記号の解釈項という三個の主体の協働であるかあるいはそのような協働を含む作用ないし影響」のことであり、「このような三項関係的な影響はどうしても対の間の作用に分解できない」ものなのである（パース 1986 第二巻：141）。ここで問題になるのは、二元論と三元論の対応関係である。同じ記号について述べたものでありながら、なぜ構成要素の違いがあるのだろうか。記号について考える際には、この二つの見解を整理する必要が出てくる。

この対応関係についての見解は、「バビロンの混乱」状態にあるといわれるほど整理がなされていないが（田中 2017：35）、その対応関係について一致した見解が得られるのは、シニフィアンと表意体の対応である。よって、シニフィエがパースの解釈項および対象とどのように関係するかについて考察すればよい。そのことをふまえ、それらの対応関係を整理しようとした代表例としてエーコのものがある。エーコによれば、シニフィエと解釈項が対応するという（エーコ 2013 I：122）。つづけて、「ソシュールの言語学の中では対象としてのものは考慮に入れられない」と述べているように、ソシュールの記号モデルからは対象が排除されているという考えを述べている。

ここで、「対象としてのもの」という言い方がなされていることに注目したい。この「もの」とは実世界対象を指すと考えられる。しかし、パースの記号モデルに含まれる対象とは概念的なものであり、実世界対象は基本的に含まれない。このことは、パースが対象を記号によって表意される心的なものである「直接対象」と、記号の表現に寄与する現実の実在である「力動的対象」とに分け、前者を記号が指示するものと述べていることから明らかになる（パース 1986 第二巻：135）。よって、パースの記号モデルからも対象としての「もの」は排除されているのであり、その観点で比較することはできない。

するとここで、概念であるソシュールのシニフィエとパースの直接対象が対応するのではないかという考えが出てくる。その際問題になるのは解釈項がどのようなはたらきをするのかということである。パースの解釈項は人間の思考である記号過程において重要な役割を果たす。パースによれば、表意体は解釈項を呼び、それは別の記号なので、その表意体がまた別の解釈項を呼び、というように無限に記号過程が連鎖する。この解釈項は、記号の「解釈」ともいわれるが、するとこの解釈はソシュールのモデルのどこにあるのだろうか。

ソシュールの記号モデル内に解釈項に相当するものがあるかは定かでないが、記号過程における差異の概念にそれが見出される。先述したように、ソシュールにおいて記号は全体論的な価値の中でそれ以外の記号との関係性において意味が定まるものとされている。「ラングにおいては差異しか存在しない」（ソシュール 2016：168）ということが示しているのは、記号の意味が体系全体に及ぶという構造の概念であり、記号の意味は他の記号と比較されることによってはじめて立ち現れるのである。記号の解釈は、ソシュールにおいて記号モデルには含まれないが、全体論的価値として位置づけられていると考えられる。

以上をふまえると、田中が述べているように、ソシュールのシニフィエはパースの直接対象に対応し、解釈項はソシュールの記号モデルに外在する価値体系に組み込まれているということになる（田中 2017：48）。すなわち、二元論と三元論は形式的に互換可能である。

以上の考察によって明らかになったことは、記号論の二つの起源とされているソシュールとパースの記号モデルが互換可能であるということに加えて、その両者に「対象としてのもの」、つまり実世界対象が含まれないということである。このことは、視覚的記号を考察する場合に重要な視点である。特に再現的リアリズム絵画を考える際に、その絵画に表されている対象を実世界対象であると容易にみなしてしまうことがあるからだ。絵画に表されている対象は、それがどれだけ「リアル」であったとしてもそれは「虚構」なのである[8]。

ここで、フッサールの像理論について以上に見られた知見をふまえ考察してみる。すると、ソシュールにおけるシニフィアンは、それがもともと聴覚映像という非物質的なものであるということを了解した上で記号モデルとして考察するならば、まず像物体がそこに含まれるといえる。「対象としてのもの」は考慮されないにしても、シニフィアンとしてのモノは考察可能であるし、その点において記号論は美術と関係してくる。あるいは、像物体と像客体を総合したものを「視覚映像」としてのシニフィアンと定義した方がよいかもしれない。

シニフィエならびに全体論的価値は像客体および像主題の双方に溶け合っていて、その所在はわからない。先に見たように、像客体は像物体と結びつくところの心的な像であるので、その点シニフィエともいえるのだが、さらにその像が共示的に示す像主題の領域も像物体のシニフィエとみなしうる。さらにこの像主題は、解釈を含んだものといえるうえに、その記号自身の主題化は一義的に決まるものではなく、再帰的にならざるを得ない。このような理由から、絵画を記号として考えたとき、記号の構成要素のどの部分が指示子であり、内容であり、また解釈であるかを峻別するのは困難であり、知覚と思考をどこまでが知覚でどこからが思考かと区別することも難しいのである。

絵画の記号生産について

次に、先に問題提起された、視覚的記号の恣意性の問題を記号生産という過程から考察してみる。

記号における対象は、必ず「虚構」であると述べた。これは、言語記号であっても、視覚的記号であっても同様である。言語記号においては、聴覚映像と概念の恣意的な関係性がそれを成り立たせ、視覚的記号では像物体を構造化することでそれと一体化して生じる像客体が担っている。

言語記号の恣意性は、ソシュールにおいて最重要な原理であり、シニフィアンとシニフィエの結びつきになんらの必然性がないということである。記号はそれ自体では意味をもたず、体系において価値を付与されなければならない。そのため、記号は恣意的でありながら、体系によって拘束されるという両義性をもつ。これは、シニフィアンが系に投機的に導入され(9)、そのシニフィアンが体系中の他の要素の中から分節されつつ同時に対応するシニフィエを差異化することによって成り立つ。

このことを絵画制作に即して考えてみよう。真っ白なキャンバスがある。そこに黒い点が一つ置かれたとする。これはシニフィアンとしての黒い点が系としてのキャンバスに投機されたことを示している。黒い点はある位置に置かれた途端に、特定の位置に置かれた点という意味をもち、「・」というイメージも喚起する。あるいはキャンバスに点が一つだけ置かれているという不可解さなども生むかもしれない。さらに、そこにわたしが点を置いたという身体的な運動や「今－ここ性」もまた発生する。これらが付随して生じるシニフィエである。そこへ新たな黒い点をもう一つ置くと、先に置かれた点は、次に置かれた点との関係で意味をもつようになり、それが置かれる前の点とは別物になっている。これが次々繰り返されることによって、点は構造的に価値を与えられていく。

最終的に点の集積が現れたキャンバスは、それ自体が一つの記号となり、それ以外の記号との関係によって価値を与えられる。それは他の記号としての絵画や、その絵画を生み出したところの素材としての諸記号、その絵画が置かれる記号としての展示空間などであるだろう。例えば、先ほど最初に置かれた黒い点が、最終的に《モナリザ》の瞳に含まれていたとして、この点は、絵画の制作過程や顔という記号、「モナリザ」などの記号との関係で、事後的に「《モナリザ》の瞳」として価値づけられたのである。このような価値が、絵画における「色価（バルール）」であり、それは絵画を構造としてとらえる視点に基づく。絵画制作とは、このような何らかの価値を生み出すことということができる。

ここで、シニフィアンである点とシニフィエである瞳との結びつきは、仮にその点がもともと瞳にするべくその位置に置かれたものだとした場合、そのつながりは必然的なものと感じられるかもしれない。しかし、最初に点が置かれた時点に予期していた瞳と最終的に出来上がった瞳は同一のものではありえず、点と瞳の関係は本質的に偶然的な関係にあり、その意味で恣意的なつながりにあると考えられる。

しかし、言語記号の成り立ちと、視覚的記号の成り立ちで異なる部分がある。例えば、「記号を作りだす方法は、価値には全く関与してこない」（ソシュール 2016: 168）ということは視覚的記号系には当てはまらない。文字であれば、文字を太く書こうと、色を変えて書こうと、彫って書こうとその意味作用には関与しないが、それを視覚的な契機を含めて見た場合、太い文字は「重要」という意味作用をするかもしれないし、赤い文字は「危険」を示すかもしれない。同様にして、美術作品を考えた場合、作品という系の内部の要素はあらゆる部分において意味作用をしうるのであり、作品を作りだす方法が価値に全面的に関与するのである。

美的なものの徴候

以上のことに関連して、美術作品などの芸術作品の記号作用の特徴を示したものにグッドマンの「美的なものの五つの徴候」（グッドマン 2008: 130-131）がある。ここでそれを参照する。

第一に「構文論的稠密」がある。稠密性とは端的に、デジタル性に対するアナログ性であり、記号モデルは構文論的に稠密であるときアナログである。モノとしての絵画の構成要素を考えたとき、そこには「図学的空間」、「色彩学的空間」、「物質的空間」の三つの空間が仮定される。[10] これら三つの空間の組み合わせは、像物体としての物質的空間と一体化した像客体によって現象するものであり、構文論的に稠密である。

第二に「意味論的稠密」がある。ある点での差異によって互いに区別されたものに、それを表わす記号が提供される場合をいう。自然言語にみられる言語記号は、構文論的に稠密でないが、意味論的に稠密である。絵画は構文論的に稠密でありかつ、意味論的にも稠密である。よって、絵画は記号システムとしてもアナログである。[11]

第三に「相対的充満」がある。ある記号システムが相対的に充満しているとは、そのシステムの構成要素がもつ多くの側面が記号の同一性に関与的であるということを指す。充満の度合いは、図表と絵画の違いに関係する。例えば、北斎の単線で描いた山の素描は、形、線、太さ、その位置などあらゆる要素が意味をもつが、それと同じ形をした線がグラフとして扱われる場合、重要なのは底辺からの高さと水平方向の遷移のみとなる。

第四に「例示」がある。記号それ自体がある性質を所有し、その性質を示すことであり、絵画で言えば、ある絵画が灰色であるという場合、その絵画は灰色という記号に指示され、かつ灰色という記号を指示するものとなる。グッドマンによれば「表現」とは比喩的な例示であり、ある絵が悲しさを表現するといった場合、その絵は悲しさという記号に隠喩的に指示され、かつ悲しさという記号を指示するものである。

第五に、「多重で複合された指示」がある。ここまで見てきたように、視覚的記号は、記号のあらゆる側面が意味作用をもち、記号過程が複雑に構造化された記号である。

以上の五つがグッドマンによって述べられている美的記号の徴候である。ここまで、像理論や、記号論の基本的モデルについて考察してきたが、この五つの徴候は単なる像や記号から、芸術作品としての記号を弁別するためのしるしを提供しているものだ。もちろん、グッドマン自身これらを徴候であるとしているように、絶対の規準を与えるものとは考えていないが、ある記号に芸術としての記号作用がある場合に限り、それが芸術であると定義するグッドマンにとって、これらは芸術に本質的な要件でもある。

第3節　リアリズム絵画における知覚と思考

以上に、思考の範疇としての絵画という媒体を、主に記号論的な視点から考察してきた。ここから、それらを踏まえて、具体的にリアリズム絵画においてどのような知覚や思考がなされるのかを考察したい。

主体・モチーフ・画面

ここまで断りなく「リアリズム絵画」という用語を用いてきたが、ここで改めて「わたしにとっての」という ただし書きをつけてであるがこれを定義する必要があるだろう。わたしにとってのリアリズム絵画とは、構成要素として主体、モチーフ、画面をもつ一つのシステムであり、主体がモチーフおよび画面とのインタラクションを通して意味生成をする場としての絵画である。

この定義についてでは、さらに補足を必要とするだろう。なぜならば、これはリアリズム絵画というよりも、広く絵画一般を指す定義といいうるからである。さらに、定義中の用語についてもより検討する必要がある。

まず、この定義は、構成要素のすべてを記号とみなす汎記号主義の立場に立っている。汎記号主義とは、記号の解釈を記号システム内だけでとらえる立場であり、パースに代表されるものである。パースによれば、「人間が使っている言語や記号こそ人間自身」であり、「すべての思考は記号であるということが、生は一連の思考であるということと一緒になって、人間は記号であるということを証明する」という（パース 1986 第二巻 : 191）。このように考えることは、ある種の強引な形式化を施しているように思われるところはあるが、以降の考察にとって前提となり、記号システムという場からリアリズム絵画を考察する上で有効なためこの立場をとる。

それを踏まえると、主体およびモチーフを記号として位置づけることになる。ここで主体とは絵画制作を実行し、その過程でさまざまな知覚や思考をともなう存在であり、モチーフとは、記号としての実世界（外界）である。[12] 記号としての実世界とは、主体がその中に存在し、主体に知覚や思考を提供する場であり、かつ主体にとって認識された限りでの実世界を指す。つまりモチーフは主体の内部にある外界の表象である。モチーフとは絵画においては通常、絵画を描く際に参照する見本、例えば風景画に対する風景のようにとらえられるものであるが、そのように特定の事物に限定されるものではなく、あらゆる主体にとって認識されたものがモチーフであり、モチーフは主体の経験や習慣によって形成される。

　ここで言及しておかなければならないのは、ソシュールが恣意性の原理によって記号システムから排したのは「動機づけ」の概念であり、それは実世界と記号との「自然的」で「必然的」な結びつきという意味での「モチーフ」であるということである。確かに、シニフィアンとシニフィエの結びつきには必然性はないかもしれない。しかし、この概念を聴覚映像と概念という考え方から拡張して、絵画などの視覚的記号や知覚の領域で考えた時、どうしても動機づけがあるように感じられるということがある。

　視覚的記号の生産も恣意的だと先述したが、例えば絵画に限らず実世界を像物体と規定し、像客体が知覚されるとき、それらはどうしてもそのように「見えてしまう」のであり、そのつながりは必然的なものと感じられる。このことは言語記号においても起こるものであり、バンヴェニストはソシュールの恣意性概念を批判し、シニフィアンとシニフィエの結合は恣意的ではなく必然的であるとした（バンヴェニスト 2015: 55-62）。しかし、このバンヴェニストの見解は、先述したシニフィアンの投機によるシニフィアンの先行性によってシニフィエが生成するということとの必然性を述べているのであって、恣意性概念を批判していることにはならない。丸山もいうように、ラングすなわち記号システムとは、「恣意的動機づけの世界」（丸山 2012: 237）であるがゆえに徹底的に虚構の世界なのであり、モチーフとはそこに位置づけられなければならない。しかしこのモチーフは、虚構でありながらほかならぬその主体に生成の契機を依存する、「生まな（ママ）意味」（メルロ＝ポンティ 1966: 255）の層から汲み取られたものなのだ。

　画面とは、このモチーフに含まれるものであるが、その中でも特殊な位置づけにあるモチーフである。まず、それがある一定の形に区切られることによって、それ以外のモチーフと差異化され、それ自体が一つの系となる。このことを象徴的に示しているのが支持体による限定に加え、画面における額縁の役割であり、そのことによって画面は画面となる。

主体はモチーフおよび画面を虚構としてつくりだし、それをつくりだすことによって自らを自らとする。未だ未分化の不定形な星雲のような主体とモチーフは、外界を知覚しそれを内的世界に取り込むことによってしか生じえない。これは、記号系が外界の認識およびそれとのインタラクションをするということによって自らを構造化するということであり、これは人間においてはふつうコミュニケーションといわれる。先の定義をいいかえれば、それは外界とのコミュニケーションによって主体がモチーフおよび画面をつくりだし、自らも生成変容する運動のことということができる。

画面と時間

このようなインタラクションを考える際に問題となるのは記号システムにおける時間性である。ここで、言語記号の線状性の問題と視覚的記号の空間性の問題を考えてみよう。

このことは、ことばと絵画の関係性にも影響する問題である。バルトによれば、記号の体系というのは必ずことばと混じり合っている。何かが何を意味するかをはっきり意識しようとすれば、結局のところことばによる切り取り方に頼ることになる。このことは、「書くこと（エクリチュール）」の難しさへの強い自覚のあったバルトが常に意識していた事実である（バルト 1971）。聴覚映像としてのシニフィアンは時間的に一方向の線としてとらえられる。このことは、わたしたちの意識の現象にも影響していると考えられる。

時間は「今」のスナップショットが切れ目なく続くものとして物理学上で表現されることがある（中

島 2015：21-23）。この考えに則ると、その今を抜き差しして順序を変えてシミュレーションするような仮想実験も可能になるわけだが、この感覚は通常のわたしたちの時間意識とはずれている。わたしたちの時間意識は流れるように、持続しているように感じられ、その意味で線的であり、意識は逐次的に流れていく。

意識が逐次的であることは、画面に主体がはたらきかけているときも同じである。画面は空間的な存在であり、前述したように三つの空間的情報を構成要素として持つ稠密な存在である。このことは、画面が逐次的にではなく「一望」的に知覚されるという特徴をもたらす。一望性とは、ライプニッツが代数計算などの逐次的な記号操作に基づく認識のあり方に対して、「万象の瞬時の把握」として規定した直感的認識のあり方をいう（ブレーデカンプ 2010）。

わたしたちは見ることにおいて画面や実世界および諸々のモチーフを一望的に把握し、それを記号として認識するのだが、「描く」ときは、一挙にそれらを画面に表すことができない。先述した黒い点の例で示したように、描く行為は逐次的でありつつ、つねにその行為が系全体に作用する。一つ価値を与えればすべて動くのであり、それは流れの中でありながらつねに一望的でもある。そのため、絵画制作の主体は描きながら頻繁に画面から離れて画面を見、再び近寄って描くという行動に見られるような、全体─部分の往還を繰り返しながら画面を構造化していく。そのとき、主体はグッドマンのいうような意味で稠密な実世界を稠密なまま直感的に把握しながら、しかし同時に差異化、分節化し、それを稠密な形で再び投機することで差異化する[13]。

この描くことと、見ることの間のずれは、主体とモチーフの更新過程を示してもいる。まず、主体は知覚することによって外界からモチーフを得る。このモチーフは単なる網膜像などではない。そのつど新しい記号として主体の解釈を生むものであり、モチーフにはギブソンがアフォーダンスというところの価値も含まれている（ギブソン 1985）。加えてモチーフは、パノフスキーがいうような、イコノグラフィーおよびイコノロジー的な解釈によってえられる「象徴的価値」も含んでいる（パノフスキー 2002）。見ることによるモチーフ―主体間のインタラクションはモチーフの解釈を生み、主体は新たな記号を作りだす。主体はその解釈をもとに、描くことによってさらに新たな記号を画面に投機する。画面に主体が描くことによって画面が変容するということは、同時に主体のモチーフが変容し、主体が解釈することで変容するという画面―モチーフ―主体間の相互作用を生み、以下これらの循環が一つのシステムにおいて停止するまで実行される。

「わたし」の形成としてのリアリズム

ここで明らかになることは、描くことは、バルトのいうような書くことと同様に一定の制約下で記号を投機するということであり、主体はそのことによって事後的に自らを意味づけざるをえないということである。そのシステムにおいて、主体は画面を充満させていき、表現を含めた例示や複合された指示をそこに作りだしていくことになる。画面は主体がモチーフを分節し、意味世界という虚構のゲシュタルト、固有の価値である色価を構成した時そこに立ち現れてくる。

ところで、ここで生じた価値こそ主体にとって「リアル」なものではないだろうか。そしてそれは創出された固有の「質」[14]でもある。わたしはここまでリアリズム絵画というものを扱いながら、意図的にそれを再現描写や三次元の幻影性と結びつけることを避けてきた。グッドマンのいうように、再現的描写は記号の類似作用とは無関係な指示作用に回収されるものであり、絵画の「写実性」は大部分習慣の問題である（グッドマン 2017: 第一章）。わたしたちは、外界を無媒介に直接的に知覚したりそれについて思考したりすることはできない。つまり、「無垢な眼」で世界を見ることはできないのであって、「写実性」はその時代ごとのラングによって規定されてきた[15]。リアリズム絵画と描写の「写実性」の結びつきは恣意的なものである。主体による広義のモチーフの解釈と再生産こそが本質的なのであり、絵画はグッドマンのいう「世界制作」（グッドマン 2008）の一方法として、わたしたちのランガージュを構成している。「ミメーシス」とは、模倣というよりも、「現実の再制作」のことをいうのである。

先述したわたしにとってのリアリズム絵画の定義は、あらゆる絵画に適応可能であったが、それはすなわち、どのような絵画であってもリアリズム絵画といいうるということを示している。[16] ここで重要なことは、リアリズム絵画という「もの」への問いからリアリズム絵画という「こと」への問いへの転回である。グッドマンは「何が芸術なのか」という問いを「いつ芸術なのか」という問いへと変換し、「いつ」によって「何」を定義することこそ本質的な定義であるとした（グッドマン 2008：133）。それに倣って、「何がリアリズム絵画なのか」という問いを、「いつリアリズム絵画なのか」という観点から考察することによって、リアリズム絵画を「もの」としてではなく「こと」として捉える視点がもたらされる。

このことによって導かれるわたしの見解はこうである。すなわち、絵画によってわたしが「わたし」を形成するとき、リアリズム絵画は生じる。同時にここで生じたリアリズム絵画は、わたしから離れ、外界に投機されることで「リアリズム絵画」という体系自体もつくり変える。このような運動と、その痕跡によるわたしの立場からの「語り」が無言のパロールの言語学であり、本書の主題である「芸術的省察による研究」とは、自らを過程の座とした語りを、体系をつくり変えるただ中で語ることであるとわたしは考えている。その意味で、「芸術的省察による研究」とは芸術のリアリズムの語りでもあるのだ。

内と外のあいだ

最後に、なぜ「写実的」再現描写がリアリズム絵画と結びつけられることが多いのかということについて考察してみよう。「わたし」の形成にそれはどのように関与しているのだろうか。なぜ、それがリアリズム絵画の基本とみなされるのだろうか。

北澤憲昭は高橋由一や岸田劉生のリアリズム絵画に注目しながら、日本におけるリアリズムというシステムの導入と展開について考察したが、そこでリアリズムは、主体が外在する実在を客体として把握することで認識が成り立つという、主体―客体関係に基づく認識論的な意味をもつものと考えられている（北澤 1993: 69）。北澤によれば、日本における伝統的な、主客未分化であるアニミズム―プレアニミズム的な価値観と切り離されてはじめてリアリズムは成立したという。

この主客未分化性は大正生命主義とも呼応するものであり、内部も外部もない生気に充ちた全体性か、さもなくば独我論かという日本近代思想史における揺れの中から、近代的なモダニティを担う主体が徐々に姿をあらわしてくる。北澤は、由一の《豆腐》の制作過程を、「事物を見つめる画家の目」と「見つめられる事物」の間の緊張関係、すなわち「真剣に見つめることのなかから主体と客体が分離生成されてくるプロセス」としてとらえ、このような認識論上の転回は「サイエンスとしての絵画」につながるものでもあったという。

このような「テクノロジーとしての写実」に対して、生命主義の側からは「内部生命」の自覚なく技術にうつつを抜かすというような批判がなされたが、北澤によればこのリアリズムのシステムこそが主体の「内部」を育んだのだという。先述したように、画面を構造化することはすなわち主体を構造化することであり、「鮮明な像を得るのにカメラが闇を必要とするように、外部世界の鮮明な像を得るために人間は――単に瞳の奥の闇ばかりではなく――内面の闇を必要とするのである。」（北澤 1993: 76）

この「内面の闇」は、「リアリズムの不安な半身」として、眼に見えるものの中に「盲目的なもの」を住まわせることになる。そこで「客観性」を基にしたリアリズムはもはや解体され、主客は再び「混揉」する。画面とは「外なるものの内在」であり、「内なるものの外在」なのだ。再現的描写とは「〈現実的なもの〉のもつ〈想像的組成〉を再考すべく、機会を提供」（メルロ＝ポンティ 1966: 262）する場として、リアリズム絵画の基礎にあるのである。

おわりに

以上のようにリアリズム絵画における知覚と思考を考えることを通じて、リアリズム絵画とは何かということを考えてきた。ここで最後に、わたしの絵画制作について少し述べたい。

わたしは絵画制作を始めてから一貫してリアリズム絵画を主題として制作を行ってきた。その過程で、遠近法、明暗法、油彩技法などの「写実的」描写を成立させる技法の習得に専念することにもなった。それは西洋絵画のリアリズムのまなざしを、歴史的に追体験することでもあった。

「写実的」描写に関する絵画技法は、眼に見える世界への接近を志向するものであるが、無媒介に現実を再現できるものではない。遠近法が「シンボル形式」とみなされるというパノフスキーの理論（パノフスキー 2009）が示しているのは、主体の世界観が空間表現と関係するということであり、同様にして明暗法や油彩も、それが使用される過程に依存して多様な現れをするものである。今日リアリズム絵画は、再現描写と結びつきながら一方ではそこから解放され、未規定な地平に投げ出された状態で個々の制作者の視点から実践されている。

そのような現状にあって、わたしは西洋の伝統的なリアリズムにも、「事象そのものへ」という志向をもつ現象学的なリアリズムにもくみすることができず、フォトリアリズムの手法を導入したプラグマティックなリアリズム絵画を制作することから自身の制作を始めていった。わたしは写真を描き写すことに専念する過程で、各種絵画技法に自然と接近していった。

制作において、当初は描き写すこと自体が目的であり、そのことに没入して何の疑いも持つことはなかった。描き写していくと画面が「リアル」になっていくことが、単純に喜びであった。「実物を見るのは苦痛であっても、それらをきわめて正確に描いた絵などであれば、これを見るのをよろこぶ」（アリストテレス 1997: 28）というユートピアに留まり続けることは、リアリズムを行いながらある種の現実逃避をすることでもある。わたしはそのことを認識し疑問を抱きながらも、そこから決定的に変容することができないという葛藤のなか、現在もそこに留まっている。そこではパスカルのいう空しさと快楽とが分かちがたく結びついている。

再現的描写は美術において、もっとも素朴で大衆的で非前衛的なものである。このことは、「真理の幻影」（ソンタグ 1979: 9）を与える媒体に近いところに位置するということでもある。いうまでもなく、デジタルイメージは氾濫しており、小林によれば、それらは「一つの文法」として「見ることの倫理」をわれわれに与えている（小林 2014: 18）。今日モニターを見ながら絵を描く姿は珍しいものではなく、新たに描き始めるには物質的な要素のない絵画のほうがなじみ深いかもしれない。絵画は変容していく。

そのような時代の変遷に是非を問うことはできないが、リアリズム絵画というシステムが積極的な意味をもつとすれば、それは自らの立ち位置を明らかにし、そこから知覚や思考のレイヤーを積層していくことで、そこに「リアル」な価値を作りだそうとするまなざしによってであろう。そして制作者は、窓をもつモナドのように、まなざし返すその世界に開かれていく。

注

（1）　この考え方は、「知能とは何か」を問う認知科学分野、特に人工知能研究の分野と重なるものがある。理論が不確定な中で探究を行う学際的な領域ということで、「芸術的省察」的な思考と重なる部分が多い（三宅 2016）。人工知能の分野からも、「一人称研究のすすめ」ということが提唱されており（諏訪ほか 2015）、既存の方法論にとらわれない研究の在り方が模索されている。

（2）芸術体験の中動態的なあり方については（森田 2013）を参照。中動態の定義については、代表としてバンヴェニストの定義が挙げられる。「能動態においては、動詞は、主辞に発して主辞の外で行われる過程を示す。これとの対立によって定義されるべき態であるところの中動態では、動詞は、主辞がその過程の座であるような過程を示し、主辞の表すその主体は、この過程の内部にあるのである。」（バンヴェニスト 2015: 169）

（3）絵画的事象の固有性とは、次のように定式化されるものである。「色の付いた素材と支持体の物質性そのものがもたらす諸々の可能性だけを、特定のやり方で現勢化すること」（ランシエール 2010: 96）。グリーンバーグによれば、これは媒体の再帰的な自己–批判という、「カント的な」内在批判を絵画に適用した際の帰結である。この内在批判は「モダニズム」芸術の「純粋さ」志向と重なり、自己–批判は徹底的な自己–限定につながる。それゆえモダニズムの絵画は、支持体の不可避の平面性を強調し、幻影的な三次元性の一切を排除する方向へと向かった（グリーンバーグ 2005: 62-76）。

（4）本章では、片仮名の「モノ」という場合、美術作品を実世界に空間的に存在させている媒体という意味で用いる。本論文ではモノも一種の記号としてあつかう。また、イメージや概念などの心的な媒体も記号とみなす。

（5）以下では記号を「意味を担う媒体」としてとらえる。ここでソシュールとパースによる二つの基礎的な定義づけを参照しておく。ソシュールによれば記号とは、「シニフィアンとシニフィエの結合体」（ソシュール 2016: 102）である。パースによれば、「記号あるいは表意体とは、ある人にとって、ある観点もしくはある能力において何かの代わりをするもの」（パース 1986 第二巻 :2）である。

（6）視覚的記号のラングを考察するということは、美術教育においても主要な問題であろう。つまり、言語記号系とは異なるラングの学問体系としての存在意義が美術に見出されることになるからである。しかし、そのラングを静態的なものとしてのみとらえることは、誤った構造への理解を生むことになる。ラングとパロールは「ラングとパロールの弁証法」（バルト 1971: 101）の関係にある。それゆえ体系の状態はつねに偶然的な特徴をもち、言語は連続性と進化という両義的な性格をもつ。それは記号の創造性を支える構造であり、それは視覚的記号系にも同様である。美術史とは通時的な美術のラングの展開を示すものである。

（7）ここで注目するべきなのは、像客体の現われ方が、わたしがそれを見るという主体の能動的なはたらきによってではなく、そのように「見える」というあり方から立ち現れてくることである。像客体ということば自体、主体と客体という対立構造の前提を感じさせるが、ここで像の知覚は、意識的に生じるのではなく、自然発生的に生じてくるのである。しかし、それはまったく受動的に立ち現れるのでもない。なぜならば、絵がわたしたちに能動的にはたらきかけてわたしたちを知覚させるということはないのであって、絵とは見る者のまなざしによって絵になるのだからである。フィンクはそのような像客体の現われを考察するためには「中動的作用」に目を向ける必要があると述べているが（金田 1984: 30）、絵画を含めた画像に顕著な、視覚的記号系のこうした性格は、理性による思考以前の、前人格的な知覚の領域に常にわたしたちを引き戻す作用をもっている。

(8)　エーコは、記号論とは「嘘についての理論」であるという。「記号論は、記号としてとらえられうるすべてのものを対象とする。すべて他の何かに対して有意義な形で代用をつとめていると解し得るものは記号である。ここでいう他の何かは別に存在している必要もないし、記号がそれの代用をつとめる時点において、現にどこかに存在していなければならないということもない。したがって、記号論とは原則的にいえば、嘘を言うために利用しうるあらゆるものを研究する学問である。」（エーコ 2013 I: 26）それによればリアリズムとは「真実としての嘘」ないし「嘘としての真実」ということかもしれない。

(9)　投機とは一般に経済学用語として市場の変動を予想してその差益を得るための売買行為として定義されるものだが、ここでは記号論上の用法として、「将来確定するであろう内容を指示するものとして指示子を事前に系に導入すること」（田中 2017 参照）を指す。これは、ハイデッガーが「投企」というところのものと、同じではないが近い概念である。ハイデッガーのいう投企とは、われわれが各自それであるところの存在者としての「現存在」が、自らの存在可能性を自身に先行して可能性として存在させることであり、そのことによって現存在は自身の世界における可能性を「了解」する。つまり、自身が確定される前の未来へとわたしたちが常に投げ出されているがゆえに、わたしたちはいわばそれぞれ事後的に「わたし」になるということであろう（ハイデッガー 1994 上：309-321）。同様にして、記号は未確定な状態で投げ出されて、後に記号自身となる。

(10)　画面を座標系ととらえたときの位置が「図学的空間」である。ここには、仮想的三次元空間も含まれ、数学的遠近法はここに含まれる。三刺激値やカラーオーダーシステムで表されるのが「色彩学的空間」である。あらゆる色は色相、飽和度、明るさの三次元をもつ。色に関係した技法が明暗法であり、明暗法は明度を基本として、色の空間的変化による画面構成として定義される。画面を構成する支持体および色材が実世界上に占める量を定義するのが「物質的空間」である。

(11)　もちろん、今日デジタルツールを用いた絵画は一般的なものとなりつつある。そこで喪失しているアウラや、記号論的なデジタル絵画についての考察は今後の課題である。

(12)　ここで主体にとって「他者」は外界として広義に解釈する。汎記号主義は他者・外界の存在を否定するものではない。

(13)　これは、描くときだけでなく見るときにも同様なことが起こる。このことを如実に示してくれるのは池田学の作品である。《誕生》において池田は、細密なペンの線の集積によって三メートル×四メートルの大画面を構築した（池田 2017）。それを鑑賞するわたしたちは、まず全体を見て圧倒されるのだが、そこから近づいて見てみると次はその細部のさまざまな世界が立ち現れてくる。そして、また下がって全体をみる……というように鑑賞者も全体と部分を往還しながら鑑賞し、モチーフと主体を変容させる。わたしにとってこの鑑賞体験は、絵画を通じて「自然」を見る際の体験を思い起こさせる。「自然」はそれ自体一つの全体に違いないが、そのどの部分を見ていってもどこまでも稠密で、それはその都度新しい。

(14)　この「質」は芸術作品の「真理性」のようなものといえるかもしれない。それはハイデッガーが『芸術作品の根源』で述べているような、「物的なもの」を「それ自体の内に立て」つつ「一つの世界を開示する」ところのものである（ハイデッガー 2008）。

(15)　この問題について、遠近法に関しては（パノフスキー 2009、辻 1995）を、光学機器に関しては（クレーリー 2005、ホックニー 2010、Kemp 1990）を、絵画技法・材料に関しては（デルナー 1980、佐藤 2014）をそれぞれ参照。

(16)　もちろん、際限ない世界の増殖によって「何でもあり」ということになるのが無条件に肯定されるわけではない。グッドマンが世界制作について「適合の正しさ」という基準を求めたのもそれゆえである（グッドマン 2008：240）。すべての絵画がリアリズムといいうるということは、その絵画の良否を決定することではない。同様に、「芸術的省察による研究」において、それが従来の研究手法自体を問い直すようなものであるとしても、そこには一定の「正しさ」が求められるのである。この正しさを有した価値を生成するために、わたしたちは制作を続けるのである。

参考文献

赤木里香子（1990）「絵画とその知覚に関する諸理論」『美術教育学――美術科教育学会誌』第一一号、二一一―二三〇頁。

アルベルティ・L・B（2011）『絵画論』（三輪福松訳）中央公論美術出版。

アリストテレス（1997）『アリストテレス詩学・ホラーティウス詩論』（松本仁助・岡道男訳）岩波書店。

バルト・R（1971）『零度のエクリチュール』（渡辺淳・沢村昂一訳）みすず書房。

バルト・R（1985）『明るい部屋――写真についての覚書』（花輪光訳）みすず書房。

ボードリヤール・J（1984）『シミュラークルとシミュレーション』（竹原あき子訳）法政大学出版局。

ベンヤミン・W（2000）「複製技術時代の芸術作品」（野村修訳）、多木浩二『ベンヤミン〈複製技術時代の芸術作品〉精読』岩波書店。

バンヴェニスト・É（2015）『一般言語学の諸問題』（岸本通夫監訳、河村正夫ほか訳）みすず書房。

ベルクソン・H（2015）『物質と記憶』（熊野純彦訳）岩波書店。

ブレーデカンプ・H（2010）『モナドの窓――ライプニッツの〈自然と人工の劇場〉』（原研二訳）産業図書。

カッシーラー・E（1989）『シンボル形式の哲学』（木田元・村岡晋一訳）岩波書店。

クレーリー・J（2005）『観察者の系譜――視覚空間の変容とモダニティ』（遠藤知巳訳）以文社。

デルナー・M（1980）『絵画技法体系』（佐藤一郎訳）美術出版社。

エーコ・U（2013）『記号論　I・II』（池上嘉彦訳）講談社。

フーコー・M（1974）『言葉と物』（渡辺一民・佐々木明訳）新潮社。

フライ・B、リース・C（2015）『Processing ――ビジュアルデザイナーとアーティストのためのプログラミング入門』（中西泰人監訳、安藤幸央ほか訳）ビー・エヌ・エヌ新社。

源河亨（2017）『知覚と判断の境界線――〈知覚の哲学〉基本と応用』慶應義塾大学出版会。

ギブソン・J（1985）『生態学的視覚論――ヒトの知覚世界を探る』（古崎敬ほか訳）サイエンス社。

ギブソン・J（2011）『視覚ワールドの知覚』（東山篤規ほか訳）新曜社。

ゴンブリッチ・E・H（1979）『芸術と幻影』（瀬戸慶久訳）岩崎美術社。

グッドマン・N（2008）『世界制作の方法』（菅野盾樹訳）筑摩書房。

グッドマン・N（2017）『芸術の言語』（戸澤義夫・松永伸司訳）慶應義塾大学出版会。

グリーンバーグ・C（2005）『グリーンバーグ批評選集』（藤枝晃雄訳）勁草書房。

グロイス・B（2017）『アート・パワー』（石田圭子ほか訳）現代企画室。

ガーニー・J（2011）『空想リアリズム――架空世界を描く方法』（平谷早苗編集、株式会社　B・スプラウト訳）ボーンデジタル。

ハイデッガー・M（1994）『存在と時間　上・下』（細谷貞雄訳）筑摩書房。

ハイデッガー・M（2008）『芸術作品の根源』（関口浩訳）平凡社。

土方明司・江尻潔・木本文平（2017）『リアルのゆくえ――高橋由一、岸田劉生、そして現代につなぐもの』生活の友社。

ホックニー・D（2010）『秘密の知識――巨匠も用いた知られざる技術の解明』（木下哲夫訳）清幻舎。

池田学（2017）『池田学《誕生》が誕生するまで』青幻舎。

ジェイコブズ・T・S（1991）『デッサンの眼とことば』（田辺晴美訳）エルテ出版。

金田晉（1984）『絵画美の構造』勁草書房。

加藤茂・谷川渥・持田公子・中川邦彦（1983）『芸術の記号論』勁草書房。

川本茂雄・田島節夫・坂本百大・川野洋・磯谷孝（1982）『記号としての芸術』勁草書房。

Kemp, M. (1990) *The Science of Art*, Yale University Press.

木村敏（1982）『時間と自己』中央公論社。

北澤憲昭（1993）『岸田劉生と大正アヴァンギャルド』岩波書店。

クレー・P（2016）『造形思考　上』（土方定一ほか訳）筑摩書房。

小林剛（2014）『アメリカン・リアリズムの系譜――トマス・エイキンズからハイパーリアリズムまで』関西大学出版部。

小松佳代子（2017）「芸術体験と臨床教育学」矢野智司・西平直編著『臨床教育学』協同出版。

ランガー・S／K（1960）『シンボルの哲学』（矢野萬里ほか訳）岩波書店。

丸山圭三郎（1981）『ソシュールの思想』岩波書店。

丸山圭三郎（2012）『ソシュールを読む』講談社。

メルロ＝ポンティ・M（1966）『眼と精神』（滝浦静雄・木田元訳）みすず書房。

メルロ＝ポンティ・M（1974）『知覚の現象学 一・二』（竹内芳郎・小木貞孝訳）みすず書房。

三木清（2008）「創造する構想力」『京都哲学撰書 第一八巻』燈影社。

三宅陽一郎（2016）『人工知能のための哲学塾』ビー・エヌ・エヌ新社。

森田亜紀（2013）『芸術の中動態――受容／制作の基層』萌書房。

村田純一（1995）『知覚と生活世界』東京大学出版会。

中島秀之（2015）『知能の物語』公立はこだて未来大学出版会。

日本色彩学会（2011）『新編　日本色彩科学ハンドブック　第三版』東京大学出版会。

小熊正久・清塚邦彦編（2015）『画像と知覚の哲学――現象学と分析哲学からの接近』東信堂。

岡田温司（2010）『半透明の美学』岩波書店。

パノフスキー・P（2002）『イコノロジー研究　上』（浅野徹ほか訳）筑摩書房。

パノフスキー・E（2009）『〈象徴形式〉としての遠近法』（木田元ほか訳）筑摩書房。

パスカル・B（1973）『パンセ』（前田陽一・由木康訳）中央公論新社。

パース・C・S（1985-1986）『パース著作集 一-三』（米盛裕二ほか編訳）勁草書房。

ランシエール・J（2010）『イメージの運命』（堀潤之訳）平凡社。

リヒター・G（2005）『写真論／絵画論』（清水穣訳）淡交社。

リーグル・A（1970）『美術様式論』（長広敏雄訳）岩崎美術社。

佐々木正人（2015）『新版アフォーダンス』岩波書店。

佐藤一郎（1982）「感覚の再現としての透層」『季刊みづゑ』九八二号、四八―五一頁。

佐藤一郎（2014）『絵画制作入門――描く人のための理論と実践』東京藝術大学出版会。

ソシュール・F（2016）『一般言語学講義』（町田健訳）研究舎。

ソンタグ・S（1979）『写真論』（近藤耕人訳）晶文社。

菅野盾樹（1999）『恣意性の神話』勁草書房。

諏訪正樹・堀浩一編（2015）『一人称研究のすすめ――知能研究の新しい潮流』近代科学社。

高木幹夫・下田陽久監修（2004）『新編画像解析ハンドブック』東京大学出版会。

田中久美子（2017）『記号と再帰　新装版――記号論の形式・プログラムの必然』東京大学出版会。

東京藝術大学美術教育研究室編（2011）『美術と教育のあいだ』東京藝術大学出版会。

辻茂（1995）『遠近法の誕生――ルネサンスの芸術家と科学』朝日新聞社。

ヴルフ・C（2009）「イメージ・まなざし・イマジネーション」（今井康雄訳）東京大学大学院教育学研究室『研究室紀要』第三五号、一一三―一二三頁。

米盛裕二（1981）『パースの記号学』勁草書房。

橋本大輔「観測所」

第五章　「まれびと」的視点と芸術的省察

三好　風太

寒梅や宿かす家も春の内

この俳句は、幕末から明治にかけて活動した俳人の井上井月（せいげつ）によるものだ。この句には、共同体や社会に対する表現者の、向き合い方や距離感が象徴的に表されているように思う。それは一体どういうことなのか。本文を通して、徐々に明らかにできればと思う。

わたしはアーティストとして、主に画廊やギャラリーで作品を発表している。学生時代は日本画を専攻していたことから、一応専門は絵画ということになるのだろうが、最近は立体作品制作など、ジャンルを選ばず活動している。というよりも、ありとあらゆる表現手法が試されている昨今のアートワールドにおいて、そのようなジャンル分けに果たしてどれほどの意味があるのか疑わしい。

しかし、こと日本の美術界においては、絵画や彫刻、あるいは絵画ならさらに油画や日本画といったように、時代錯誤ともいえる区分が未だに一定以上の支持を得て存続している。そしてそれぞれの区分に属する者たちの間で、「美術」あるいは「アート」といった用語が、これといったコンセンサスもないまま使われているのだ。

一つの概念に対してそこまで認識の差異が存在しているなら、論争の一つでも生まれそうなものだが、決してそのようなことは起こらない。むしろ自分たちのそれとは異なる概念規定をほとんど無視するか、認知の対象外とすることで、様々な集団が各々の都合の良いように「美術」や「アート」といった用語を用いているのだ。

そしてそのような状況は、美術教育においても当てはまる。この国では、第一章で示されたように、「美術教育」という概念のコンセンサスが得られないまま、言葉だけが独り歩きしているような状況がある。小松が提示した、本書の主たるテーマの一つである「芸術的省察」という概念は、こうした状況に一石を投じるものとなるのではないかと思う。

「芸術的省察」における重要な要素である「質的知性」は、「複雑なものを複雑なままにその全体性を理解するような知性」であるという。このような知性のあり方には、物事から一定の距離を置き、鳥瞰的に観測するような視点が不可欠であるとわたしは考える。そしてそのような視点は美術家や芸術家といった表現者が本来備えていたものであるように思われる。わたしはここで、そうした鳥瞰的な視点、あるいはメタ的な世界認識の方法を、表現者がどのように獲得するに至ったかについて考えてみたい。わたしには、表現者はこうした視点を獲得したというよりむしろ、その社会的な立場からそうした視点に立たざるをえなかったのではないかと思えるのだ。

これから、わたしたち表現者を取り巻く社会状況や歴史を、共同体とその外部の関係に着目して考察し、表現者が鳥瞰的な視点を備えるに至った経緯と、さらにそれらと「芸術的省察」における「質的知性」の関係性について見ていきたい。

第1節　視野狭窄

美術家や芸術家、あるいはアーティストといった語が、それぞれどの範囲までを指した語であるかについては、様々な議論がある。ここではそういった煩わしい議論に巻き込まれることを回避するために、それらを包括する概念として「表現者」という言葉を用いたい。わたし自身が画家であるか造形作家であるかは鑑賞者によって意見の分かれるところだろうが、少なくとも一人の「表現者」であるのは確かなはずだ。そしてこの「表現者」には視覚芸術に携わる者のみならず、文学者や音楽家、さらには芸能に携わる者も含まれるとわたしは考えるが、そのことの意味については後ほど言及する。

表現者であるわたしが活動する美術の領域において、所属する団体や信奉する理念によって、「美術」という概念一つとっても様々な分断が生じている。しかしこうした分断は、美術界のみならず、広く現代の社会一般において見出せるものではないだろうか。

近代という一つの大きな価値が解体され、あらゆる価値が相対化されてしまった昨今においては、そうした分断は避けられないものなのかもしれない。社会学者の土井隆義が示した「スクールカースト」に関する言説は、そうした分断の好例であるように思われる。土井によれば現代の子どもたちの人間関係には、「スクールカースト」という語が連想させるような、上位の者が下位の者を抑圧するといった構図は存在しないという。むしろそこに見られるのは、他のカーストに所属する者とのコミュニケーションの断絶なのだ。土井は、「そもそも現代は、ものごとの価値に絶対的な序列性がなくなった時代です。『上から目線』を嫌悪し、できれば人間関係からも序列性を排除したいのが本音でしょう。だから、どうしても上下関係になりそうな人間は、異なるカーストとして最初から圏外化してしまい、認知の対象とすらしないのです。」と述べる（土井 2009：9）。ここで示されているように、自身の所属する価値共同体に閉じこもり、その外側を認知の対象外とするような、いわば「視野狭窄」的とでも呼ぶべき生のあり方が、今社会の様々な場所で頻出しているように思われる。

こうした現象の要因としては、近代的な価値の序列性の解体ということの他に、情報化社会の進展が挙げられるだろう。M・マクルーハンによれば、「電気化」、つまり情報化社会への移行に伴い、情報システム以前の全ての技術がもたらしてきた拡張的な傾向が、短縮的な方向へ転換してしまうのだという。このことをわたしたちの世界認識の範囲に適用したとき、その「視野狭窄的」な傾向と情報化社会の因果関係が浮かび上がる。

高度に発達した情報システムは、世界中のあらゆる情報への、ほぼ無限のアクセス可能性をもたらしたが、同時にそのことはわたしたちにとって大きな負担ともなりうる。このような状況に適応しようとしたとき、わたしたちは自身の世界認識の範囲を敢えて限定的なものに規定する欲求に駆られる。そのようにして生起する世界認識の範囲の短縮、その極端に進行したかたちが現代のわたしたちの「視野狭窄」的な生のあり方かもしれない。

二〇一六年のイギリスのEU離脱やアメリカ大統領選において明るみとなった一連のフェイクニュース問題や、SNSによる「エコーチェンバー現象」は、情報化社会における「視野狭窄」の典型といえるだろう。ここでも、自分の属する価値共同体にとって心地良い情報のみを受け取り、それにそぐわないものはたとえ真実であっても認知の対象外とするような態度が浮き彫りとなっている。現代社会は、「視野狭窄」によって閉じられた「たこつぼ」的な閉じられた共同体が、無数に拡がっている世界ととらえられるかもしれない。

このような「視野狭窄」的な生のあり方は、民主主義や市民社会といった近代的な価値に危機をもたらしている。しかし、逆にこうも考えられる。すなわち、こうした近代的な価値がもたらされる以前の人々においては、むしろ「視野狭窄」的な生き方が一般的だったのではないかということだ。特に近代的な価値を内発的に築き上げたというよりも、欧米から輸入したという側面が強いこの国においてはなおさらである。柳田國男の『遠野物語』は、そうした一連の近代的な価値がもたらされる以前のこの国の共同体の姿を知る上で実に示唆に富んでいる。

一九一〇年（明治四三年）に著された同書は、河童や天狗、ザシキワラシといった妖怪や怪異に関する民俗を多く収録した資料として知られている。これらの妖怪・怪異の中で、わたしが特に注目したいのが「山人」あるいは「山男」・「山女」といった存在である。

「遠野郷より海岸の田ノ浜、吉里吉里など越ゆるには、昔より笛吹峠と云ふ山路あり。山口村より六角牛の方へ入り路のりも近かりしど、近年此峠を越ゆる者、山中にて必ず山男山女に出逢ふより、誰も皆怖ろしがりて次第に往来も稀になりしかば、終に別の路を境木峠と云ふ方に開き、和山を馬次場として今は此方ばかりを越ゆるやうになれり。二里以上の迂路なり。」（柳田　1972：68-69）

これは『遠野物語』第五話からの引用だが、ここから当時の遠野の人々が「山男」・「山女」という怪異の存在を信じ、畏怖していたことがうかがえる。『遠野物語』の中でこうした「山人」について言及したものは二四話あるが、そのうち三分の一以上が「山人」との遭遇によって命を落としたり、攫われて神隠しに遭うといったネガティブな内容のものである。ではこの「山人」の正体は一体何なのか。同書の第六・七話には、神隠しに遭った娘が実は山の中で生きていて、「山人」との間に子をもうけていた、という逸話が紹介されているが、子どもをもうけることができるということは、人間からそこまでかけ離れた存在ではないとも考えられる。柳田自身はある時期までこの「山人」を日本の先住民の末裔と考えていた節があるが、そのことについてはここでは深追い

しない。(1)

吉本隆明は、「この種の山人譚で重要なことは、村落共同体から離れたものは、恐ろしい目にあい、きっと不幸になるという〈恐怖の共同性〉が象徴されていることである。村落共同体から〈出離〉することへの禁制（タブー）がこの種の山人譚の根にひそむ〈恐怖の共同性〉である。」と述べている（吉本 1968: 50）。ここで吉本が示しているように、当時の遠野の人々は自分たちの共同体に隣接した山を異界と認識し、そこに住まう人々を怪異と見なし、彼らとの接触をタブー視していたのだ。そこには、「視野狭窄」的な生のあり方があらわれてはいないだろうか。

柳田は『遠野物語』の冒頭で、「此は是目前の出来事なり。（中略）要するに此書は現在の事実なり。」と述べたが（柳田 1972: 56-57）、これは妖怪や怪異が実在するという意味ではなく、そのような民俗を事実であると信じている人々が、明治維新後四〇年を経た段階においても一定以上存在する、そのことが事実であるというニュアンスだろう。当時国家官僚としてこの国の近代化を推し進める立場にあった柳田は、民俗に縛られた人々の実情を憂いて同書を執筆したという側面があったようだ（室井 2008: 110）。これらのことからも、近代的な価値がもたらされる以前のこの国の共同体の実情をうかがうための資料として、同書はうってつけと言えるだろう。

では、こうした民俗に縛られ閉じられた共同体で生活する人々が、外部からの影響を完全にシャットアウトしていたかというと、必ずしもそうではないようだ。

『遠野物語』に収録された怪異譚の中に、「神隠し」がある。柳田は「神隠し」の正体の一つとして、配偶者を求めて里の子どもを誘拐した「山人」を考えていた。「神隠し」に遭った子どもの多くは二度と帰ることがなかったが、中には帰還して、異界での出来事について断片的ではあるが語り出す者も居たという。

「運強くして神隠しから戻つて来た児童は、暫くは気抜けの体で、大抵は先ずぐつすりと寝てしまう。それから起きて食ひ物を求める。何を問うても返事が鈍く知らぬ覚えないと答へる者が多い。それを又意味あり気に解釈して、たわいもない切れ切れの語から、神秘世界の消息を得ようとするのが、久しい間の我民族の慣習であつた。」（柳田 1963：82）

ここで興味深いのが、聞き手の側が子どもが体験した異界の情報を積極的に求めているように見受けられることだ。柳田はこうした子どもたちの体験談のほとんどが所詮は作り話に過ぎないと断じる。にもかかわらず、閉じられた共同体に生きる人々にとっては、彼らの話す物語には特別な意味があった。柳田によれば、昔から民間伝承においては、「神隠し」から帰還した子どもたちの体験談が、異界や霊界に関する知見を進化させるものとなってきたというのだ（柳田 1963：97）。

そう考えると、先に見た聞き手の態度にも合点がいく。閉じられた共同体に生きる人々は、共同体の外部を異界とみなし畏怖しつつも、それと同時にその異界の情報を希求してもいたのだ。そしてこのようなアンビバレントな欲望に対して子どもたちは、それこそ「空気を読む」ようにして、嘘か真かも知れない体験談を紡ぎ出していたのではないだろうか。

このようにかつてのこの国の閉じられた共同体は、外部・あるいは異界から少なからぬ影響を受けていたようだ。こうした共同体と異界の関係を考えるうえで、欠かすことのできないのが折口信夫の「まれびと」論だ。この「まれびと」論について、次節で詳しくみていきたい。実はこの「まれびと」について考えるということは、この国の表現者の起源について考えることでもあるのだ。

第2節　まれびと

折口信夫は日本を代表する民俗学者・国文学者であり、柳田とは学問上の師弟関係にあった。そんな折口の学問を特徴づける重要なテーマの一つが「まれびと」だが、これはいかなるものなのか。折口の論文『国文学の発生（第三稿）』によれば、「まれと言ふ語の遡れる限りの古い意義に於いて、最小の度数の出現又は訪問を示すものであつた事は言はれる。ひとと言ふ語も、人間の意味に固定する前は、神及び継承者の義があつたらしい。其側から見れば、まれひとは来訪する神と言ふことになる」（折口 1975: 138）という。ここから読み解ける「まれびと」の最大の特徴は、「来訪する神」であるということだ。では何のために来訪するのか。折口は続けて、「第一義に於いては古代の村々に、海のあなたから時あつて来り臨んで、其村人どもの生活を幸福にして還る霊物を意味して居た。」（折口 1975: 138）と述べる。折口は、古代の日本において、村落共同体の外部から訪れ人々に祝福や教訓を述べる、神とも人ともつかない存在が「まれびと」であり、この「まれびと」がこの国の信仰、ひいては文学や芸能の基底にある、と考えていた。

ではこの「まれびと」が来訪する大元の「外部」とは一体何なのか。折口はそれを「常世」という異界として設定していた。この「常世」にはいくつかの側面がある。一つは、まだ日本列島に私たちの祖先がたどり着く以前に住んでいた土地に対する憧憬の念から生まれた理想郷で、折口は「妣が国」とも呼んでいた。もう一つは、人々が死んだ後に霊魂として帰り、祖先の霊と一体となる場所だ[(2)]。さらに、「常世」は「常夜」でもあり、闇に包まれた亡者の住まう恐ろしい国として、人々に畏怖される場所でもあった。

このように多義的なニュアンスを持つ「常世」に対応して、そこから来訪する「まれびと」もまた一筋縄ではいかない、村人を祝福すると同時に誹謗し、脅かすこともある重層的な存在であると折口は考えていた。そのことに対応してか、「まれびと」の実例と考えられる八重山諸島の「アンガマ」や東北地方の「ナマハゲ」などは、いずれも蓑や仮面などで仮装しており、不気味で恐ろしげな異形の姿である。

「まれびと」は共同体内部の価値観では規定不可能な、「異物」としての性格を備えていた。そして人々はそのような存在を、期待と畏れという二つの感情をいだきながら迎えたのだった。なぜなら、共同体を維持するうえで、そういった「異物」の影響を甘受することの必要性を、人々が認めていたからであろう。「まれびと」の来訪に伴う祭において、そこに訪れる「まれびと」は実際には村人が演じているに過ぎないのだが、折口によれば来訪の瞬間は、迎える者も演じる者自身も、それが神であると信じているのだという（折口 1975: 146）。

「まれびと」の来訪は最初のうちは文字通り「まれ」であり、不定期のものであったのが、やがて定期的になり、いつしか村の年中行事に組み込まれるようになった。そうした過程で、村の祭において「まれびと」を演じる者も、専門の神職として固定されるようになった。外的な存在であった「まれびと」が、共同体内部に包摂されたのだ。そして折口によれば、こうした神職の者が神を演じる際に、発話する「かみごと（神言）」が「叙事詩」の、そしてその身振りが「舞踏」の、それぞれの始まりであるという。つまり折口は「まれびと」に関するこれらの事象の中に、この国の初期の文学と、「能」や「狂言」といった芸能の起源を見ていたのだ。これらの要素も、折口の「まれびと」論において重要な部分を占めている。

もっとも、共同体内部に包摂された段階で、「まれびと」の「まれびと」たる所以であるその外部性、あるいは「異物」性は、薄れざるを得ないように思える。では、彼らはその後どのような顚末を辿ったのか。折口は以下のように述べる。

「近世に於ては、春・冬の交替に当つておとづれる者を、神だと知らなくなつて了うた。或地方では一種の妖怪と感じ、又或地方では祝言を唱へる人間としか考へなくなつた。其にも二通りあつて、一つは、若い衆でなければ、子ども仲間の年中行事の一部と見た。他は、専門の祝言職に任せると言ふ形をとるに到つた。さうして、祝言職の固定して、神人として最下級に位する様に考へられてから、乞食者なる階級を生じることとなつた。」（折口 1975: 114）

折口が「乞食者」という語を使うとき、それはただの浮浪民ではなく、「芸能に携わる漂泊民」というニュアンスが込められている。この「乞食者」、折口の別のテキストでは「漂白伶人」或いは「落伍した神人」と表現される者たちは、この国の芸能・芸術の起源を考察する上でも実に興味深い存在だ。実際、折口は「芸術」という語を用いてこの存在を論じている。

「落伍した神人は、呪術・祝言其他の方便で、口を養ふ事は出来る。かうして、家職としての存在の価値を認めない、よその邑・国を流浪してゆくとなると、神に対しての叙事詩といふ敬虔な念は失はれて、興味を惹く事ばかりを考へる。神事としての堕落は、同時に、芸術としての解放のはじめである。」（折口 1975: 135）

ここで言及されている「芸術」とは、今日わたしたちが用いるような文脈におけるそれとは異なる概念であろう。実際、表現分野における折口の主たる関心は芸能と文学にあり、別のテキストでその旨について言及している(3)。

しかしわたしは、折口が用いたこの「芸術」という言葉を、あえて現代的な意味に「誤読」してみたい。そうすることで、表現者と社会との、古代から現代まで連綿と継承されてきた普遍的な関係性が見えてくると考えるからだ。アーティストも文学者も、芸能に携わる者も皆等しく表現者であり、その表現者が為したものが「芸術」だと考えれば、上記のような「誤読」も全く見当違いではないように思える。わたしが本論の冒頭であえて「表現者」という広範な概念を設定したのは、このような「誤読」を成立させるための操作である。とにかく、この国の表現者の一つの起源として、零落した神人＝「まれびと」があったということは重要な点である。

折口の描写した「まれびと」は、初めは異界から訪れる神人であり、それが専門の神職となり、やがて放逐されて漂泊の芸能者となった。そして折口はその全てを「まれびと」という一つの概念の下に扱った。このことが彼の論を複雑で難解なものとしている(4)。

嚙み砕いて考えれば、「まれびと」とは共同体から包摂されることと放逐されることを繰り返す主体だと言うことができる。共同体の内部でも外部でもなく、むしろその接面に存在する者と言ってもよいかもしれない。常に流動的な立場に置かれる不安定な存在だが、それ故に共同体の内部に留まる者とは別の視点や価値基準で物事を判断し、共同体に影響を及ぼすことができる。

このような構図は、表現者と社会の関係にも当てはまる。表現者の創るもの、例えば美術作品は、社会における絶対的な価値を備えていない。それが必要とされるか否かは、その時々の社会状況や価値観の移り変わりに左右されるが、それは生みの親たる表現者とて同様である。また表現者の社会的な立場はその時々の権力に依存しており、権力が掲げた目標のために時として動員される。それは宗教施設や宮殿の建設であったり、現代においてはオリンピックのような国家プロジェクトであったりする。そして事が済めば用済みとなり再び放逐されるのだ。「まれびと」も表現者も、社会の中で定位置を持てない弱い存在である。

またそのような存在は、ジンメルが「よそ者」論において示したのと近い存在かもしれない。ジンメルは「よそ者」を「今日来て明日去っていく人という意味ではない。むしろ今日来て明日とどまる人――いわば潜在的放浪者という意味だ」と規定する（ジンメル 1999：248）。共同体内部にいちおうは留まりつつ、いつその位置から動くかも知れないという潜在的な可動性を保持した存在であるこの「よそ者」は、常に内と外のあわいを漂い続ける「まれびと」と極めてよく似た概念といえるだろう。ジンメルは「よそ者」の具体例として行商人やヨーロッパのユダヤ人を挙げている。

ジンメルによれば、こうした「よそ者」が共同体において示す特別な態度は「客観性」であるという。「よそ者」は血縁や地縁といった利害に拘束されないから、共同体の内部に居ながら他の成員とは異なる「客観性」を保持できるのだ。そしてジンメルはこの「客観性」について、「客観性は、また自由と言い換えることができる。客観的な人間は、与えられた事象をどのように受け入れ、理解し、吟味すべきかを彼に先立って決定しているようないかなる固定観念にも拘束されない。この自由によって、よそ者は身近な関係をあたかも鳥瞰的に体験し、扱うことができる。」（ジンメル 1999：253）と述べる。

ここで言及されている「鳥瞰的」な視点こそ、「よそ者」や「まれびと」、そして「表現者」が、社会の内部に居ながらその外側を観測し、全体像をとらえるうえでの、最も重要な力となるものである。この鳥瞰的な視点によって可能となること、それは閉じられた共同体の内部の人々が、そこにある特定の価値が絶対的なものであると信じる「視野狭窄」の梯子を外すことだ。「よそ者」や「まれびと」は、「今ここ」でない「どこか」を知っている。それ故に、共同体内で絶対的だと考えられている価値が、実は他の共同体内部でも見られる一般的なものであることとか、その価値を支えているのは絶対性などではなく、場合によっては他のものでも入れ替え可能な単なる偶然性によるものにすぎないといったことを、表現することができるのだ(5)。

では、「よそ者」と「まれびと」で異なっている点があるとすれば何だろうか。わたしはそれを、共同体から離れる際の能動性の有無ではないかと考える。「よそ者」は共同体において、仮に居心地が悪くなった場合、そこを出て行くという選択肢を常に持っている存在として語られる。その意味で、共同体に留まるか否かの決定権は「よそ者」自身が保持しているように見えるし、能動的である。一方「まれびと」は、共同体の都合により包摂され、そして共同体の都合により放逐される存在であった。つまり「まれびと」が共同体に留まるか否かの決定権は共同体が握っており、その意味においては「まれびと」はどこまでも受動的な存在である。仮に共同体に留まることを望んでも、時にそれを拒否され、放浪を余儀なくされる「まれびと」の悲哀は、ジンメルの「よそ者」からは感じられない(6)。

いずれにせよ、「まれびと」も「よそ者」も、共同体や社会の他の成員とは異なる視点・価値観を備えた、ある種の「異物」であるという点は共通しているだろう。

このような社会における「異物」を扱った作品として私が思い起こすのは、一九八二年のアメリカ映画「ランボー」（原題：First Blood）である。シルヴェスター・スタローン演じる反共戦士が活躍するハリウッドの娯楽アクション映画として知られる本シリーズだが、その第一作目が陰鬱な反戦映画としての側面を持つことはあまり知られていない。

物語は、とあるアメリカの田舎町に一人の無頼漢、ランボーがふらりと現れる所から始まる。彼はベトナムからの帰還兵であり、かつての戦友を訪ねてこの町にやって来たのだが、その友人は枯葉剤の後遺症ですでに亡くなっていた。やがて彼は、見慣れないという理由だけで警察に不当に拘束され、拷問まがいの取調べを受ける。これに逆上したランボーは逃走し、追跡する警察や州兵に対したった一人で戦いを挑むこととなる。

ランボーは戦場という特殊な場に適応しきった結果、社会一般の人々とは感覚や価値観が決定的に異なる「異物」となってしまった。故に母国に帰還したところで、その居場所はもはやどこにも存在していない。彼はその怒りと悲しみをまさに「荒ぶる神」がごとく爆発させ、平和な町にベトナムの戦場の地獄を再現してしまう。[7]

実は折口も、このような無頼漢やごろつき（ローリング・ストーン）を、零落した神人として、「まれびと」の範疇に含まれる存在だと考えていた。[8] そしてわたしたちは、彼等が暴れ、のたうちまわる悲哀に満ちたその姿を目の当たりにすることで、日頃社会が押し殺し、見てみぬふりをしてきた存在に思いを馳せることになるのだ。

ランボーは社会に対して感じるずれや違和感を、暴力や破壊としてしか表現することができなかった。それに対して表現者は、それを芸術作品として、文化的に発信することができる。社会に対して「異物」としての表現を投げかけることで、表現者は既存の価値観に揺さぶりをかける。しかし、そういった表現を為す表現者自身も、社会における「異物」であるという点においてはごろつきや無頼漢と同じであり、両者は合わせ鏡のような関係にある。

実際、「異物」としての表現を過激さに求めた一部の美術作品などは、直接の暴力性は持たずとも極めてテロリズムに接近しているように見受けられる。[9] だがそのような危うさと常に隣り合わせでありつつも、表現者は作品を生み出すことをやめないだろう。

社会は得てして単一の価値観に染まりがちである。その中で「異物」としての芸術表現は、その状況を変えることなどできないだろうが、そこに存在する幽かな違和感を可視化し、立ち止まるきっかけとなることはできるかもしれない。そのような芸術の性質は、端的に「批評性」という言葉で表現できるものだろう。そしてその「批評性」を支えるのは、表現者の「まれびと」としての視点であると私は考える。

少々話が脇道に逸れた感がある。次節では、鳥瞰的な視点、「まれびと」的な視点が「芸術的省察」における「質的知性」とどのように関係していくのかについて考えてみたい。

第3節　表現者の視点

この国の表現者・芸術表現の一つの起源は、「まれびと」にあった。折口が想定したそれは、能や狂言といった芸能者か、あるいは詩人のような文学者だけだったかもしれない。しかし、「まれびと」概念を社会と主体の関係性の一つのモデルとして拡張して解釈したとき、それは折口が想定した以外の表現者、ひいては現代に生きるアーティストであるわたしたちまでも包括することが可能な、普遍性を持ったものとして考えることができるようになる。

きっとわたしたちが忘れているだけで、表現者の多くは「まれびと」としての性質をそもそも備えていたのだ。もっとも、「表現者は『まれびと』である」などと言うと、何かヒロイックな、あたかも表現者が特権的な存在であるかのような印象を与えるかもしれない。しかし、それはまったくの誤りである。先に触れたように、表現者の「まれびと」性は、彼らが社会の中でなかなか定位することが許されない弱い存在だからこそ生起したものだからだ。

まず大前提として、全ての表現者は社会的な存在である。「まれびと」としての視点によって表現者が、社会の外側からその全体像を把握するといったとき、それは例えば俗世を断って山篭りし、そこから下界を眺めるといった極端な行為を意味するわけではない。ここで言う「外側」とはもっと抽象的な概念であり、表現者の「まれびと」としての視点は、ジンメルの「よそ者」が社会の内側に居ながら客観性を保持していたように、社会の内部においてこそ発揮されるものなのだ。

故に表現者の活動は常に社会的な制約を受け、完全に自由なものとなることはけっしてない。自らの作品や表現を商品として発表するなら、当然市場のニーズを意識しなくてはならないし、刺激を求めるあまり反社会的な方向に振り切れてしまうと、それはテロリズムと大差ないものとなってしまう。しかしそれでも、社会一般の価値観とは少しずれた「異物」としての作品を生み出すことができないかと、わたしは日々試行錯誤を重ねている。そしてそんな「異物」があった方が、社会はほんの少しだけだが豊かになるのではないかとわたしは思う。

社会の中で「異物」を生み出す、その原動力となる「まれびと」的な視点・鳥瞰的な視点に対して、これと関連する知性のあり方についてこれから見ていきたい。

折口は人間が物事を比較する際に使う能力には、「類化性能」と「別化性能」という二種類が存在すると考えていた（折口 1975: 9）。このうち「類化性能」とは、本来まったく異なった、関係無く存在している事物と事物の間に類似点や共通項を見出し、繋ぎ合わせるはたらきだ。中沢新一によれば、これはいわば比喩の力であり、事物の間に差異を見出し、ひたすら分節化していく近代的な思考方法＝「別化性能」とはことなる、もう一つの世界認識の方法であるのだという（中沢 2008: 18）。

また、比喩的な思考方法について考えるとき、文化人類学者のレヴィ＝ストロースが示した「神話的思考」あるいは「野生の思考」といった概念が思い起こされる。構造主義の始祖として知られるレヴィ＝ストロースは、未開社会におけるフィールドワークをとおして、それまで西欧の視点からは未熟で無秩序だと考えられてきた未開文化にも明確な「構造」が存在し、それによって規定されているという点では西欧文化と何ら変わるところがないことを示した。レヴィ＝ストロースは、未開社会における特徴的な活動形態として「ブリコラージュ」（bricolage：器用仕事）という方法を挙げている。これは何かを作り出す際、ありあわせの道具材料を用いて手作業で間に合わせるような仕事のあり方である。同じような場面で、設計図をもとに計画的に道具や資材を一から調達する近代科学的な方法論は、エンジニアの仕事としてこれと対比される。

この「ブリコラージュ」を為す人＝「ブリコルール」（buricoleur：器用人）は、その問題解決の過程において、道具材料と一種の対話を交わし、これらの資材から出しうる解答を並べ出すのだという（レヴィ＝ストロース 1976：24）。与えられた目的に対しそれに合致した資材を一から調達するエンジニアの仕事と異なり、「ブリコラージュ」はすでに手元にある「モノ」の特性が結果に大きく影響を与える。その上で目的に合致した結果を得るためには、「モノ」の特性を見極め、引き出す対話が不可欠となる。このような対話は、わたしたちが美術制作において道具や素材と交わす対話と同質のものといえるだろう。実際レヴィ＝ストロース自身、現代における「ブリコラージュ」の例としてシュールレアリズムなどの芸術活動を挙げていた[10]。

そしてレヴィ＝ストロースは、「ブリコラージュ」を支える思考方法を、西欧近代科学的な文明の思考と対比して、「野生の思考」あるいは「神話的思考」と呼ぶ。これらの思考方法は、「類推思考」と定義することができると彼は考えた。レヴィ＝ストロースによれば、「野生の思考の特性はその非時間性にある。それは世界を共時的通時的全体として把握しようとする。（中略）野生の思考は、imagines mundi（世界図－複数）を用いて自分の知識を深めるのである。」という（レヴィ＝ストロース 1976：317）。

レヴィ＝ストロースは未開文明の思考様式をこのように定義づけることによって、西欧由来の進歩主義的な歴史観に基づいたそれとは異なった知性のあり方が存在することを示そうとしたが、ここで興味深いのは、「野生の思考」が世界の全体性を、図像的に把握するものとして描写されていることだ。これは第三章において示された、質的知性のあり方に極めて近いものであるように思われる。また「野生の思考」は、異なるもの同士を隠喩や換喩といった比喩の力で結びつけるという点で折口の示した「類化性能」と近いし、全体性の把握という点においては「まれびと」や「よそ者」の鳥瞰的な視点とも共通点を持っている。

では、この「野生の思考」あるいは「神話的思考」のような類推的な思考法が、美術表現における制作者の知のあり方——質的知性とイコールで結ばれるものなのだろうか。この問いに関しては、レヴィ＝ストロースの「美術が科学的認識と神話的呪術的思考の中間にはいる」という興味深い指摘が参考となるだろう（レヴィ＝ストロース 1976：29）。美術制作においては、モチーフの特性に対する知識を、それが置かれたコンテクストともあわせて全体性を持ったまま総合的な判断を下すことが求められる。それ故に、美術は科学的な知識と物事の全体性を把握する「野生の思考」の両方を必要とするのであり、そのことをレヴィ＝ストロースは「中間」と表現したのだろう。このように「野生の思考」のような類推的な思考は、質的知性を構成する大きな要素といえるが、かといってこれだけで美術表現に関わる知性について全て語りきれるものでもないようだ。

ここで、これまで見てきたような類推的な思考が美術教育の実践と結びついている一例を紹介したい。それは第三章でも紹介された、アートグラフィの提唱者であるリタ・アーウィンが教鞭を執る、ブリティッシュコロンビア大学の教員養成課程における実践である。[11]そこではハンナ・ジクリン（Hannah Jickling）とヘレン・リード（Helen Reed）という二名のアーティストが招かれ、教員志望の学生たちに向けて対話的探究（dialogical-inquiry）として二つの課題が出されたという。一つは、学生各々の人生において、何が重要な要素なのかを示した履歴書を提出するというものだ。それに対して、もう一つの課題はいささか複雑である。まず学生たちに*Summerhill*という題の中古の本が配られる。これは一九六〇年に出版された、イギリスにある同名の私立学校の教育理念に関する書籍であり、[12]中古本であるが故に余白には前の持ち主の書き込みが残っている。次にアーティストと学生たちは、「Summerhill」という言葉を探しにフィールドワークに向かう。その結果、バンクーバーにおいて「Summerhill」という老人養護施設を発見した。そしてそこで生活する老人たちの、多様な学びの活動を垣間見ることで、学生たちは教育の形態の多様性を知るとともに、美術や教育的な実践が予期しない場所にも存在することを認識するようになったのだという。最後に、こうした一連のプロセスで得られた知見を、最初に配布された*Summerhill*の中古本の余白に学生たち自身が記し、それらを作品として展示したとのことだ。

この課題は常識的に考えれば行き当たりばったりな、計画性に乏しい奇妙なものに見えてしまうかもしれない。しかし課題の部分部分ではなく、全体を通して見ると、「教育」というキーワードを巡った、一つの円環として完結したものとしても見えてくる。このように、目標を定めずにとりあえずやってみて、事後的に意味が生成されるというプロセスは、アーティストの実践に特有のものかもしれない。わたし自身制作活動において、とりあえず選択したモチーフや技法が、作品が完成してから初めて全体の中で意味を持つといった経験をしばしばしている。

そしてこの例において、そうしたプロセスを駆動させているのは、まさに類推的な思考である。「Summerhill」という一つの言葉をきっかけとして、教育書と老人養護施設というまったく異なったもの同士が結び付けられるというアクロバティックな展開は、芸術表現ならではのものといえるだろう。

「類化性能」や「野生の思考」、さらには本書第二章において言及された「インゲニウム」。呼び方は様々なれど、類推や比喩に基づき異なるもの同士を結びつけ、その全体性を把握するという本質において、これらの知のあり方は共通している。そしてこのような知のあり方は、わたしたち表現者の日々の実践において普遍的に用いられているものであり、クリエイティビティーそのものと言ってもよいだろう。

そしてこのような知性が成立するには、その前提として様々な事象を見渡す広い視座が必要となるだろう。「視野狭窄」的な局所的に限定された世界認識からは、類推的な思考は生まれえないことは容易に想像がつく。その意味において、「まれびと」的・鳥瞰的な視点、あるいはメタ的な視点は、これらの知性の根幹に位置づけられるものであるとわたしは考える。

しかし、ここで一つの疑問が浮かび上がる。「まれびと」とは、内と外を行き来する主体であったが、そのような動的な主体が、常に対象から一定の距離を置いた、鳥瞰的な視点を保持できるのだろうか。

　ここで、本文の冒頭で紹介した句に戻って考えてみたい。この句の作者の井上井月は南信濃、主に現在の長野県伊那市の一帯を三〇年近くにわたって放浪した俳人だ。当時この地域は文化人への理解が比較的篤く、井月もこうした人々の好意を頼りに、家々を転々としながら暮らしていたようだ。人々も、教養に優れ全国を旅してきた井月の話を聞きたがったという。こうして見ると、彼は確かに共同体の内側に包摂されていたように思える。一方、放浪を続けた乞食者でもあった井月は、その不潔さ故に疎まれることもあったという。彼に対する包摂は不完全なものであり、時には罵られ、放逐されることもあった。その最期も、野垂れ死に同然のものであったと伝えられる。

　そんな不安定な彼の立ち位置が、先の句から伝わっては来ないだろうか。人々は確かに彼を歓待し、宿を提供するかもしれない。しかしそうした態度も、いつまでも続きはしない一時的なものである。そんな井月の達観にも似た心情が、わたしには感じられてならないのだ。そして共同体からの包摂と放逐を繰り返す彼の姿は、正に「まれびと」的な表現者そのものである。

　この井月の例から分かるように、「まれびと」的な表現者とは弱く不安定な存在である。ときには社会の内側に包摂され、その価値観にどっぷりと浸かることもままあるだろう。そういった状況においては、社会の他の成員の視点に近づいていたとしても、何ら不思議ではない。しかし、そんな状況に留まらない、否、留まることが許されないのが「まれびと」の「まれびと」たる所以である。そこから放逐されることによって、結果的に「まれびと」は再び鳥瞰的な視点を取り戻すのだ。

　ここまでわたしは、「まれびと」的な視点と鳥瞰的な視点（あるいはよそ者の視点）をほとんど同一のものとして扱ってきたが、こうしてみると、「まれびと」的な視点と鳥瞰的な視点はイコールで結ばれるものではないのかもしれない。むしろ「まれびと」的な視点とは、社会の他の多くの成員と比較して、鳥瞰的な視点に立つ時間の割合がより大きい視点である、といった方が実態をとらえているように思う。

つまり、多くの人々の視点がほとんど常に共同体内に留まった近視眼的なものだと仮定した時、「まれびと」的な視点とは近視眼的な視点と鳥瞰的な視点の間を絶えずを行き来するものだということだ。

もしそうであるとすると、この内と外を行き来する視点が、美術制作における「引きと寄り」の視点に対応していることに気づかされる。作品の制作過程において、描写するときは近寄って手を加え、頃合を見て距離を置き、全体感を確認するという一連の行為は、アーティストが日常的に繰り返すものである。そしてこの作品に対しての遠近を常に行き来する表現者の振る舞いが、社会の内と外を行き来する「まれびと」のそれと、はっきり相似関係をえがいているようにわたしには思えるのだ。

作品の部分と全体の把握を交互に行うという行為は、「まれびと」としての性質を備えた表現者が、世界を把握するときの態度と対応しており、それを支える「まれびと」的な視点は、「芸術的省察」における「質的知性」を構成する重要な要素となっているとわたしは考える。

以上のように、「視野狭窄」的な社会と「まれびと」の関係、そして「まれびと」的な視点と「芸術的省察」における「質的知性」との関係について見てきた。

もっとも、ここまで積み重ねてきたわたしの表現者に関する考察は、現実と解離した夢物語に過ぎないのかもしれない。そもそも「まれびと」的な視点は表現者に固有のものではなく、実際には社会の様々な立場の人々が持ちうるものだろう。ただ、その社会的な立場上、表現者はほんの僅かではあるがそのような視点を持ちやすいというだけだ。

しかし現実には、この国の美術界はあたかも社会の縮図であるかのように「視野狭窄」的な様相を呈しているし、わたし自身もその一員である。ただ、一つ希望があるとすれば、これが美術教育についての論考であるということだ。

第三章で紹介されたように、わたしたちが考察して来た「質的知性」は、「教育的経験の産物」であるとアイスナーは述べている。先にふれた制作における「引きと寄り」は、美術の専門教育の基礎訓練の過程で何度も何度も繰り返し叩き込まれ、習得するものである。同様に社会に対しての距離感を学ぶことができれば、「まれびと」的な視点も習得可能なものとなるのかもしれない。「まれびと」的な視点は「質的知性」と密接に結びついたものだから、そういった学びにおいては、美術教育が大きな役割を果たすのではないかと思う。「まれびと」的な視点をそなえた表現者、あるいは表現者でなくともそういった人々が社会の中で一人でも多く生まれることが、この「視野狭窄」のデストピアに差す一筋の光となるのではないだろうか。

注

（1）柳田の「山人論」の成立・展開・及び消滅については、柳田（2013）に詳しい。

（2）柳田は折口の「まれびと」概念を認めようとしなかった。その理由に関してはここでは詳しく触れないが、最も重要な対立軸はこの国の信仰の基盤である「祖霊」が共同体の内部に存在すると考える（柳田）か外部から来訪すると考える（折口）かということにある。もっとも、柳田も先に見た「神隠し」についての言説や自身の「異人」論において、外部の存在が共同体に影響をあたえることについて論じてもいる。上野千鶴子は折口の「まれびと」論と柳田の「異人」論を比較して、「両者は〈外部〉の神格の観念を分け持ってはいるが、多くの研究者の期待と誤解にもかかわらず、それ以上の同型性は何一つない。」（上野 1985：96）としてこれらの論の間に過剰に共通性を見出そうとする態度に対して疑義を呈した。しかし上野自身が認めているように二つの論の間に「外部性」という共通点は確かに存在しており、わたしが注目したいのはまさにその部分である。

（3）「近年、文部省などでいい初めた芸能科には、書とか音楽、絵などを含めていた。（中略）此意味の用語例は、日本の芸能

という語の歴史の上にはなかった。従って芸能史の対象としては除外してよい。」（折口 2012：139）

（4）文化人類学者の鈴木満男は「折口のマレビトは共同体の外から訪れる。しかし歴史的、現実的に訪れるのと、神話観念に基づき宗教儀礼として訪れるのとは、二つの全く別箇の事象ではあるまいか。折口はこの点を混同した。それが彼のマレビト論を晦渋にした。」と述べ、来訪神としての「まれびと」を「第一次モデル」、漂泊民としての「まれびと」を「第二次モデル」としてそれぞれ既定している（鈴木 1975：218）。

（5）このような構造を説明するのに、ジンメルは恋愛感情を例にだす。恋愛感情が熱を帯びた初期の段階では、こんな愛はかつて一度も存在したことがない、唯一無二のものだとお互いが感じる、一種の視野狭窄が形成される。しかし、このような唯一感情はやがて消え、こうした恋愛は人類史の中で何千回と繰り返されてきたものであり、他の誰かは考えられないと感じていたパートナーですら、偶然性がもたらした入れ替え可能なものにすぎないのではないかということに気づくのだ。

（6）このことはジンメルがよそ者の具体例として行商人やユダヤ人といった経済的にある程度自立した存在を想定していたことからくるのかもしれない。もっとも、過去の歴史において彼等、特にユダヤ人に対する差別や迫害があったことは厳然たる事実であり、その点も鑑みれば、本文で示した「よそ者」と「まれびと」の相違点はあくまで印象論に過ぎず、実際の両者の境界はもっとあいまいなものなのかもしれない。

（7）映画の中では描写されないが、劇中ランボーを執拗に追跡する保安官・ティーズル自身が、実は朝鮮戦争の帰還兵であり、ランボーと同様の境遇の人物であることが原作小説では明らかとなる。彼はランボーと対峙する中で、社会に順応するために封印してきた戦場の記憶が甦るのを感じ、だからこそランボーを徹底的に抹殺しようとする。こうして見ると、この物語はある「異物」が社会に来訪したことにより、そこに元々眠っていた「異物」としての記憶が揺り起こされる過程を描いたものであるとも考えられる。

（8）折口がこれらの存在を扱う際に背景にあるのが「貴種流離」という感覚にあると中沢新一は指摘する（中沢 2008：58）。かつては神人のような貴い系譜にあった者が、落ちぶれて流浪しているという考え方である。ここでは深く触れないが、実はランボーも元はただの兵士ではなく、特殊部隊所属のエリート隊員であり、戦場の英雄であった。その意味においても、彼の存在は「まれびと」的であり、そんな彼を説得しようとする元上官のトラウトマン大佐は、さながら「荒ぶる精霊」を鎮めようとするシャーマンのようである。

（9）具体例としては、アンドレ・セラーノ（Andres Serrano）によるキリスト像や聖母子像を自身の尿に浸した一九八七年以降の作品群《Piss Christ》や、日本のアーティスト集団の Chim↑Pom が二〇〇八年に発表した作品《広島の空をピカッとさせる》などが挙げられるであろうか。これらの作品はその「異物」性を存分に発揮し、社会に衝撃を与えたが、同時に少なからぬ人々を傷つけたり、不快にさせるという側面も持っていた。そういった意味においては、これらの作品は「文化的なテロリズム」と呼べなくもない。

(10) 小田亮は、レヴィ＝ストロースが戦間期におけるニューヨーク亡命の折、エルンストといったシュールレアリストと交流していたことを挙げ、彼の哲学的手法である構造主義と、エルンストらが制作で用いたコラージュのような手法との類似性を指摘している（小田 2000: 146）。このことは、構造主義の誕生と美術表現の関係を考える上で極めて興味深い。

(11) Irwin, R. L. &O'Donoghue, D (2012) および二〇一七年四月二一日東京学芸大学におけるセミナーでのリタ・アーウィンによる発表による。

(12) A.S. Neil's Summer Hill ウェブサイト　www.summerhillschool.co.uk　（最終アクセス日　二〇一七年七月二日）

参考文献

Chim↑Pom (2012)『ideaink03　芸術実行犯』朝日出版。
土井隆義 (2009)『キャラ化する／される子どもたち　排除型社会における新たな人間像』岩波書店。
ゲイロー・J＝F、セナ・D (2008)『テロリズム――歴史・類型・対策法』（私市正年訳）白水社。
復本一郎編 (2012)『井月句集』岩波書店。
石川晃司 (1989)「折口信夫の構想力――実感と「まれびと」」『相模工業大学紀要』第二三巻二号、一〇一―一一〇頁。
Irwin, R. L. & O'Donoghue, D. (2012) Encountering Pedagogy through Relational Art Practices, *International Journal of Art & Design Education*, vol. 31, Issue 3, 221-236.
風丸良彦 (2008)「『遠野物語』の戦慄――いま我々を慄かせる物語」『盛岡大学紀要』第二五号、一一二―一九五頁。
金子兜太 (2000)『漂泊の俳人たち』ＮＨＫ出版。
河合隼雄・中沢新一編 (2003)『「あいまい」の知』岩波書店。
北村皆雄・竹入弘元編 (2011)『井上井月と伊那路をあるく――漂泊の俳人ほかいびとの世界』彩流社。
小林直哉 (2005)「芸能における〝来訪〟の意味――神を演じた芸能者の果たした役割」『日本大学芸術学部紀要』第四一号、一一三―一二三頁。
レヴィ＝ストロース・C (1976)『野生の思考』（大橋保夫訳）みすず書房。

レヴィ＝ストロース・C（1996）『神話と意味』（大橋保夫訳）みすず書房。

マクルーハン・M（1987）『メディア論――人間の拡張の諸相』（栗原裕・河本仲聖訳） みすず書房。

マレル・D（1982）『一人だけの軍隊』（沢川進訳）早川書房。

皆川隆一（1985）「異郷と他界――折口信夫の方法」慶應義塾大学国文学研究会『折口信夫まれびと論研究』 桜楓社。

三好風太（2016）「視野狭窄と美術」東京藝術大学大学院美術研究科修士論文。

モリス・D（2015）『人類と芸術の三〇〇万年――デズモンド・モリス アートするサル』（別宮貞徳監訳）柊風社。

室井康成（2008）「『遠野物語』をめぐる〝神話〟の構築過程――その民俗学史的評価へ向けての予備的考察」『総研大文化科学研究』第四号、九七―一二〇頁。

中沢新一（2008）『古代から来た未来人 折口信夫』筑摩書房。

小田亮（2000）『レヴィ＝ストロース入門』筑摩書房。

折口信夫（1975）『近代思想大系22 折口信夫集』筑摩書房。

折口信夫（2008）『ちくま日本文学025 折口信夫』筑摩書房。

折口信夫著・安藤礼二編（2012）『折口信夫芸能論集』講談社。

椹木野衣（2010）『反アート入門』幻冬舎。

ジンメル・G（1999）『ジンメル・コレクション』（鈴木直訳）筑摩書房。

鈴木満男（1975）「マレビト――日本宗教における外来神の構造的位置」桜井徳太郎編『信仰 講座日本の民俗7』有精堂出版。

高橋きわ（2000）「「まれびと」――日本のインマヌエル」『仙台白百合女子大学紀要』第四号、一三〇―一一七頁。

谷川渥監修（2002）『20世紀の美術と思想』美術出版社。

上野千鶴子（1985）『構造主義の冒険』勁草書房。

山口昌男（1975）『文化と両義性』岩波書店。

柳田國男（1963）『柳田國男集 第四巻』筑摩書房。

柳田國男（1972）『遠野物語』 大和書房。

柳田國男著・大塚英志編（2013）『柳田国男山人論集成』角川学芸出版。

横山茂雄（2005）「「怪談」の近代」日本文学協会『日本文学』第五四巻第一一号、二―一五頁。

吉本隆明（1968）『共同幻想論』 河出書房新社。

A.S. Neil's Summer Hillウェブサイト　www.summerhillschool.co.uk（最終アクセス日　二〇一七年七月二日）

三好風太「変化」

第六章 「贈与」としての美術・ＡＢＲ

櫻井 あすみ

第1節 私的な記憶によるプロローグ

「わかりえなさ」をはらんだ「美」

幼少の頃のわたしは、いつも途方にくれていたように思う。かつて小学校三年生まで住んでいた小さな借家は、古びたアパートから比較的裕福な邸宅まで大小の家々が肩を寄せ合う路地奥にあった。家庭環境も様々な、異年齢の子どもたちが鬼ごっこをして遊ぶような、どこか懐かしい光景がいまだ残る住宅街だった。そこには幼いながらに社会があり、見えない約束事があった。

わたしはいつもぼうっとしていて、彼らが今何をしているのか、何について笑っているのかわからなくなることがたびたびあった。なんとなく後をついていき、いつのまにか置いていかれたり、よくわからないことで怒られたりした。世界はいつも薄い膜の向こうにあった。目の前で起きている事柄には実感が伴わず、自分という存在すら不確かだった。自分の名前や姿かたち、置かれている状況を反芻していると、ふと、まるでよく知らない他人を眺めているかのような感覚にしばしば囚われた。わたしには「ふつうのこと」の基準がよくわからず、見えないそれらの約束事から逸脱しないように、友人の顔色を気弱に窺っていた。

人とのコミュニケーションに苦手意識を持っていたわたしは、何ということのないありふれた景色の一部にふいに目が留まり、それを眺めている時間が好きだった。何故かどうしても気になってしまうそれらは、いわゆる「美しいもの」では必ずしもなく、むしろみすぼらしかったり薄汚れたりもしていた。しかし目に留まった瞬間に、それらはわたしにとってある種の「美しさ」を備えたものとして立ち現れてくる。

高い空、陽を透かしてざわめく葉のきらめき、アスファルトに練り込まれた無数の鉱物の模様、塗料のはげたガードレールや、アパートの古びた鉄階段の錆びた様子、雨で浸食されたブロック塀のざらざらとした質感、その隙間に育つ雑草、誰かの日常が閉じ込められた家並みに、雑然と並んだ植木鉢、ベランダの洗濯物、空き地にぼうぼうと伸びる草むら、打ち捨てられた粗大ごみ……。心惹かれた対象が樹木や草花であっても、それらの名前や種類には不思議なほどに興味がなかった。世界が意味あるものとしての輪郭を失い、言葉で把握不可能なものとなり、「ただそのようなものとしてそこにある」ものとして感じられることが、わたしには重要だった。

目に映るものひとつひとつは、わたしには理解しきれない「他者」として存在していた。そして世界はさらに、具体的な場所や時間を超えて、出会ったことのない「他者」の物語を無数に含みこんだものへと変貌していく。それは日々のコミュニケーションの中で感じる他者のわからなさとは異なり、不思議な心地よさを味わわせてくれるものだった。

素材の変貌と「美」の出現

幼少の頃のこうした体験の記憶は、おそらくわたしという生の根幹に関わるものとしてある。そしてわたしにとって作品を制作するという行為は、その過程でこうした感覚を何度も何度も追体験することなのだろう。それは制作過程において、モチーフとの交流[1]、素材との交流[2]、そして作られつつある作品との交流の中で、二重、三重に生起する。

絵のモチーフを探すとき、わたしは幼少のときと同じように、見慣れたものが見知らぬものへと変貌する感覚を、あるいはわけもわからずに心惹かれてしまう対象を求めて、街を彷徨う。そのとき重要なのは「描きたい絵」のイメージに沿ったモチーフを探すことではない。たとえそのような思惑があったとしても、そこから逸脱して目の前で偶然的に繰り広げられる光景に身を投じ、眺める時間そのものを味わいたいと思う。

しかしそうであれば、すなわち何ものにも変換不可能なものとして世界を眺めることこそが何にもまして重要なのであれば、それをわざわざ再現して作品にする行為は蛇足であるだろう。作品化という行為は、本来的に固定化不可能な対象の在り様を作者の私的なイメージによって歪めてしまうことかもしれない。それでもわたしが――ひいては芸術家と呼ばれる人々、あるいはそうでない人々が――造形物を作るのは、それがモチーフの縮減された再現や、作者の内的イメージの具現化であることを超えて、作者にもわかりえない新たな何ものかとして生み出されていくからにほかならないだろう。

ポスト構造主義に多大な影響を与えた思想家のG・バタイユは、ラスコーの壁画を描いた先史時代の人々にとって、洞窟に描線を描く行為は支持体（素材）を変質させる「魔術的な操作」であり、錯綜する線の中から生成する形象の出現に立ち会う出来事であったと推察している。線の中から出現しつつある形象は不変の同一性としての事物ではなく、一種の主体のように「聖なるもの」として自ら現れる。そのとき見る主体と見られる対象との超越的な関係は崩れ去り、不変の同一性としての自己の存在もまた揺るがされるという（江澤 2006：192-195）。

バタイユが指摘するように、造形行為には目の前で変貌していく素材との交流という側面がある。作品は「素材」によって物質としての形を与えられる。個々の素材は、それ自体がつきることのない魅力をはらんだ「もの」である。制作の過程で素材と戯れ、その形や色を変質させていく行為は、その結果として出現する思いもよらない素材の姿を受動的に味わう時間をもたらす(3)。

素材の中に突如現れる、予測不可能な「美しさ」に目が留まる無数の瞬間は、わたしが風景などを見ているときに味わう、あの体験にとても似通っている。わたしは子どもの頃に見慣れた景色を眺めたように、自分の作品へと眼差しを向ける。制作途中で出現した美しさは上から重ねられていく仕事によって失われ、自分しか知りえない時間の痕跡として、作品の中に折り込まれていく。作品はわたしの手からはみ出し、いつも見知らぬものとしてわたしの目の前に現れる。たとえそれが「完成」したとしても。

「交換不可能なもの」の存在

冒頭からこれまでの記述は幼少期の私的な記憶の追想と、現在の制作についての（バタイユの影響を多分に含んだ）個人的な解釈にすぎない。にもかかわらず、こうした感覚がけしてわたし一人だけのものではなく、多くの人々にとって――日常の中で突如出会う美的体験から、子どもたちによるプリミティブな造形行為、アーティストと呼ばれる人々による専門的な作品制作に至るまで――あらゆる芸術的体験の根源に関わるものではないかと、わたしには強く感じられるのである。

わたしが幼少の頃に体験し、現在も幾度となく繰り返しているあの感覚、何かを「美しい」と感じたその瞬間に言語的意味が剝奪され、わかりえないものへと変容していく感覚は、それゆえに他者と完全に共有することが不可能なものである。しかし、それはわたしの個人的体験に留まらず、おそらく「美」あるいは「芸術」というものの本質に関わる事柄である。

ある社会において、「美しい」と言われるものがある。輝く宝石や色とりどりの花束、雲を紅く染める夕焼け空、モネの描いた睡蓮や光琳の屛風などを見て、多くの人は「美しい」という感想を持つだろう。ある人にとって「美しい」ものは、おそらく他の人々にとっても概ね「美しい」。そのとき「美しいもの」は、何らかの客観的で社会的な価値を有すると信じられている。

その一方で「美しいもの」は、それを「美しい」と判断する主体の主観的で個人的な価値にも強く支えられている。ゆえにわたしたちは、他の誰も目を留めないものに「美しさ」を見出すこともあれば、人が絶賛する著名な美術作品にどうしても「美しさ」を見いだせないということもある。同じものを「美しい」と思っても、なぜ・どのようにそれを「美しい」と感じるのかは人によって異なる。その理由を他者に説明し尽くすことはおそらく不可能であり、自分自身でさえそのすべてを把握することは困難であるだろう。「美」や「芸術」は、言語的に理解不可能な「わかりえなさ」を必然的に内包している。

人間は社会的な存在であり、大小の共同体の中で他者と言葉を交わし、商品や労働と対価を交換しながら生きている。そこでは様々なものが容易に「交換」可能であると信じられている。コミュニケーションにおける言語的交換や経済的な等価交換は、共通の言語や貨幣価値など、価値尺度や概念的枠組が他者と共有されていることを前提に成立している。科学的・論理的思考は、対象を分析的に把握・理解し、言語化することによって第三者と交換可能な概念へと分節化することを志向する。

しかし「美しいもの」や「わかりえないもの」は、他者と等価に交換不可能な余剰を多分に含んでおり、その価値を完全に量ることも、言語によって正確に分節化することも不可能である。「美しいもの」は「わかりえなさ」をはらみ、「わかりえないもの」はその「わかりえなさ」ゆえに「美しいもの」へと転じうる。わたしたちが日々対峙している世界――言語的に把握し、価値を客観的に推量できると信じられている世界――のただ中から「美しさ」が出現し、「わかりえないもの」が立ち上がる瞬間、世界はその本来的な「交換不可能性」を露わにする。そのとき、暗黙の約束事を共有し、コミュニケーション可能な対象と信じられている他者の外側に、絶対的に「わかりえない」余白としての「他者」の存在が了解される。固定化された自己と世界の枠組みは根底から揺るがされ、変容を余儀なくされる。

「美しいもの」、そして「芸術」的な体験を通じて露わになる「交換不可能なもの」の存在。それは固定化された「交換」の枠組みをはみ出していく、一方的な「贈与」の次元にあるものである。幼い頃から現在に至るまで、日常のふとした瞬間に、そして作品の制作過程の折々に、わたしをふいに襲ってきた、あの感覚。振り返ってみれば、それは何ものにも代えがたい、「贈与」された時間だったのだろう。

造形活動は、「わかりえないもの」の生成と消滅に繰り返し立ち会う行為である。さらに「作品」を制作するということは、「わかりえないもの」の出現に受動的に巻き込まれるばかりでなく、自ら能動的に「わかりえないもの」を生み出し、他者へと「贈与」することである。わたしは「わかりえないもの」の中に「美しさ」を受け取り、「作品」という形でまた別の「美しい何か」へと変換し、新たな「わかりえないもの」を一方的に贈り出す。誰とも交換不可能で、受け取られる保証もないものを。それでもその「わかりえない美しさ」がいつか誰かに受け取られ、その誰かの世界を揺るがすものとなることを、微かに期待しながら。

第2節　美術の「贈与性」

事物に内包された「贈与性」

わたしの美的体験や制作行為を振り返る私的な語りの中から、「贈与」という問題を取り上げてきた。ここまであえてその学術的な背景について は子細に触れることを控えてきたが、ここからは先行研究をもとに、「贈与」という概念について、そしてそれが芸術とどのように関わるのかについて、もう少し詳しく見ていきたい。(4)

「贈与」(gift, present, donation) とは一般的に対価を求めずに与えること、「贈り物」(を贈る行為) を意味し、学術的には人類学者のM・モースが『贈与論』(モース 2000) で取り上げた、未開社会における互酬的な「贈与交換」を指すものとしてよく知られている。わたしが用いる「贈与」はモースらによる人類学的な文脈も参照し(5)ているものの、それとは微妙に異なるものである。ここでの「贈与」は、モースらの議論を継承しつつ批判的に取り上げ、哲学的に「贈与」を論じたバタイユやJ・デリダのポスト構造主義的な文脈に特に依拠するものである。(6)

「贈与」は「交換」(等価交換) と対置された概念であり、「非 - 交換」あるいは「脱 - 交換」的な出来事、行為、およびそこでやりとりされる事物を広く指している。「贈与」の出来事において、事物は等価な概念と交換不可能なものとして投げ出され (gifted, given, thrown)、交換的なまなざしのもとに覆い隠された「非 - 知」(バタイユ) の領域の存在が露わになるとともに、事物の多義性——稠密で合理的に把握不可能な余剰性、両義性、未規定性など——が明らかになる。「贈与」の出来事によって露わになる、事物が本来的に有している多義的で把握不可能な性格を仮に「贈与性」と呼ぶことにしたい。

事物が放つ「美しさ」は、おそらく事物が内包する「贈与性」に由来している。そして「芸術」とは「贈与」、すなわち交換的な眼差しをそらし、事物の「贈与性」を露呈する技術であるとともに、そうした「贈与」の出来事によって「贈与性」が露わになった「もの」や「こと」を指しているのではないだろうか。そしてそれらの「もの」や「こと」は、他の様々な事物が同様に贈与性を内包していることを想起させるのである。

余剰性と「非 - 知」

経済的交換において、商品は有用で計量可能な価値を持つとみなされ、対価（貨幣）と等価交換される。しかしモースが『贈与論』で取り上げたように、多くのプリミティブな社会においては、非有用で貨幣換算不能な価値を持つ特別な贈り物を集団間でやりとりする制度が見られる。[7] それが「贈与交換」である。

そこでは贈り物は、けして見返りを求めずに、気前よく与えられなければならないとされている。にもかかわらず、贈り物を受け取った側には返礼の義務が生じる。返礼は対価としてではなく、新たな見返りなき贈り物として、事後的に贈られなければならない。こうして一方的な贈与は返礼の応酬を生み、贈与の連鎖としての贈与交換となり、共同体に友好な社会関係を創出していく。

モースは、未開社会の贈与交換における贈与品が――現代においても変わらずに贈り物がそうした価値を持つように――贈り手の人格が付随した「生命ある物」として感受されていることに注目していた（モース 2014: 94）。そうした贈与品はしばしば貴重で美的な材料と技術を用いて作られているが、その美しさは外見的なものだけでない。贈与の無数の受け手によって継承された集団的な物語と個人的な物語が、そうした物に無限に内包されていくことで、それらは「永久に生成途上にある」（白川 2014: 48）特別な美的価値を付与されたものとなる。

未開社会の贈与品は原初的な美術品としての性格を有しており、返礼によって相殺できない余剰価値を常に内包している。美術品の価値はこうした余剰性によって支えられ、そのため経済的交換の外部へと位置づけられる。もちろん美術品も市場に流通することがあるが、常に貨幣で測りきれない価値を含み、たとえ価格がつけられたとしてもそれは一時的な価値づけであり、事後的に塗り替えられていく可能性に開かれている。

本来は美術品に限らず、あらゆる事物が交換不可能な余剰性を含みこんでいる。[8] しかしわたしたちの社会において、それらは円滑な交換を妨げるものとして、日頃は覆い隠されている。通常の交換の外部に置かれた贈与交換がそれを担っていたように、交換しきれない余剰価値を社会の中に積極的に確保することが、美術という制度のひとつの社会的役割であると考えられる。

このように、人類学的な贈与交換論は、美術の本質的な性質について多くの示唆を与えるものである。しかしモースの贈与交換はあくまでも共同体間でなされるものであり、贈与品の特別な価値を相手と共有可能であることが前提とされている。そして贈与交換における贈与の無償性はあくまでも儀礼的なものであり、返礼が暗黙に期待された制度的な「交換」にすぎないとも捉えられる。人類学的な文脈において、「贈与」は友好な社会関係をもたらすものとして期待されているが、それは強固な「交換」関係の枠組を創出することでもある。

こうした人類学的な「贈与交換」モデルに対し、バタイユは一切の見返りを求めないような純粋な「贈与」について、そして「交換」の枠組みを根底から揺るがし破壊するような「贈与」の出来事について、哲学的に思考した(9)。バタイユにとっての「贈与」は「消尽」、すなわち自己に固有なものを投げ出し、破壊しようとするような過剰で自己消失的なふるまいである。「贈与」の出来事は有用性の論理に支えられた「交換」の枠組みを「侵犯」する。それによって事物を「交換」的に解釈しようとする主体の眼差しは宙吊りになり、事物が内包する「非－知」の次元が露わとなる。このようなバタイユの贈与論の概念的モデルは供犠にあるが、第1節で紹介したラスコーの壁画の例のように、芸術的な造形行為もまた供犠と同質のものであるとバタイユは捉えていた(10)。

有用性をはぎ取られた「もの」としての素材の存在は、素材を変質させていく行為の中で明白になる。美術制作の過程において、素材や形象を思い通りのイメージへと誘導しようとする作者の意思は、思い通りにならない「もの」としての素材の抵抗に必ず直面する。素材と戯れる主体は素材に自己の痕跡を刻み、もはや他者へと変貌してしまった自己の痕跡を他者の視点で眺めつつ、また次の痕跡を刻んでいく。それは素材を変質させる能動的な贈与の行為であるとともに、贈与された意図せざる素材の姿に受動的に出会う体験でもある。その過程で、作者の予定調和的な眼差しは幾度となく宙吊りにされ、明晰な言語によって把握不可能な「非‐知」の次元へと開かれる。

両義性と未規定性

"gift" という単語が英語では「贈り物」、ドイツ語では「毒」という二つの意味を持つように[11]、「贈与」は生成と破壊という両義的な性格を有している。贈与は既存の交換の回路を破壊する危険性をもつと同時に、友好な社会関係を生成するような倫理的なものにもなりうる。投げ出された事物の性格は未規定なものであり、それが「贈り物」として受け取られるか、それとも「毒」として忌避されるかは、事後的な事柄にすぎない。

贈与の出来事は固定的な交換の回路をそらし、一義的な意味づけの不可能なものを出現させる。しかしそれを受け取った者によって事後的に何らかの意味づけがなされたときには、もはや純粋な贈与としては失われ、新たな交換の回路を開く[12]。個々の贈与の出来事は合理的な言語によっては把握不可能であり、他者と共有不可能な個人的価値を持つものであるが、それが事後的に交換されていくとき、そこには他者と共有可能な社会的な価値が付随していくことになる。

贈与のこうした両義性は、芸術が本来的にはらんでいる性格に通底している。すなわち、美や芸術は「贈り物」になりうると同時に「毒」にもなりうるものであり、純粋な「贈与」であるとともに事後的に強固な「交換」を生成しうるという、両義的で未規定的な性格をもつ。そして芸術家の作品は、交換不可能な「贈与」として消尽されながら、同時に、社会的に「交換」されていくことを志向するという葛藤をはらんでいる。

冒頭から触れてきたように、一つの芸術作品の背後には無数の贈与の出来事が存在している。芸術家はそれらを積極的に受け取るとともに、自らも能動的に贈与の出来事を生成し、作品という形で他者へと贈与しているといえる。贈与としての美術作品は作者の意図を等価に表したものではなく、作者でもわかりえない何かを多分に含んでいる。しかし他者の鑑賞を前提とし、「完成」を目指した作品制作においては、無数の可能性の中から最終的な造形を作者は決定しなければならない。作品は他者から完全に理解不可能なものではなく、何らかの共有可能性を有し、交換の回路へと開かれていることが期待される。

ここにおいて、「美」は言語化不可能な多義性を含みながらも、作品の社会的な交換可能性を担保しうる一つの基準となるだろう。「美」はそれを「美しい」と判断する主体の主観的で個人的な価値に支えられながら、同時に客観的で社会的な価値を有するとも信じられているからである。美的なものの探究は、両義的で矛盾した志向性に引き裂かれる葛藤を伴い、その過程で幾度となく、純粋な贈与の不可能性と、確実な交換の不可能性へとつき当たる。

生みだされた美術作品は、それでもなお対価との交換が保証されたものではない。ビンに入れた手紙を大海に投げ入れるように、それは受け取られることすら不確実なものとして、しかし時空を隔てた誰かに受け取られることも期待されながら、他者へと贈与される。

もしそれが受け取られたとしても、それがどのように解釈されるのか、「贈り物」と「毒」のどちらとして受け取られるかはわからない。受け手の誤読のもとに物語を付与され、贈り手の意図せざる強固な交換の環を形成してしまう可能性もある。このことに自覚的になるとき、芸術家は時として、鑑賞者の交換的な眼差しを逸らせるための「毒」を作品に意図的にしのばせる。

例えばマネは、過去の名画から主題や構図を引用し、あえて冗舌な画題を選択した上で、そこから劇的な明暗や感情的な表情などを消し去り、約束事を期待する鑑賞者の眼差しを逸らしてみせた。このように「主題の破壊」と「意味生成作用の消去」によって「既知のものの不在」という亀裂を露わにするマネの「操作」をバタイユは賞賛し、マネを近代絵画（modern painting）の出発点として位置付けた（バタイユ 1972、江澤 2005：246-250）[13]。マネの作品は鑑賞者の交換的な視線を前提とし、かつ利用しながら「非-知」を出現させる不純で意図的な贈与であるといえる[14]。

相反した志向性に引き裂かれ、時に意図的に毒をしのばされながら、贈与された美術作品の価値はあくまでも事後的に生成し、未来の鑑賞者によって誤解を含みながら塗り替えられていく。美術作品の価値はこのように未規定なものであり、だからこそ等価な返礼によって交換の環が閉じることを阻害し、贈与の連鎖として回転させることができる[15]。

第3節　美術制作とABR

贈与的省察

基本的に科学は「交換」の領域にあり、芸術は「贈与」の領域にある[16]。芸術は、科学が交換的なまなざしのもとに覆い隠してしまう、事物が本来有している交換不可能な贈与性を拾い上げる。だからこそ「芸術に基づく研究」であるABR（Arts-Based Research）は、従来の社会科学的思考の問い直しになりうるのではないか。第Ⅰ部で小松の言うように、ABRにおける「Arts-Based」の意味が単純に芸術の諸形式を研究に用いることではなく、「芸術的省察」に基づくことを求めるものであるとするならば、それは「贈与的省察」に基づく探究とも言いかえられるだろう。ABRは「贈与的省察」を用いた、あるいは誘発する探究であることが重要であると考えられる。

贈与的省察による探究は、科学のように対象にあらゆる角度から光を当てて、交換可能な概念へと分節化しようとするのではなく、その稠密で言語化不可能な多義性や余剰性をそのまま掬い取ろうとする。[17]それは強固な理論的枠組みを主体の中に構築していくのではなく、固定化された思考の枠組みをむしろ解体していくような探究である。そこでは、閉じた交換を形成するような一つの解を出すことよりも、問題の複雑さや語りえなさに突き当たることが重要となる。そのとき主体は思考可能なものの外部の存在に出会い、世界に対する眼差しは異化され、自己は変容を促される。[18]ひとつの問いは新たな問いを生み、贈与の連鎖となって回転し続ける。

ＡＢＲは特に教育学や社会学の領域から、従来の研究手法を問い直すものとして注目されている。小松も指摘するように、そこで行なわれている実践の多くはある種の現代美術作品、例えばコンセプチュアル・アートやリレーショナル・アートなどに近似したものに映る。しかしこれまで見てきたように、贈与とは芸術に根源的なものであり、コンセプチュアルな手法による芸術だけに贈与的省察が生じるわけではないはずである。わたし自身の美術制作を振り返ってきたように、贈与の出来事は、「美しいもの」を作ろうとするある種古典的な美術制作の過程においても繰り返し生じている。ここで、造形的な美術制作もまたＡＢＲと呼びえるのかという問題について、自身のＡＢＲ実践の例を振り返りながら考えていきたい。

他者との対話

二〇一五年から二〇一六年にかけて、ゼミの課題で美術教育研究室の学生たちとＡＢＲの実践に取り組んだ。担当教員であった小松を通じて、ＡＢＲという方法論の存在を知って間もない頃だった。わたしたちはＡＢＲに強く興味を惹かれながらも、それが果たしてどういうものなのか、どのようなことをすればＡＢＲになりうるのか、その確固たるイメージを誰一人持てない状況での実践だった。ＡＢＲが探究の方法や発表の形式を自ら創造するものであること、探究を通じて研究者自身の思考に変容が生じるものであること、しばしばナラティヴなアプローチが用いられることなどの断片的な情報だけがそこにあった。

わたしたちのグループは全員女性の美術制作者であること以外は、年齢、出身地、出身大学、出身専攻がすべて異なる三名のメンバーで構成された。話し合いの結果、わたしたちはナラティブなアプローチを採用することに決め、それぞれの作品のポートフォリオを間に置いた、制作についての自由な対話をまず行うことにした。そこから互いの制作観の違いについて深く知るとともに、その中に何らかの共通性があるかを探ることを研究の主たる目的に据えた。

対話を何度も繰り返しながら、発表の形式は事後的に決まっていった。当初は、対話を踏まえて各々が新しい作品を作るという案もあったがそれは採用しなかった。その背景には時間的制約と、美術作品そのものとＡＢＲを同じものとしていいのかという漠然とした疑問があった。しかし最大の理由は、対話そのものが想像以上に興味深い内容となったため、別の作品へと変換せずとも、対話の過程を視覚化して提示することがそのままＡＢＲとなりうるのではないかと考えたためだった。

わたしたちは最終的に、録音した対話を文字におこしたものを話題ごとに切り抜いて分類し、作品の写真や関連資料とともに対話の全容をマップ化して展示するという方法を選択した。対話を文字に起こしていく過程で、話し合っていたときは相手に共感したつもりになっていたことが、実は多分に誤解を含んでいたことが明らかになった。そうした対話後の気づきは付箋に書いてマップ上に貼りつけていった（図６－１）。

結果的に制作者の共通性については明確な解が得られなかったが、美術制作についての理解に変容が生じていく体験をすることができた。それは互いについて理解を深めると同時に、どうしても「わかりあえない」領域が露わになる体験でもあった。マップは研究の答を示すものではなく、事後的に対話を眺めることで何度でも加

図6－1　対話の全容をマップ化したもの

筆・訂正が可能でそれ自体変容していくものとなった。そして鑑賞者もその対話を追体験し、鑑賞者自身の美術観もまた問い直されていくことを期待して展示した。

この実践を通じて、わたしたちは他者の異質性に出会い、制作の過程でそれぞれに起きていることの複雑さと語りえなさに突き当たった。しばしばＡＢＲが集団的なプロジェクトとして行われるのは、他者の異質性を介入させることで問題の多層性をより浮彫にするためであろうことが少なからず実感できた。

しかし異質な他者との対話が、必ずしも他者の異質性に出会う出来事をもたらすとは言えないのではないか。なぜならば対話の相手がいかに異質な他者であろうと、言葉によるコミュニケーションに頼る限りは、他者を理解可能な存在として言語的に把握しようとする交換的な眼差しから逃れることが困難だからである。

実際にわたしたちが行なった対話においても、他者の発言内容について微妙な誤解が多々生じていたが、その場でそれを意識することは困難であった。誤解は他者に対してだけでなく、自分自身の発言に対しても生じていた。自身の制作という自分でも把握することが困難な対象について、端的に語ることは不可能である。必然的に語りは矛盾を含み、その意味づけも語りの中で刻々と変容していく。その一時点での語りに対して共感が広がり、更なる誤読を生じさせていく。

わたしたちが互いの制作についての「わかりえなさ」を了解することができたのは、おそらく対話そのものだけによるものではない。わたしたちの間にはポートフォリオが開かれ、互いの作品という多義的な「もの」が常に目の前に置かれていた。わたしたちの間にあった「もの」はそれだけではない。わたしたちが自身や他者の発言に関する誤解を強く認識したのは、事後的に録音を聞いて対話を文字化し、その詳細を読み返したとき、あるいは対話の全容を作品などの写真資料とともにマッピングしていく過程であった。それは可視化され「もの」化された対話を――多くの矛盾と語り損ねた余剰を含みこみ、合理的に要約することの不可能な対話の、その稠密な全容を――繰り返し振り返ることだった。

マッピングによって「もの」化された対話は、さらに新たな対話を生み、自分自身を含む互いの制作についての解釈を塗り替えていく。それに伴い、対話のマップは組み換えられ、新たな気づきが書き加えられ、それ自身変容し続けていく。おそらくわたしたちのＡＢＲ実践において重要であったのは、こうした多義的な「もの」がわたしたちの対話の間に置かれていたことであった[19]。

「もの」化された多義性

マップが対話の繰り返しによって変容し続けていくさまは、美術作品の制作過程に似ている。マップの配置は暫定的であり、改変の可能性に開かれているが、それでも「展示」という形式によって鑑賞者の手へと委ねられる以上、ある時点での「完成形」を決定しなければならない。対話に参加した当事者が贈与の出来事を体験するだけでなく、対話に参加していない鑑賞者にそれをどのように呈示し、贈与の出来事に巻き込むかということが問題なのである。それを美術作品に置き換えるならば、作者が制作過程において味わう個人的な体験を、鑑賞者に開かれた作品という社会的なものへと、どのように変換するかが問題であるということだ。

対話のマップを作るということは、対話のリアルタイムでの上演や、未編集でのビデオ上映などの発表方法とは異なり、個人的な解釈の呈示を排除するものではない。わたしたちは複雑なものについて思考すること、語ることを放棄するのではなく、それについて積極的に思考し、語り、誤読を含んだ暫定的な解釈の集積をマップという形で「もの」化することを選択したのである。わたしたちのマップが「完成」に至る上で重要視したのは、ひとつの結論の効果的な呈示が成功することではなく、対話の「わかりえなさ」の全体と細部の一望が可能になることだった。それが実現しているか否かを検討し、「いまここ」から過ぎ去ってしまった対話について再考を繰り返すことは、対話がマップとして「もの」化されていたからこそ可能なことであった。それは美術制作においても同じである。

美術作品が「完成」に至るには、制作者は自身の作品について価値判断し、その都度何らかの決定を下さなければならない。作品について主観的あるいは客観的な美的判断が可能となるのは、作品が「もの」としての形を与えられているからに他ならない。明晰に把握しがたい贈与の出来事は、素材を通して新たな「もの」となることによって初めて、鑑賞者だけでなく作者自身にとっても参照可能なものとなる。

美的な「もの」として実体化された作者の思考や体験は、論理的な言語化とは異なり、その多義的な性格を維持したままで、時空を超えて新たな解釈を生み続ける。本来形もなく、固定化もできない「交換不可能なもの」が、暫定的にせよ「もの」としての形を与えられることで、言語化不可能な多義性を含んだ「もの」そのものとして、他者との交換の俎上へと載せることが可能になるのである。造形作品は厳密にはオープンエンドではない

（目の前の「もの」が暫定的な回答である）のだが、一義的な言語ではなく多義的な「もの」として形が決定されることで、その解釈は常に塗り替えられていく。

「もの」が開く「他者」

繰り返し述べてきたように、美術制作は多義的で等価交換不可能な美についての深い探究を伴い、その制作プロセスは必然的に制作者を贈与の出来事へと巻き込む。作者によって変質を加えられ、刻々と姿を変えていく素材は、日常の「有用なもの」としての意味をはぎとられ、絶対的な「他者」としての姿を作者の前に現す。「他者」との出会いは作者の自己に変容をもたらし、新たな自己の一部となるだけではなく、「作品」という形を与えられ、再度自己の外部へと投げ出される。それは自己の延長であると同時に、すでに思い通りにならない「他者」となっている。そして作者はまたそれを受け取り、新たな制作へと向かわされる。孤独な美術制作において、たとえ直接的な意味で他者との対話がなかったとしても、そこには「もの」を通じた「他者」との終わりなき対話が生じているのである。

作品という「もの」を通じて「他者」と出会うのは、作者だけではない。作品に対峙する鑑賞者も同様である。その生成過程において生じた贈与の出来事の痕跡を幾重にも内包した美術作品は、鑑賞者にも新たな贈与の出来事をもたらし、事物に折り畳まれた贈与性を開く（unfold）メディアとなる。ゆえに優れた造形作品は、制作者と鑑賞者の双方に思考の変容を促すことになる。

このように考えていくと、作者と「もの」との間で行われる美術制作は、贈与的省察を伴うＡＢＲそのものであるといわざるをえない。たとえそこに具体的な他者との共働が存在しなくとも、孤独な美術制作はＡＢＲと呼びうるし、作品そのものだけでなく、作品の制作プロセス自体がまさにＡＢＲなのである。

すなわち、芸術家にとってＡＢＲの実践とは新しい何かを導入することではなく、贈与の出来事を意図的に引き起こすことを直接の目的とするようなコンセプチュアル・アートやリレーショナル・アートのような実践に限定されるものでもない。作品の制作過程に無意識に組み込まれていた贈与的省察を伴う様々な探究活動――美的あるいは芸術的な「もの」の造形、自他の作品の鑑賞、素材やモチーフの探究、日常の事物へと向けられる異化の眼差し、作品のためのドローイングや失敗作品の集積、合理的一貫性を求めない言語的探究、他者との対話など――、それらがすでにＡＢＲだということができるだろう。美術大学においてＡＢＲの実践を取り入れる意義は、作品の背後にあるこれらの探究に意識的に向かい合う時間を教育課程の中に位置づけ直すことにあるのではないか。

美術制作＝ＡＢＲ？

とはいえ、あらゆる美術制作がＡＢＲであるということには議論の余地があるだろう。ＡＢＲとなりうる美術制作は、贈与的省察を伴うものでなくてはならない。もしも制作者が終始交換的な眼差しで素材やモチーフに関わり、完全に自己同一的な作品を生みだそうと欲する場合、あるいは経済的対価と等価に交換可能なものとして作品を作る場合、思考の変容はもたらされるのだろうか。あるいは制作者と鑑賞者の双方が、作品とは作者の制作意図との等価な交換物であり、そのすべてを言語的に説明することが可能であると信じているとき、作品は贈与のメディアとなりうるだろうか。おそらくこうした作品はＡＢＲとは呼べないと同時に、その芸術性そのものの質も問われることになるだろう。しかし「美術作品」と呼ばれるものの中に、こうしたものが多数存在していることも現実である。

また、当然であるがＡＢＲは芸術家だけのものではない。「ＲＢＡ」（Research-Based Art：研究に基づく芸術）

が「芸術作品」として呈示されるのに対し、「ＡＢＲ」（Arts-Based Research：芸術に基づく研究）はあくまで「研究」であることに比重が置かれている。美術を専門としない研究者がＡＢＲに取り組むとき、その目的は芸術作品を作ることではない。研究者にはそれぞれの研究対象や問題設定があり、それらの研究対象について社会科学的な思考とは異なるアプローチで――わたしの論でいえば贈与的なアプローチで――探究することにこそ目的がある。ゆえにその方法として、ナラティヴなアプローチや異質な他者を巻き込んだ共働的なプロジェクトなどが選ばれやすいのはごく自然なことに思える。[20]

では、「造形的な美術制作もまたＡＢＲである」と確認することに、どのような意義があるだろうか。それは、美術大学以外での教育機関における、美術教育の価値を再考することにこそあるのではないか。美術制作が根源的に贈与の出来事を伴うものであるとするならば、そうした体験はＡＢＲに必要な贈与的省察の基本的なレッスンになるといえるだろう。ここに、芸術を専門としない学生が美術制作について学ぶ意義が生まれるのではないか。

さらにいえば、交換不可能なものを「もの」化する美術制作は、ＡＢＲのアウトプットがどのようにあるべきかという難題について深く思考する契機になるだろう。造形的な制作の経験は、ＡＢＲのアウトプットから美的な価値基準を排除して安易にコンセプチュアルなものにしてしまうことや、共働的なプロジェクトによって対話の場を提供しさえすればＡＢＲになりうるというような形式的な発想を問い直すことつながるのではないだろうか。[21]それはとりもなおさず、「芸術の終焉」以降の多元化した芸術の在り様について問い直し、造形的な美術制作の価値について再考することへとつながるだろう。ただし本考察はわたしが絵画を制作しているという事実から多大な影響を受けており、様々な制作スタイルの芸術家による議論が今後必要であることは言い添えておかなければならない。

ABRと芸術作品を明確に区別することはおそらく不可能であるだろう。ABRと美術制作はともに贈与的な探究である。そしてその最大の良さは、探究のアウトプットに「わかりえなさ」を含んだまま、それを他者との交換の俎上に載せることができることにあるのではないか。今後美術制作の教育的意義が見直されるとともに、従来の社会科学的研究が取りこぼしてきたような問題を繊細にすくいあげるものとして、日本の教育機関でより多くのABRの実践が行なわれ、そこに多くの芸術家が関わるような未来に期待したい。

注

(1)「モチーフ(motif)」とはもともとはフランス語で「動機」を意味し、芸術用語としては制作を喚起するような着想や主題などを意味するが、現在では主に「具体的に描かれる対象自体」を指す用語として使われていることが多い(谷川 2000: 92)。本章での「モチーフ」は、基本的には後者の慣例的な用法における「描かれる対象」を指している。

(2)「素材」とは芸術作品の材料となるものを指す。本章では基本的に、作品そのものを物質的に成立させる材料(例えば絵画であれば紙やキャンバス、絵具やメディウムなど)を指すものとして用いている。広義には、描かれる対象や観念的な主題、制作に影響を与える様々な事物や道具などを含めて指すこともある。

(3) わたしは主に日本画の素材である岩絵具などの顔料や金属箔、接着剤である膠を用いて絵画を描いているが、こうした素材に触発されて作品が形作られている部分は大きい。膠によって顔料の粒子がメディウムに被覆されず、点で定着することによる剝き出しの物質感、そして膠が水溶性であるゆえに生じる顔料の流動性は、素材が作者のイメージの透明な媒介物ではなく、それ自体が独立した「もの」であることを強く意識させる。筆者は作品の下地を作る際、様々な色と粗さの顔料を何層も重ねてマチエールを作る。その過程で顔料をランダムにドリッピングし、箔を貼り、重ねた顔料を水筆で洗い落とし、紙やすりで削り、また色を重ねるなどの作業を繰り返していく。その過程で素材は刻々と姿を変貌させていく。

(4) 詳細については(櫻井 2017)を参照。

(5) モースからC・レヴィ=ストロース(レヴィ=ストロース 2000)、M・ゴドリエ(ゴドリエ 2000)へと至る議論の系譜を指す。

(6) わたしの贈与に関する考察は、日本の教育学における文脈も踏まえている。特に教育哲学者の矢野智司は、バタイユの哲学的贈与論に依拠して贈与の教育学を提唱している（矢野 2008）。

(7) 代表的な例としては、トロブリアント諸島で現在も行われているクラ交易などがある。

(8) ゆえに完全なる等価交換は根源的に不可能であるのだが、交換しきれないものの存在を捨象することによって、私たちは交換の成立という幻影を信じることができるのである。

(9) （バタイユ 1973）および（バタイユ 2004）など。バタイユの思想哲学全体における贈与の位置づけとその重要性については、（湯浅 2006）を参照。

(10) バタイユにとって、供犠において供物となる動物を儀礼的に殺害する行為は、食糧や道具の材料などの有用な生産物としての性質を引きはがし、交換価値を奪われた「もの」としての本性を露わにするものであった。（湯浅 2006）および（江澤 2005）参照。

(11) 「ギフト、ギフト」（モース 2014: 37-49）参照。ドイツ語では“Gift”は「毒」の意味のみを持ち、「贈り物」を意味する単語は“Geschenk”と“Gabe”である。

(12) 贈与に対し返礼がなされた瞬間に贈与は交換に転じるが、厳密には、たとえ具体的な返礼がなくとも、もしその贈与が贈与として誰かに認知されるだけで、「その認知は、物そのものの代わりに、一つの象徴的な等価物を返す」（デリダ 1989: 74）ゆえに、「純粋な贈与」としては失われてしまうという。しかしそれでは純粋な贈与は誰の目にも現前しえないことになる。純粋な贈与という命題は、こうしたパラドクスを根底に抱えている。こうした「贈与の不可能性」の問題は、しかし贈与の出来事そのものの存在を否定するものではない。

　デリダによれば、贈与の出来事は、「時間なき時間」に何ものでもない「時間」あるいは「存在」そのものが与えられるような出来事として存在しうるという（デリダ 1989: 78-84）。言い換えるならば、それは既知のものが「非－知」のものへと変貌し、リニアな時間軸として捉えられないカイロス的な時間の中へと、主体が投げ入れられるような出来事であるといえるだろう。それは事後的に交換を生成しうるが、その与えられたものの「非－知」性ゆえに、常に交換不可能な余剰を含んだ交換となる。ゆえにそれは「等価交換」とは異なり、贈与の痕跡が保持された「贈与交換」として、「贈与」の領域に留まることができるのではないだろうか。

(13) バタイユはマネが伝統的な主題をただ否定し、「個人の独創性」といった近代的な主題に挿げ替えるのではなく、主題そのものの「不在」を露出させたことに注目していた（江澤 2005：324-326）。ゆえにバタイユによる「modern painting の出発点」としてのマネの位置づけは、一般的な意味での modern というよりもpostmodern的な意味合いが強い。

（14）マネ以降、特にデュシャン以降の現代美術は、「美」の探究よりも「非－知」の現出と事物の多義性の呈示を重視する傾向にあり、それが「芸術性」の判断基準ともなっている。

（15）贈与の出来事は「円環を開き、相互性ないしは均斉（シメトリ）を、共通の尺度を不可能ならしめ、帰還をそらせる」（デリダ 1989：66）という。廣瀬浩司はデリダの贈与について次のように解説する。「贈与とは、円環を中断するというよりは、それに対して絶えざる創造的な脱中心化を迫る過剰性のことではないか。それは円環を否定したり破壊したりするものではなく、円環が閉じられようとするまさにその瞬間に、その中心化を禁じそれをふたたび開き、新たな中心化のプロセスを起動させるものである。……贈与とは言うなれば、諸制度におけるシステムの脱中心化と再中心化の連鎖を肯定するために導入されているのではないか」（廣瀬 2008：5）。

ここでの「中心化」とは、与えられたものと等価なものを想定し、円環の出発点へと戻そうとする運動を指していると考えられる。等価交換の場合は、等価物の支払いによって円環は閉じる。しかし贈与の出来事においては、受け手の思考は「脱中心化」され、与えられたものとの等価物を引き出すことができない。それでも与えられたものについて受け手が思考し続け、「何か」を与え手へと贈り返そうとするとき、そこに「再中心化」の運動が生じる。そうしてなされる返礼は、出発点へと戻ろうとしながらも常にそこから少しずれており、円環は閉じることなく回転する。この絶えざる運動の中で、「非－知」への眼差しはより深くなっていく。優れた美術作品はこうした連鎖を引き起こす力を持つと考えられる。そもそも美術という制度自体が、社会システムの内部に「脱中心化と再中心化の連鎖を肯定する」ために必要とされているともいえる。

（16）このことは、科学的思考による探究過程でも贈与の出来事が生起しうること、そして芸術的な探究においても交換的な思考が用いられることを否定するものではない。現実の事象は贈与と交換が複雑に入り組んで現れる。贈与という出発点がなければ交換は不可能であるとともに、贈与の存在を認識するためには交換を試みなければならない。芸術家が自身の作品のコンセプトや芸術観の言語化を試みるのは、本来的に語りきれないものを語ろうと試みることで、言語によって交換可能な領域を明らかにすると同時に、交換不可能な領域（残余）の存在を確認するためだといえよう。贈与と交換の両極を行き交いながら、最終的に「贈与」性を掬（すく）い取ろうとするのが芸術的思考であり、等価な「交換」物を設定しようとするのが科学的思考であるといえるのではないか。

(17)　ここまで、基本的に「言語」を科学と同様に交換の領域に属するものとして扱ってきたが、それは論理的な言語を指している。一義的に語れないものを多義的に示す詩的言語は贈与的な言語であり、芸術の領域に近い言語であると考えらえる。
(18)　教育学において「贈与」の出来事の重要性が論じられるのは、それが子どもの自発的な変容をもたらすものとして期待されるゆえである。その背景には、子どもの発達と社会化を目的としてきた近代教育が「交換」の論理に偏っていたことへの問題意識がある（矢野 2008）。
(19)　アーカイブの手法によるＡＢＲは、「もの」の多義性を視覚化することにより、思考の変容を促すものと考えられる。
(20)　とはいえＡＢＲがResearchである以上、その交換可能性と評価の問題が芸術作品以上につきまとうことを考えれば、ＡＢＲには（写真や映像によるアーカイブや再演可能なパフォーマンスなどを含む）何らかの「もの」的なアウトプットが必要とされるのではないかと思われる。
(21)　安易になされるコンセプチュアルなＡＢＲとは、例えばマネの「操作」のような手法を形式的に踏襲することで「アートらしい」ものを作り上げることであるといえるだろう。二〇世紀前半以降、多くの芸術作品が「命題と反命題を同時に体現する「逆説の物体（パラドクス・オブジェクト）」」となったというＢ・グロイスの指摘のように（グロイス 2017: 12-13）、作品の中に相反する矛盾した命題を含めさえすれば、わたしたちはいとも簡単に「アート的なもの」を作れてしまうという現実がある。それはつまり、問題に対する探究の結果として多義性を呈示するのではなく、真摯な探究過程を省いて予定調和的に多義性を作り出してしまうことである。そうした「アートらしき何か」は、探究活動としてのＡＢＲの要件を満たすことができないのではないか。

　また、共働的な体験によって関係性の変容を作品とする参加型アートは、近年その芸術的な質に関して盛んな議論がなされている。例えば、内容の質ではなく「対話が生じた」という素朴な理由によって芸術性が担保されてしまう問題や、プロジェクトの非当事者からの批評が困難であるといった問題などがある。こうした議論はそのままＡＢＲについても当てはまるだろう。（ビショップ 2011 および 2016）、特に近年の日本における地域型アートプロジェクトをめぐる議論については（藤田 2016）を参照。

参考文献

Barone, T. & Eisner, E. W. (2012) *Arts-based Research*, Sage.
バタイユ・G（1972）『沈黙の絵画――マネ論』（宮川淳訳）二見書房。

バタイユ・G（1973）『呪われた部分』（生田耕作訳）二見書房。

バタイユ・G（1975）『ラスコーの壁画』（出口裕弘訳）二見書房。

バタイユ・G（1998）『内的体験――無神学大全』（出口裕弘訳）平凡社。

バタイユ・G（1999）『新訂増補 非-知――閉じざる思考』（西谷修訳）平凡社。

バタイユ・G（2001）『エロスの涙』（森本和夫訳）筑摩書房。

バタイユ・G（2004）『エロティシズム』（酒井健訳）筑摩書房。

ビショップ・C（2011）「敵対と関係性の美学」（星野太訳）『表象』第五号、七五―一一三頁。

ビショップ・C（2016）『人工地獄――現代アートと観客の政治学』（大森俊克訳）フィルムアート社。

ダリン・T（2015）「デリダにおける贈与と交換（Derridative）」（横田祐美子・松田智裕・亀井大輔訳）首都大学東京人文科学研究科『人文学報』第五一一号、一六三―一八七頁。

ドゥルーズ・G（1998）『襞――ライプニッツとバロック』（宇野邦一訳）河出書房新社。

デリダ・J（1989）『他者の言語――デリダの日本講演』（高橋允昭訳）法政大学出版局。

江澤健一郎（2005）『ジョルジュ・バタイユの《不定形》の美学』水声社。

藤田直哉編著（2016）『地域アート――美学／制度／日本』堀之内出版。

ゴドリエ・M（2000）『贈与の謎』（山内昶訳）法政大学出版局。

グロイス・B（2017）『アート・パワー』（石田圭子・齋木克裕・三本松倫代・角尾宣信訳）現代企画室。

林好雄・廣瀬浩司（2003）『知の教科書　デリダ』講談社。

ハイデッガー・M（2008）『芸術作品の根源』（関口浩訳）平凡社。

平尾昌宏（2012）「モースと贈与論の陥穽――〈贈与〉の倫理学・哲学的考察への序説」立命館大学『立命館文学』第六二五号、一〇五一―一〇六三頁。

廣瀬浩司（2008）「贈与・忘却・制度――制度化の思想としてのデリダ」日本仏哲学会『フランス哲学・思想研究』第一三号、三―一二頁。

今井康雄（2008）「「純粋贈与者」はどこまで純粋か――教育の起源をめぐる不純な考察」教育思想史学会『近代教育フォーラム』第一七号、一一七―一二九頁。

今村仁司（2000）『交易する人間（ホモ・コムニカンス）』講談社。

香川檀（2012）『想起のかたち——記憶アートの歴史意識』水声社。

金田卓也（2014）「教育に関する質的研究における Arts-Based Research の可能性」『ホリスティック教育研究』第一七号、一—一六頁。

小松佳代子（2017a）「芸術体験と臨床教育学——ABR（芸術的省察による研究）の可能性」矢野智司・西平直編著『臨床教育学』協同出版。

小松佳代子（2017b）「4th Conference on Arts-based Research and Artistic Research」美術教育研究会『美術教育研究』第二二号、八五—九一頁。

鴻池朋子（2016）『どうぶつのことば——根源的暴力をこえて』羽鳥書店。

レヴィ＝ストロース・C（2000）『親族の基本構造』（福井和美訳）青弓社。

牧野篤（2011）『認められたい欲望と過剰な自分語り——そして居合わせた他者・過去とともにある私へ』東京大学出版会。

マリノフスキー・B（2010）『西太平洋の遠洋航海者——メラネシアのニュー・ギニア諸島における、住民たちの事業と冒険の報告』（増田義郎訳）講談社。

モース・M（2014）『贈与論　他二篇』（森山工訳）岩波書店。

中沢新一（1996）『純粋な自然の贈与』せりか書房。

中沢新一（2008）『愛と経済のロゴス　カイエ・ソバージュⅢ』講談社。

岡原正幸編著（2014）『感情を生きる——パフォーマティブ社会学へ』慶應義塾大学出版会。

小田亮（2000）『レヴィ＝ストロース入門』筑摩書房。

酒井健（1996）『バタイユ入門』筑摩書房。

櫻井あすみ（2017）「美術活動の「贈与」性——「もの」が開く多層的な「他者」」東京藝術大学大学院美術研究科修士論文。

白川昌生（2014）『贈与としての美術』水声社。

周禅鴻（1998）「教育の語源学（2）——〈學〉〈校〉の原像」東京大学大学院教育学研究科教育学研究室『研究室紀要』第二四号、三三—四五頁。

谷川渥監修（2000）『絵画の教科書』三晃書房。

寺崎弘昭・周禅鴻（2006）『教育の古層——生を養う』かわさき市民アカデミー出版部。

内田樹（2007）『下流志向——学ばない子どもたち 働かない子どもたち』講談社。

矢野智司（2006）『意味が躍動する生とは何か——遊ぶ子どもの人間学』世織書房。

矢野智司（2008）『贈与と交換の教育学——漱石、賢治と純粋贈与のレッスン』東京大学出版会。

安井健（2013）「マルセル・モースにおける「贈与交換」論の教育思想的意義——物の霊性と知の伝承」教育哲学会『教育哲学研究』第一〇七号、一七二—一九〇頁。

湯浅博雄（2006）『バタイユ——消尽』講談社。

櫻井あすみ「present」

第七章　芸術における「隔たりの思考」

菊地　匠

はじめに

本章は、身も蓋もないことを言ってしまえば、わたしが自身の座標を知るために書いた覚えがきのようなものかもしれない。だからといって例えばインドに旅して自分の新たな一面を知る、というような自分探しを貴重な紙面で繰り広げたいわけでもない。自身の座標を知るということは自分の立つ足元を見るということであり、それはまた「我々はどこから来たのか　我々は何者か　我々はどこへ行くのか」(1)という問いにもつながる。何故なら、自分の内面を見つめる自分探しの旅は自分にとって価値あるものを見つければその目的は遂行されてしまい、あくまで個人的なものにとどまるが、内面ではなく足元に目を向ければ、同じ地面に立つ者が少なからずいることに気がつき、その時、「わたし」の問題は「我々」の問題でもある可能性を知るからだ。

しかし、これは美術業界、特に芸術大学の悪い部分だと感じるが、長年かけて形成された独自の閉鎖的コミュニティー内では、足元を見つめる努力を行わずとも、ある程度話の通じる「我々」の数が担保されてしまい、その場に立つ他の領域の人間を軽んじてしまうことが多々ある。しかし、自身の価値の根拠を自分自身に見いだすようなモダン・アート登場以前の芸術は、他の領域にある、より上位の概念に依拠してのみ成り立つようなものではなかったか。その根拠とは例えば宗教であり、プロパガンダであり、国家であった。自律する芸術という魅力的なスローガンは今なお輝きを失っていないが[2]、そこが起源かのように、つまり芸術はもともと自律し、その構造は時代を経ても変わらない普遍性を持っているかのように錯覚したまま制作を続けることは危険なことだと言わざるをえない。「自律する芸術」の価値は、矛盾するようだが「自律していない芸術」が依拠していた概念からの独立宣言というような歴史的意義を多分に含むからである。

わたしは、モダン・アートという「大きな物語」を語ることのできた芸術に憧れる。わたしにとってはマティスがその代表である。しかしそれを素朴に引き継ごうとすることはアクチュアリティに欠けるとも考えている。だからといって個人の殻に引きこもって自分の趣味嗜好のみで制作を続けることにも疑問がある。学生の頃はこの二つの問題に挟まれ、身動きがとれなくなっていた。本章はそこからの「迂路」を見つけるために執筆したものである。そしてそれが他の誰かにも同じように機能するよう願っている。

わたしは結局、経済的な動機以外に、かつて神や祈りに奉仕していた芸術家のような切実さを持ちうるのだろうか。持つことができたとしても、それは「我々」の問題と呼べるだろうか。そもそも「我々」とは誰なのか。本章では、そうした問いをベースに考察していきたい。

第1節　楽園としてのマティス芸術

言語としての絵画

マティスの絵画は素晴らしい。ここにこそ真理がある、と断言してしまいたい誘惑にかられるが、それは思考停止に他ならない。しかしマティスに対し、真理とは言わないまでも何か圧倒的なものを感じてしまったという個人的な事実をきっかけに論を進めることはお許しいただきたい。例えば（『カラマーゾフの兄弟』のような）ある種の小説が体現する、非常に特殊な例を描きつつもそれが孕む問題意識や作品の意味が時代を超え妥当性を持つような在り方、本章はそのような形態をこそ目標としている。ある意味、小説のように論文を書きうるということもABRの持つ可能性の一つではないだろうか。

初めてしっかりと見たマティスの作品は、ヴァチカン美術館に収蔵されている、彼自身が設計にも携わったロザリオ礼拝堂の壁画のためのドローイングだった。その鑑賞は、一瞬にして鮮烈な、しかし厚みのある意味内容が伝わってくる体験であった。マティスの後期の作品を実際に見たことのある方にはこの感覚は伝わるのではないかと思う。そこから、マティスの絵画とは言語のようなものではないかと考え、彼自身の発言からその推察がある程度正しかったと知った（マティス 1978：95）[3]。マティスの絵画において色彩は、美しい聖母を彩るものではなく、光の印象を留めるものでもなく、〈シーニュ〉（記号）であった（大久保 2009）。そのシーニュの織りなすかたちはしかし、決して単なる色彩の戯れに堕すことなく、生そのものに根付く美しい言葉を形成している。

「生そのものに根付く」という感覚は自律的芸術とは折り合いが悪いように感じる。事実マティスは、抽象表現主義者を指し以下のように述べている。

「今日のいわゆる〝抽象〟画家ですが、彼らの間には空虚から出発する者があまりにも多すぎるように私には思えます。彼らは動機をもたず、もはや感興も、インスピレーションも、感動もなく〝非存在の〟見地を擁護し、抽象の模造品を作っています。彼らの色彩の関係と称するもののなかにはどんな表現も見出せません。彼らがその関係を創造しきれないのだとすれば、いくらあらゆる色彩を使えるとしても無駄だというものです。」（マティス 1978：301）

つまりマティスは自律的芸術の扉を開いた芸術家の一人ではあったが彼自身はあくまで、自然という対象からは離れなかったのだ。ところでこの「〝非存在〟の見地」はマティスと同時代のフランスを生きたアンリ・ベルクソンの哲学を思い起こさせるところがある。ベルクソンは思想家に限らず芸術家にも非常に大きな影響力を与えた人物で、マティスもまた彼の著作を読み、少なからず影響を受けている（大久保 2016：105）。

《ホモ・ロクワクス》と「〝非存在〟の見地」、マティスとベルクソンの同異点

マティスのいう、自然という対象から全く離れ空虚から出発する者、つまり記号から出発して記号を再生産する「〝非存在〟の見地」を擁護する抽象画家、という図式は、ベルクソンの提唱する《ホモ・ロクワクス》と多くの共通点がある。《ホモ・ロクワクス》には「言語人」という訳語が当てられており（ベルクソン 1988）、経験から離れ、言葉による抽象的思考とそれについての反省しか行わない存在を指す。これは生の実感から離れ、抽象的議論を繰り返していた哲学の比喩でもあるが、マティスのいう「〝非存在〟の見地」とよく似ている。《ホモ・ロクワクス》と対をなす有名な《ホモ・ファベル》（工作人）は自然から霊感を得て創作を行うもので、こ

こではさしずめマティスに当たるだろうか。

似ているところの多い「〝非存在〟の見地」と《ホモ・ロクワクス》だが、マティスとベルクソンには一つ、決定的な差異がある。それは《ホモ・ロクワクス》、つまり「言語人」に対し、ベルクソンは「私に反感をいだかせる」（ベルクソン 1998: 126）とまで言い放つように、彼は言語に対し直観的な不信感を抱いているのだ。それとは異なりマティスは絵画と言語の同一視までしており、言語に信頼を寄せていることがわかる。マティスはベルクソンに影響を受けながらも、こと言語に関して、両者は全く対照的とも言える態度を見せる。この理由はどこにあるのだろうか。それを探るにはベルクソンの「持続」の概念をマティスがどう解釈したかを見る必要がある。

マティスは、一九八〇年代、つまりキャリアの後半にベルクソンへの関心が再燃し、「持続」の概念の彼なりの解釈が作品制作にも影響を与えていた。「持続」とは簡単に言えば時間の捉え方のことであるが、時計の針が刻むような空間的に分割されている時間とは根本的に異なるものだ。「持続」における時間とはそのような均質なものではなく、一瞬一瞬に新たな意味が生成されるような生き生きとしたものである。いまというこの一瞬は先行する一瞬の記憶を内在させながら、「メロディーの楽音のように相互に浸透し合い、有機化し合って」（ベルクソン 1990: 100）いる。時間とは単に過去から未来へと等速で進む無味乾燥なものではなく、躍動に溢れた「持続」を内包するものである、というのがベルクソンの主張である。

その均質さへの批判、新たな意味が生成され続ける現場として日常を捉えるような感覚は、マティスの『ジャズ』などの制作に影響を及ぼしているという（大久保 2016: 94）。『ジャズ』は切り紙絵の原画からなる書物だが、マティスは切り紙絵を制作するにあたって、壁一面に色のついた紙片を留め、それを貼ったり剝がしたりするという手法を選択した。このことにより、『ジャズ』は直線的な完成への道のりを歩まず、マティスを中心とした絵画の空間でそれぞれの要素が行き来する生成のダイナミズムが生じることとなった。これこそがベルクソンの哲学のマティスなりの昇華であるのではないだろうか。

　ところで、ベルクソンがそもそも言語に不信感を示すのは、言語の性質が区別＝ディスタンクシォンにあるからである。つまり、「昨日」とわたしが述べるとき、実際にその日に起きた出来事や、引き起こされた様々な感情など、そこに含まれる豊かで一回限りの現象は捨象され、「昨日」という反復可能で均質なものに意味が固定してしまう。これが区別＝ディスタンクシォンの作用でありベルクソンが嫌ったものだ。「持続」は全く新鮮な感覚の絶え間ない湧出であるが、言語は常にその本性を取り逃がし続けるのだ。しかし、マティスにとっての言語である絵画は、『ジャズ』の例で見たように、その制作過程に「持続」を取り込んだ形で成り立つものであった。つまりマティスにとっての「言語」はベルクソンにとっての言語の弱点を克服した形で想定されるものであり、ここに言語をめぐる両者の対照的な態度の原因が見出せるだろう。

ベンヤミンの言語哲学とマティス

　ここからはベルリンに生まれたユダヤ人思想家であるヴァルター・ベンヤミンとマティスを比較し、論じる。その理由は、臆面もなく記せば、ベンヤミンが二四歳で書いた言語についての短い論考を読んだ時、これはマティスのいう言語と近いものがあるのではないか、と感じたからに他ならない。ちなみに、わたしの調べた限りベンヤミンとマティスに歴史的関連性はない。それゆえ、恣意的に結びつけられた両者によるこの項は、本章全体の信頼性を脅かす危険を孕むが、わたしの文章に何かオリジナリティらしきものがあるとするならば、両者の比較はその前提をなすものであり、避けて通ることはできない。だが、マティスとベンヤミンをつなぐ極めて小さな鎹（かすがい）は存在する。それは、ベンヤミンがベルクソンに批判的に言及している、という点である。このことは本章にとって重要な意味を持つため、のちに詳細を記す。

ベンヤミンとはそもそも、どのような人物なのか。一八九二年に生まれ、一九四〇年に亡くなっているため、マティスと同時代人ではある。ベルリンでの幼少期は幸福なもので、彼の著作にその経験は色濃く影響している。そしてベンヤミンの思考の結晶ともいうべき彼の文章の数々は、読み手である我々に対して体系化し安定した価値を提供するものなどでは全くなく、我々の思考それ自体を誘発し、何かを語らせたくなるような謎として散在している。そのため、なにか曖昧な感情や詩的な価値などをある一つの矮小化したカテゴリーに同定してしまうような役割をもつ言語と、ベンヤミンが想定し用いる言語は対極の位置にあると感じる。哲学や文芸批評の枠を超えて様々な領域でベンヤミンの言説が引用されるのはそうした彼の文体の独特な作用が一因であるだろう。まずわたしにはマティスが考える言語と、ベンヤミンのこうした言語の大まかな印象の類似が感じられた。特に初期の言語論である「言語一般及び人間の言語について」ではマティスの絵が持つ、分断作用を克服した形での言語と似たような理想的な言語の姿が描かれていると思われた。

よく言われることだが、ベンヤミンの文章の魅力はその要約の難しさにある。しかし紙幅との兼ね合いもあり、その文章をくまなく見ていくことはできない。以下では彼の思考について簡単に紹介するが、わたし自身も理解していないことがまだ多く、さらに要約の形で記述するため、その本質とはほど遠いことを理解いただきたい。

わたしがマティスの言語と共通点を感じたベンヤミンの「言語一般及び人間の言語について」は、聖書を思考の足がかりとしながら、言語の根源的あり方を探究した論考である。ベンヤミンはここで、「人間の精神生活の表出は、すべて、言語の一種として把えることができる」（ベンヤミン 1981）と述べる。つまり絵画も彫刻も音楽もベンヤミンからしてみれば全て言語である。何らかの内容が伝達するということを彼は全て言語と表現するのだ。これはそこまで特殊な考え方ではないし、理解しやすい。しかしベンヤミンはあらゆる伝達、例えばある出来事やものいわぬ事物から伝わる内容なども、それらが発する言語であるという。さらに続けて「精神的本質」と「言語的本質」という言葉が導入され、論が一気に難解になる。

簡単に説明を試みれば「精神的本質」とは一般的な意味での本質に近く、「言語的本質」はその本質の中でわたしたちに伝わってくる部分である。つまり、リンゴを見て、赤いとか丸いとか感じるとき、それはリンゴの「精神的本質」ではなく「言語的本質」を受け取っていることになる。その「言語的本質」がリンゴの言語である。それゆえに「言語的本質」、つまり言語は常に「精神的本質」の一部にならざるをえない。これは前項の最後、ベルクソンについての箇所で述べた、「言語は常にその本性を取り逃がし続ける」という感覚と似ているように思える。しかし読み進めるとベンヤミンはむしろ、そのような語りえないものに対して究極的なものを見るという考えを退けていることがわかる。

語りえないものこそが真理なのだ、という共感しやすいテーゼを退けるために彼が導入するのが言語間の序列である。これは、英語の方が日本語よりも便利だとかフランス語が世界一美しいとかそういった類の話ではなく、ベンヤミンの想定する、ものいわぬ「事物の言語」、人が表出する「人間の言語」、そして旧約聖書の神が用いた「創造する語」という段階のことである。[4]「事物の言語」は「精神的本質」の一部しか伝達しえない。ゆえに不完全な言語である。しかし、「人間の言語」は「精神的本質」をあますところなく伝達する可能性を持っている。

少し話は逸れるが、言語が伝達するとベンヤミンが述べるとき、それは例えば「わたしが日本語を使って友人に何かを伝える」といったような意味ではない。難解かつ馴染みのない考え方だが、人間は物を認識しそれを名付けることで、自身の精神的本質を神に伝達しているという。一体どういうことなのか。「神」などの宗教的概念をあえて無視すれば、これはつまり、ベンヤミンにとって言語は主体が気ままに使える道具ではなく、むしろ、言葉を発する主体も巻き込まれる形で認識の場を形成する「媒質（Medium）」であるということだ。Aさんから

Bさんへ、という水平方向の即物的なベクトルではなく、Aさんが発した言葉は、BさんもAさん自身も内包し垂直のベクトルを持つ出来事となる。水平方向で即物的なベクトルを持つ言語とは極言すればプロパガンダであり、扇動する言葉につながる。しかし垂直方向へと向かう言語は放たれるたび、その起源を志向し、道具としての言語という概念を斥ける。

話を言語間の序列に戻す。「事物の言語」がその本質を伝えきらないということは、感覚的にわかりやすい。わたしたちはリンゴから本質そのものを受け取っているわけではなく、一部の情報のみを受け取っているに過ぎない。しかし、「人間の言語」が本質をあますところなく伝達する可能性を持つとはどういうことなのだろうか。これは経験に反しているように感じる。何故なら、我々はしばしば、会話の相手に自分の意図するところが十分に伝わらずもどかしく思うような状況に出くわすからだ。外国語の話者同士では通常のコミュニケーションをとることに苦労することも多々ある。このような疑問にはベンヤミンは次のように答えるだろう。つまり、人間の言語がそのような有様なのは、堕罪やバベルの塔崩壊を経て、言語の本質とすっかり関わりが薄くなってしまったからだ、と。

彼によれば人間の言語の本質とは名付けることであった。それも気ままに名付けるのではなく、神の創造した事物が発する言語を正しく認識し、唯一の名をつけることが人間の課題でもあるのだ。このような唯一の名を授けることができた者は楽園（エデン）にいたアダムであった。しかし知恵の実を食べ善悪という相対的な概念を知ってしまうことで、名の持つ唯一性は失われる（堕罪）。そしてバベルの塔の建設によって言語の混乱がもたらされ、言語はさらに楽園の記憶と遠い存在になってしまう。以上がベンヤミンにとっての言語が辿った過程である。無論これは神話であるし、実際の言語はこれとは全く異なった起源と過程を持つだろう。しかし、あらゆる起源は神話的枠組みで思考され、初めて哲学的意味を持つのではないか。

前置きが長くなってしまったが、この項の目的はベンヤミンの言語観とマティスの絵画を結びつけることにあった。その点で言えば、ベンヤミンの用いる「媒質」における、主体を巻き込む形での出来事の現場という性質は、そのままマティスの『ジャズ』の制作現場の説明としても違和感がないように思う。マティスもまた、出来合いの概念を説明するために絵画を用いたわけではなく、自分自身とモチーフ、画材などの往還によって絶え間なく生成される意味を意識していたからだ。

さらに、わたしにとってマティスの絵画は、ほとんど唯一の名のように感じられた。その線は一センチのズレも、その色彩は印刷によるわずかな変化も許容していないように思えた。つまりベンヤミンのいう楽園の、正しい認識に基づいた言語、それと同じくらい「この形しかありえない」と思わせる強度を持っていた。両者とも「意味するもの」と「意味されるもの」が根源的な一致を見せているのだ。

楽園からの距離

ベンヤミンは「言語一般及び人間の言語について」において楽園の言語を、「いまはもう存在しないが、現在の言語にもその記憶はかすかに残っており、翻訳によってその記憶へと近づきうるもの」として考察した。聖書に基づき言語を考察したことも相まって、ベンヤミンが理想とした在り方と現状との間には、埋めがたい溝があった。その独特の立ち位置こそが、前項の冒頭で示した、ベルクソンへの批判的言及につながる。詳しく論じる余裕はないので、要点を記していく。

まず思い起こされたいのが、ベルクソンは、言語による抜け殻と化した哲学を、「持続」や「生の躍動」といった概念によって生き生きとしたものへ立ち返らせる、と主張していたことだ。そうしたベルクソンの立場に対し、ベンヤミンはプルーストの『失われた時を求めて』を引き合いに出し批判する。『失われた時を求めて』には語り手がマドレーヌを食べたことで美しい追憶が次々と展開する場面があるが、ベンヤミンはここに注目し、論を展開する。ベンヤミンに言わせれば、ベルクソンは単純に自分の自由な意思で豊かな生の躍動に溢れる世界へ好きな時に立ち返ることができると考えているようだが、そうした立ち返りはそんな簡単なものではなく、たまたまこの日にマドレーヌを食べなかったら二度と訪れなかったかもしれないくらい困難なものである、といった具合である。これをベンヤミンはプルーストにおける「ベルクソンへの内在的な批判」（ベンヤミン 2015a: 235-254）と述べている。

立ち返ることの困難な「豊かな生の躍動に溢れる世界」、それはベンヤミンの言葉で言えば「楽園」になるだろう。ここに、この節のタイトルを「楽園としてのマティス芸術」とした理由がある。つまり、わたしにとってマティスの絵画は、アダムが使った言葉のようにほとんど唯一の名に近いものでありながら、素直にその後継を目指すには、楽園と同じようにあまりに地理的にも時代的にも隔たったところにあるのだ。わたしのまなざしはここにおいて、ベルクソンのいう豊かな世界に立ち返ることの困難を、つまり「隔たり」を感じているベンヤミンと接点を持つ。

わたしはその「隔たり」にこそ、希望へとつながる可能性を見ている。

第2節　「隔たりの思考」と「オフ-モダン」

ベンヤミン「歴史の概念について」

第1節ではマティスを引き合いに出し、そこから（わたしが）隔たっているという構造をベンヤミンの言語論に照らし合わせ示したが、隔たっている対象はマティスに限ったことではない。例えば、「大きな物語」、モダニズム、そして告白してしまえば戦争や先の震災さえ、当事者ではないという意味においてはわたしから隔たっている。そしてまた、当事者であるかのように振舞って、まるで絵のモチーフの一つのように制作の口実にしてしまうことに抵抗があるのだ。かといって全くそれらを無視し好きなものだけ描くことにも、同様に誠実さが欠けると感じてしまう。「隔たり」を軸に考察することは、冒頭で述べた通り、この板挟みからの「迂路」になりうる。

そのため、まずは引き続きベンヤミンの論を参照し、前節の最後に登場した「隔たり」についてもう少し踏み込んだ考察をしていきたい。

「歴史の概念について」は、様々な比喩が織り込まれた難解な一九のテーゼからなる、ベンヤミンの遺稿である。この論考中には、有名な歴史の天使が登場する。これは、パウル・クレーのドローイング《新しい天使》からイメージを膨らませ構想されたものだが、そこには楽園から吹く強風によって否応なしに吹き飛ばされてしまう天使の姿が描かれている。強風に煽られながらも天使は、楽園の方へ、つまり過去へ顔を向け、足元に広がる無数の瓦礫を集めて、その復元を試みる。しかしその試みもむなしく、天使はさらに遠くへと流されてしまうのだ。これは一体何の比喩だろうか。「強風」についてはベンヤミン本人が「わたしたちが進歩と呼んでいるもの」（ベンヤミン 2015b: 54）だと述べている。

ベンヤミンは、物語となった歴史は「勝者」の歴史だとし、その陰に隠れる無数の名もなき人々を「救済」するのが「史的唯物論者」の責務だと語る。「史的唯物論者」とは通常、歴史を、革命を経て社会主義へと発展していくものと捉え、それゆえに新しい政治機関（前衛党）に与する立場のことを指すが（ベンヤミン 2015b: 81）、ベンヤミンは全く独自の意味でこれを用いている。

先ほどの「歴史の天使」はまさにベンヤミン的な「史的唯物論者」の似姿である。だとすれば、眼前の破片の復元を試みること、これが「救済」に当たるだろう。天使は進歩に抗うが抵抗もむなしく楽園からの距離は広がっていく。もはや腰を据えて、無数の名もなき人々を歴史から救い出すことは困難である。しかしそれを知ってなお、現在を生きる者として過去からの呼び声に応答しうることへの責任を自覚しなければならない。

それは、歴史的出来事から隔たった地点にいる我々にこそ可能なものなのだ。それを自覚し、隔たりのもとに思考を始めること、これを「隔たりの思考」と呼びたい。

「オフ-モダン」とは何か

この項では「オフ-モダン」という日本では聞きなれない概念を紹介する。「オフ-モダン」（原文は "Off-modern"）とは二〇一五年に亡くなったハーバード大学の比較文学の教授であるスヴェトラナ・ボイム（Svetlana Boym）が提唱したものである。ボイムは、「モダン」以降、多々現れた「〇〇モダン」、例えば、「ポストモダン」「アンチモダン」「ネオモダン」などなどが、領域横断的な装いをしているにもかかわらず、結局はその中へ留まろうとしていることに失望を覚え、自身の故郷であるサンクトペテルブルクの記憶や二〇世紀初頭のロシアやドイツの思想家、芸術家を下敷きとして発展させた概念である（Boym 2008: 4）。

それは「近代が企てた計画の未探査の潜在的可能性への迂路」あるいは「現代化と発展の経済的かつ技術的な物語である正統哲学の誤りの余地としての近代史の迂路であり、そこに思い切って飛び込むこと、そして予期されない過去を回復する」（Boym 2009）と説明される。

この説明を見ても分かる通り、「オフ-モダン」はベンヤミンの歴史哲学に影響を受けており、特に「現代化と発展の経済的かつ技術的な物語である正統哲学」とは先に言及したベンヤミン的な意味での「進歩」そのものであるし、「予期されない過去を回復する」ことは、「救済」とほぼ同義であるように思える。また、ボイムが

「オフ-モダン」の「オフ」を説明するときに用いる例は、例えば「舞台裏（off-stage）」や「調子外れ（off-key）」、「風変わりな（off-beat）」「冴えない色（off-color）」（Boym 2008: 4）、あるいは「遠く離れた（way off）」といったものであるが、この最後の「遠く離れた（way off）」に着目すれば、「隔たりの思考」という側面がここにも内包されているということができるだろう。それは、例えばボイムが現在という視点からモダンを捉え直す時、著書において「迂路（detour）」という言葉を多用することからもわかるように、物理的な距離の比喩としてモダンがたどった道のりを想定し、それとは異なった道を通って再びそこに埋没している可能性を探るという側面に見出すことができる。

「オフ-モダン」とはモダンを否定することで超克しようとする思想ではなく、むしろモダンとしての過去と現在が混じり合った領域に、既存の目的連関（利潤追求や歴史改竄など）から外れた思考の可能性を探究するものであるのだ。

「オフ-モダン」としてのイリヤ・カバコフ

「オフ-モダン」は多分にロシアという地域との関わり、つまりローカル性を含んだ概念である。ボイムはその概念を提唱する時に、ロシア・アヴァンギャルドの建築や、ロシア人芸術家を数多く参照している。その中でも、わたしのいう「隔たりの思考」という側面が特に感じられるのはウクライナ出身の現代アーティスト、イリヤ・カバコフである。カバコフの代表的な作品の一つに《プロジェクト宮殿》というものがある。これは、旧ソ連に住んでいた人々が考案したプロジェクトを展示する巨大な螺旋状の宮殿であり、観客はその中へ入ってプロジェクトのマケットや覚書の数々を見る。それらのプロジェクトは旧ソ連に住む人々から募集したという体裁をとっているが、実際は全てカバコフ一人が考案したものである。

さて、そのプロジェクトの内容だが、これがほとんど荒唐無稽であり、素朴で、一抹の寂しさを漂わせているものばかりである。千二百メートルもの長い梯子を作り、上空で天使に出会う。生命エネルギーを集めるパネルで世界中のエネルギーを集め、再分配する。などなど……（カバコフ 2009）。

こうした他愛ないプロジェクトが展示されるこの作品から「隔たりの思考」という側面を見るには、ロシア・アヴァンギャルドの建築家であるウラジミール・タトリンの代表作である第三インターナショナル記念塔を参照するとわかりやすい。この記念塔は、高さ三百メートルを超え、上中下の三つに分かれた部分がそれぞれ異なる速度で回転し、さらにそれに同期した複雑な電動エレベーターがつくという形で一九一九年に（！）構想された、常軌を逸した代物である（もちろん、実現はせず、模型のみが残された）（八束 1993: 17-21）。先ほど述べたように、《プロジェクト宮殿》は螺旋状の構造だったが、この記念塔もまた、螺旋である。カバコフがタトリンの記念塔を参照していたことは間違い無いだろう。

第三インターナショナル記念塔は極めて実現可能性が低い建築であり、実際に実現することはなかった。そしてカバコフの宮殿に集められたプロジェクトの数々もまた、実現不可能なものばかりである。しかし、両者の実現不可能性には本質的な差異がある。タトリンのそれは「前方・未来に向けて（pro-）＋投げる（ject<jectare）」（カバコフ 2009: 316）というプロジェクトの語源通り、その時点での実現不可能な部分を未来の技術発展に託し、ロシア・アヴァンギャルドという運動の熱量を上げることに寄与した。しかし、カバコフのプロジェクトには、もはや投げかける先である未来への期待は存在しない。第三インターナショナル記念塔のような類いのプロジェクトに対し、諦観を含んだノスタルジーを示すためにこそカバコフはプロジェクトを用いたのではないか。そしてこれはまさに「隔たりの思考」だと言える。

第3節　今日の「オフ－モダン」的作品

前述したように「オフ－モダン」はボイムにとってのロシアという地域性と関係が強いものであったが、モダニズムとの関わりにおいて、そこに「隔たりの思考」と呼びうる側面を見出すことができ、またそれはロシアとは関わりの薄い我々にも有効である。あくまでボイムは自身の故郷の記憶や、ロシアの芸術家をもとに「オフ－モダン」を構想したのであり、その思想的射程はロシア一国のみに留まるものではないからだ。

「オフ－モダン」の概念によってボイムが語った作家はカバコフを除いて過去の人物たちであるが[5]、こうした思考は現代にも有効であるばかりか、現代だからこそより重要性を増してゆくものであると考えられる。共通の尺度や地盤を失ったとき、時代を押し流す「強風」はそれ自体の速度を競うようになり、「強風」が大義に奉仕していた時代よりもその速度を増してゆくと考えられるからである。

そうした状況のもと、「隔たりの思考」としての側面に特に着目して、「オフ－モダン」という概念に重なるような現代の、具体的には二〇一〇年代の作品を見てゆく。

『HHhH――プラハ、1942年』

一つ目は『HHhH－プラハ、1942年』である（以下『HHhH』と記す）。ローラン・ビネによる、二〇一〇年度ゴンクール賞最優秀新人賞受賞作であるこの作品は、ナチスの親衛隊ナンバー2であった「金髪の野獣」ハイドリヒの暗殺作戦を任されたチェコスロヴァキアの若いパラシュート部隊員を主人公に据えた、史実に基づいた小説である。語られる出来事は史実の流れに沿ったもので、過去からほとんど順を追って記述されてゆくが、書き手である「僕」がしばしば登場し、現代における若い作者（執筆時三〇代）の執筆に際する逡巡などが語られる。

「この「僕」は歴史を物語りながら、その叙述の仕方を自分自身で疑い、書くことへの不安を吐露し、抵抗者たちへの敬意を隠さず、ほとんど一喜一憂するかのようにしてみずからが綴っている〈歴史〉（L' Historie 大文字の歴史）の進行を見守っている。このメタフィクション的な距離のもとに、歴史を小説という形式によって叙述することの倫理もまた問われるのである。」（田中 2016: 346）

田中純によって右のように説明されるように、この小説の独自性は作者である「僕」が自身の採用する資料や説、それによって構築される小説世界にその都度疑いの目を向けることである。例えば、作者は丘を下る車の色が濃い緑なのか、黒なのか、それすらも正確ではないと気が済まない。その異常な拘りは、実在したナチスに抵抗した人々に対する誠意であろう。彼らの人生を、勝手な想像力で歪めてはいけない、という強い決意が小説全体を貫く。

しかし、そのような真面目な意志と同時に、作者は、恋人の言動に一喜一憂したり、自分の戦争へのイメージの一部分がテレビゲームに影響されていることなどを吐露したりしながら、どこかユーモラスな雰囲気を小説に漂わせてもいる。あるいは、例えば、親衛隊のトップであるヒムラーと後のナンバー2であるハイドリヒが出会う場面を描写する際に、ヒムラーを「眼鏡をかけた小さなハムスター」とし、「どんな人種的論理を持ってこようとも、命令を下すのはハムスターのほうなのだ。（中略）齧歯類のような顔をしているくせに、影響力は日増しに大きくなっているこの小柄な興味深い人物を前にして、長身金髪のハイドリヒは、相手を尊敬すると同時に信頼もしているという態度を誇示しようとする」（ビネ 2013：42）というように、作者の個人的感情から生じたであろう子供じみた悪意のある比喩を用いたりしながら、どこかいたたまれない笑いを誘う。

本来、齧歯類のような顔をしていることと、影響力の多寡との間には因果関係は存在しない。しかし、その両者を「くせに」という接続助詞で結ぶことで、「こんな顔をしているのに影響力があったのは不思議だ」という素朴な（しかし意図的であろう）悪意が表出し、それがこの小説のその他大部分における資料的正確さへの執着と好対照をなし、気の抜けるようなユーモアが生じるのではないだろうか。このような関係性や必然性を無視した表現は歴史意識が希薄なところからも生まれえるが[6]、作者のビネは歴史意識の希薄さ、すなわち当事者でないことから生じる一種の軽薄さを意図的に小説に登場させているのではないか。

歴史上の人々に対する誠意から、異常なほど細部の正確さにこだわるという態度と、歴史意識の希薄さから生じる軽薄さ、これは一見相反する態度に見える。しかし、作者はおそらく意図的に軽薄さを登場させていることから、その二つの態度が共存していることについて次のように考えることができる。つまり、作者は大戦という歴史的事実から隔たっているので、戦争ゲームを楽しむことができるし、平和に恋人と言い合ったりできる。しかしまた、大戦から隔たっており、当事者ではないからこそ、歴史に対して誠実になる責任がある、ということである。歴史はのちに生まれたものが自由に使える道具ではないのだ。

史実では、主人公たちは最大の目的であるハイドリヒ暗殺にはかろうじて成功するものの、脱出に失敗し、全滅してしまう。だが作者は、その場面を書くことに露骨に拒否感を示す。とはいうものの少しのフィクションも許さない作品のあり方は、小説の中だけでも主人公を生き残らせようなどという甘い考えを受け付けず、その死へと進んでいく。ここで作者は、この小説でほとんど唯一の文学的想像力を発揮する。

主人公たちは一九四二年、ある納骨堂で最後の抵抗を試みるが、この日付が、作者の生きる二〇〇八年に引き寄せられる。さらに数時間の出来事は、二〇〇八年の五月から六月までの三週間ほどに引き延ばされる。この文学的想像力は、主人公たちの元へ近づきたいという作者の願望と、少しでも長くその命とともにありたいという願望を、作者自らが課した困難な条件の極限の淵において実現させる。この困難さの顕在化もまた「隔たりの思考」の特徴と言えるだろう。序盤こそ一見軽やかに見えるビネの語り口には、実は歴史を語ることの困難というテーマが通奏低音として流れている。

『サウルの息子』

二つ目は日本では二〇一六年に公開された映画『サウルの息子』である。この映画はネメシュ・ラースロー監督の長編デビュー映画であり、ユダヤ人の強制収容所における同胞の死体処理などを強要されていたゾンダーコマンドを描いたものである。ゾンダーコマンドはユダヤ人の囚人によって編成された労務部隊で、ナチスは彼らを死の恐怖で縛り付けることで死体処理という辛い仕事を強制していた。ゾンダーコマンドは他の囚人よりは劣悪でない生活環境にいたとされているが、しかしナチスドイツにとって決定的なユダヤ人虐殺の証拠を握っている存在でもあるので、彼らのほとんどは数ヶ月に一度行われる銃による処刑で死んだ。生き残りはほぼいない。彼らは自分が生き残る望みはほとんどないと知っていたので、少ない機会と資材を駆使し、後世に記録を保管しようとした。

この映画が独特なのはその表現手法にある。劇中、常にカメラが主人公の顔の至近距離にあるのだ。そして、ごく近くにある顔にのみピントが合うため、背景は常にぼやけている。これは、ゾンダーコマンドである主人公の、つらい現実を直視したくないという心情の表現と捉えることもできるが、ここではむしろ製作者（監督）の意思表示だと捉えたい。それを論じる前に、ホロコーストの表象可能性／不可能性をめぐる議論を紹介する。

ホロコーストや強制収容所という問題はこれまで度々映画で表現されてきた。代表的なところでは『シンドラーのリスト』や『ライフ・イズ・ビューティフル』などがある。表象可能性／不可能性をめぐる議論とは簡単に言えば、ホロコーストは人間の想像を超えており、いかなる方法でも表象することができない、という立場と、人間が犯した過ちであるから、想像可能であり、また、想像しなくてはならない、という立場の議論のことである。前者は映画『ショア』[7]の監督であるクロード・ランズマンが代表的な存在で、後者は現代フランスの哲学者、美術史家であるジョルジュ・ディディ＝ユベルマンに代表される。もちろん、後者の想像する責務があるという立場においても、『ＨＨｈＨ』の作者が避けたような想像力による歪曲や改竄は否定される（そうした意味で『ライフ・イズ・ビューティフル』などの映画が取る姿勢はディディ＝ユベルマンらの立場でも肯定されないのではないか）。『サウルの息子』は、確かに想像することも表象することも困難な問題に対し、その困難さは自覚したまま、それでもなお表象しなければならないという態度を示しているのではないか。つまり、この映画がとったのはランズマンとディディ＝ユベルマンの折衷的な態度である[8]。

折衷的な態度とはどういうことか。わたしはこの作品に、『ＨＨｈＨ』と同じように、無限の表象可能性に開かれてしまっているメディアの表現手法にあえて著しい制限をかけることで、（ランズマンのような絶対的なものとは異なるが）表象不可能性に対して自覚的であろうとする姿勢を見たい。それはつまり「隔たりの思考」であり、この映画が「オフ‐モダン」的な作品であるとみなす理由である。わたしは主人公の心境の表現であるぼやけた背景を、制作者が焦点を合わせることができないということの表現だと考えたい。つまりホロコーストという出来事がどうしても持ってしまう表象不可能性を、ピントを合わせることができないという不可能性に託して描いているのではないだろうか。

何か重要な問題について、ある特殊な才能が語りきってしまい、その他の人間が思考する必要はないという感覚から生じる、他者としての居心地の良さはこの映画の鑑賞者からは奪われる。なぜならば、作品は解決済みの美しい物語をまとまった形で観客に提示することはせず、合わない焦点によって見えないものとなる光景を想像することを要求してくるからである。その時、表現する人間が直面する不可能性に観客もまた、直面する。しかし、「表象不可能性」や「想像不可能性」は想像、表象されることをひそやかに待ち望んでいるのではないか。ディディ＝ユベルマンは、ゾンダーコマンドが地中に埋めた記録は「もっと遠くにまで届く」と信じられたと述べる。このもっと遠くは、単に西側諸国のことであるのみならず、現代に住むわたしたちのことでもある。

この映画には「隔たり」ゆえに生じる責務が描かれている。

おわりに

ベンヤミンはアウラを「どんなに近距離にあっても近づくことのできないユニークな現象」と定義し、「事物を空間的にも人間的にも近くへ引き寄せようとする現代の大衆の切実な要望」によって芸術作品のアウラの消滅という現象が起こると指摘した（ベンヤミン 1999：17）。その冷静でラディカルな論調からこの「複製技術時代の芸術作品」はポストモダン的芸術論の嚆矢として語られることもある。だが、この論考をアウラなき世界の到来を称揚するポストモダン的宣言ではなく、無化することのできない「隔たり」への抵抗の実践として捉えることもできるのではないだろうか。論考のあとがきにおいてベンヤミンはファシズムへの危機感を表明している。ファシズムは大衆を戦争へと向かわせることを目的とするが、ベンヤミンは大衆の複製芸術への向き合い方にその目的に抗するあり方を見たのではないか。

わたしが第3節で紹介した、「オフ－モダン」的作品も、やはり上記のような「隔たり」への自覚と抵抗の実践としての側面があり、二〇世紀に対してますます当事者性が希薄になってゆく時代に自覚的になり、単純でないやり方で過去と現在を邂逅させようとしている。過去と現在、両者の出会いは既存の構造内に組み込まれている必然的連関によってではなく、過去からの応答という形をとった想像力によって果たされる。それは飛躍を含んだものではあるが、決して暴力的で勝手気ままなものではない。むしろ、想像力を介在せざるを得ないからこそ、『ＨＨｈＨ』の作者であるビネがそうするように、常にでき上がった物語に対して疑いの目を向けなければならない。また、「答え」は固定化し不変のものであるのに対し、「オフ－モダン」的な作品が投げかける「問い」は、見るものとの「隔たり」の差異に応じてその形を変え続ける。しかし、その「問い」は全く無根拠に形を変え続けるわけではなく、いつか来たる「救済」の時を待ち、それを望むものではないか。不変の真理という過去の遺物と、無限に前提を後退させるニヒリズム的な問いとの間に、真実をまなざしそれに近づくことに憧れる「問い」が存在するのである。

わたしがマティスの作品を見つめるまなざしに含まれる「隔たり」に、ベンヤミンが「楽園」を見るまなざしが重なると感じ、ここまで筆を進めてきた。ベンヤミン的な「隔たり」が内包されている『ＨＨｈＨ』や『サウルの息子』が見つめる歴史的に重大な事実や、あるいはカバコフの見るソ連の記憶と、わたしが見つめるマティスとでは質的に異なるものであり、同一視することはできない。しかし、あらゆる人々が共通する問題意識の下に「隔たりの思考」を開始したとしたらそれはボイムやカバコフがノスタルジーを感じているモダンの論理に逆戻りしてしまうこととなる。「共通の尺度の喪失」を自覚することから「隔たりの思考」は開始される。それは例えば二一世紀の思想を特徴付けるものではない。

歴史的事実が持つ深刻さの深浅とは一旦距離を置き、その時代、その場所で、その人が取り交わした「秘められた出会いの約束」（ベンヤミン 1999: 46）を果たそうと努めることが重要なのだ。繰り返しになるが、芸術においてそれは「大きな物語」の幻影を追うのではなく、あまりにも「小さな物語」に分散してしまうのでもない、ある意味では船乗りが一縷の望みにかけて大洋に放つ瓶詰めの手紙にも似た望みの薄さとともに、豊かな可能性を秘めているのではないだろうか。

注

（1）この言葉はゴーギャンの大作の題である。本書の編者で、わたしの大学院における師である小松は、わたしの修士論文と修了制作に対し、ゴーギャンのこの問いが思い起こされると指摘した。
（2）例えば近年のオークションでは抽象表現主義などモダン・アートが値上がりを続けている。
（3）マティス自身も絵画は言語に他ならないと述べている。
（4）「創造する語」はあくまでベンヤミンがこの論を構築する際に用いた超越的概念で、彼がその語の実在を信じていたわけではない。
（5）ベンヤミン、ナボコフ、ストラヴィンスキーなど。
（6）例えば日本では、「燃え萌えナチス少女ゲッペルスちゃん」という同人ゲームでゲッペルスを少女として登場させ、海外のネット掲示板を中心に物議を醸したが、これはまさに歴史意識の欠如ゆえに無関係のもの同士を結びつけてしまった典型例である。
（7）『ショア』はランズマンの主張通り、全編インタビューで構成されている。
（8）『サウルの息子』はこの両者から賞賛されている。

参考文献

バシュラール・G（1969）『空間の詩学』（岩村行雄訳）思潮社。

ベンヤミン・W（1975）『書簡Ⅰ　1910-1928　ヴァルター・ベンヤミン著作集 14』（野村修訳）晶文社。

ベンヤミン・W（1979）『新しい天使　ヴァルター・ベンヤミン著作集 13』（野村修訳）晶文社。

ベンヤミン・W（1981）『言語と社会　ヴァルター・ベンヤミン著作集 3』（佐藤康彦訳）晶文社。

ベンヤミン・W（1994）『暴力批判論　他十篇　ベンヤミンの仕事Ⅰ』（野村修編訳）岩波書店。

ベンヤミン・W（1997）『ベンヤミン・コレクション3　記憶への旅』（浅井健二郎編訳 久保哲司訳）筑摩書房。

ベンヤミン・W（1999）『複製技術時代の芸術』（佐々木基一訳）晶文社。

ベンヤミン・W（2015a）「ボードレールにおけるいくつかのモティーフについて」『パリ論／ボードレール論集成』（浅井健二郎編訳 久保哲司・土合文夫訳）筑摩書房。

ベンヤミン・W（2015b）『［新訳・評注］歴史の概念について』（鹿島徹訳）未來社。

ベルクソン・H（1990）『時間と自由』（平井啓之訳）白水社。

ベルクソン・H（1998）『思想と動くもの』（河野与一訳）岩波書店。

ベルマン・A（2013）『翻訳の時代　ベンヤミン「翻訳者の使命」註解』（岸 正樹訳）法政大学出版局。

ビネ・L（2013）『HHhH——プラハ、1942年』（高橋啓訳）東京創元社。

ボルツ・N・ファン・レイイェン・W（2000）『ベンヤミンの現在』（岡部 仁訳）法政大学出版局。

Boym, S. (2001) *THE FUTURE OF NOSTALGIA*, Basic Books.

Boym, S. (2008) *Architecture of the OFF-MODERN*, Architectural Press.

Boym, S. (2009) THE OFF-MODERN CONDITION　Excerpt from *The Off-Modern Condition*. http://sites.fas.harvard.edu/~boym/offmodern.html#excerpt（最終アクセス 二〇一七年一二月二一日）。

バック=モース・S（2014）『ベンヤミンとパサージュ論——見ることの弁証法』（高井宏子訳）勁草書房。

ディディ=ユベルマン・G（2006）『イメージ、それでもなお』（橋本一径訳）平凡社。

ディディ=ユベルマン・G（2015）『アトラス、あるいは不安な悦ばしき知』（伊藤博明訳）ありな書房。

細見和之（2009）『ベンヤミン「言語一般及び人間の言語について」を読む』岩波書店。

今村仁司（1995）『ベンヤミンの〈問い〉——「目覚め」の歴史哲学』講談社。

今村仁司（2000）『ベンヤミン「歴史哲学テーゼ」精読』岩波書店。

カバコフ・I（2009）『プロジェクト宮殿』（鴻野わか菜・古賀義顕訳）国書刊行会。

柿木伸之（2014）『ベンヤミンの言語哲学』平凡社。

小林哲也（2015）『ベンヤミンにおける「純化」の思考——「アンファング」から「カール・クラウス」まで』水声社。

小松佳代子（2017）「4th Conference on Arts-based Research and Artistic Research」美術教育研究会『美術教育研究』第二二号、八五—九一頁。

鴻野わか菜（2004）「記憶の回廊」『わたしたちの場所はどこ?』展 図録所収論文、森美術館。

鴻野わか菜（2007）「オーシャと友達」『イリヤ・カバコフ「世界図鑑」絵本と原画』展 所収論文、東京新聞。

マティス・H（1978）『画家のノート』（二見史郎訳）みすず書房。

三島憲一（1998）『ベンヤミン　破壊・収集・記憶』講談社。

森田團（2011）『ベンヤミン 媒質の哲学』水声社。

村上隆夫（1990）『ベンヤミン』清水書院。

Murray, L.（2012）*The Unsung Hero of the Russian Avant-Garde: The Life and Times of Nikolay Punin*, Koninklijke Brill NV.

ネメシュ・L（2015）『サウルの息子』斎藤敦子字幕、ファインフィルムズ。

ネメシュ・L（2016）「カンヌ映画祭グランプリ『サウルの息子』監督がいまホロコーストを描く意義語る」http://www.webdice.jp/dice/detail/4996/（最終アクセス　二〇一六年一一月二一日）。

沼野充義（1999）『イリヤ・カバコフの芸術』五柳書院。

大久保恭子（2009）「マチスの『ジャズ』における祝祭的プログラム——図像主題をめぐって」『神戸大学美術史論集』第九号、一—二〇頁。

大久保恭子（2016）『アンリ・マティス『ジャズ』再考——芸術的書物における切り紙絵と文字のインタラクション』三元社。

大宮勘一郎（2007）『ベンヤミンの通行路』未来社。

佐藤信夫（1986）『意味の弾性——レトリックの意味論へ』岩波書店。

田中純（2016）『過去に触れる』羽鳥書店。

徳永恂（2009）『現代思想の断層——「神なき時代」の模索』岩波書店。

内海健（2012）『さまよえる自己——ポストモダンの精神病理』筑摩書房。

Woods, F.（2008）Ilya Kabakov and the shadows of modernism, in: *Artefact*, Irish Associatin of Art Historians.

八束はじめ（1993）『ロシア・アヴァンギャルド建築』ＩＮＡＸ、図書出版社（発売）。

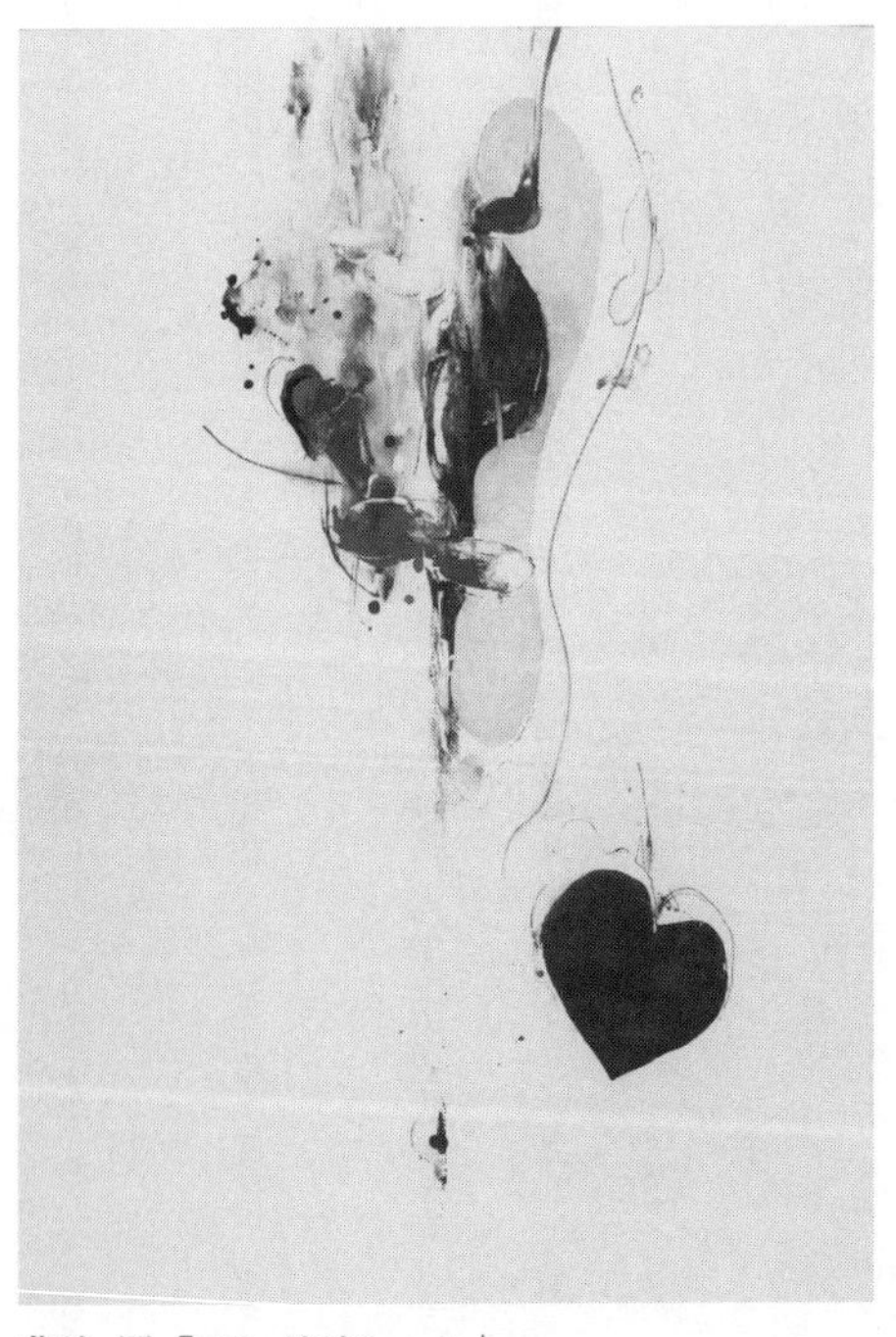

菊地 匠「コンポジション」

第八章　もののなかで夢をみる
——芸術的知性による〈解放＝救済〉

齋藤　功美

はじめに——非同一的な記述へのエクスキュース

芸術作品とは、ひとつの「知性」であるというのがわたしの実感である。この「知性」とは論証的であったり、実証可能な性質の知性ではなく、もっと曖昧で偶然性を含み、直感的で非論証的な知のあり方である。それは〈芸術的知性〉と名付けられるようなものである。そしてそのような知性は、作品制作においても鑑賞においても共に働いているように感じられる。そしてArts-Based Research（以下ＡＢＲと記す）という概念によってその〈芸術的知性〉を言い当てられるのではないかと直感的に思われた。だが、ＡＢＲの理論的基礎づけや実践を知るうちに、なにか齟齬を感じもしたのである。[1] 齟齬を感じつつも、それらは根源的な部分で関連しあっており、その関わりは既存のＡＢＲ研究では十分に明らかになっていないように思われる。だから一度ＡＢＲという概念とは離れたところで〈芸術的知性〉について考察することでそれが明らかになるかもしれない。

芸術作品が自己の内面の表現だとする作品や、コンセプトと呼ばれるような哲学的なあるいは社会問題に関する概念によって説明されるような作品、あるいは芸術とみなされる様式を反復するだけの作品や、純粋に視覚的・感性的な快によって刺激する作品にわたしは違和感を覚える。なにかそれらは、芸術作品の要素を利用しつつも、他のなにかに従属しているのではないか。わたしが思う芸術作品とは、それらの要素が含まれつつも、〈芸術的知性〉が浸透することによってそれらの要素が解体、再統合され、質的に稠密となったものと残された断片とが、複雑に絡み合ったままに知覚されるようなものである。それは身体的に刺激され、同時に思考も促されるような。日常とは断絶しながらも、私が生きている〈いま・ここ〉を想起するような。答えを提出したり主張をするのではなく、問いをたてるような。その問いすらも明確なものではなく、ただなにか思考をめぐらせ続けずにはいられないような。それでも目の前にある作品それ自体が、思考していること以上の存在として知覚されるような。平たくいえば、よく分からないものなのである。そしてそれは、知性と呼ぶほかないような静かな省察によってはじめて知覚できるものである。

〈芸術的知性〉を考察するにあたり、「芸術とはなにか」という問いを曖昧なままに保留しておくことができない。しかしその問いに答えることは困難であるし、あるいはその問い自体が間違っているのではないかとも思う。芸術概念とはつねに様々な要素の連関のなかで形成されており、定義づけることなど不可能であろう。だからといって、芸術の終焉以降の拡張を続ける芸術概念を曖昧なまま使用することは不要な誤解を生むことになる。だから、すくなくともわたしのいうところの芸術とはなにかという問いに答える必要がある。その答えは決して普遍的なものではないが、わたしにとってアクチュアリティを持ったものである。それはわたしの芸術経験に根ざしていると同時にアドルノをはじめとする芸術論に依拠している。だがここで措定する芸術概念はあくまでもわたしの芸術観にすぎない。決してそれで芸術を本質的に規定できるとは考えていないし、それが本書の芸術概念を代表するものでもない[2]。それに本章で明確で揺るぎのない答えなど出せないだろうとも思う。確かなものとして論じようとすればするほど、欺瞞ではないかと感じてしまう。それはつねに流動的でゆらいでいるように思う。だからといって、論じないまま曖昧さのなかで安住するべきではない。

本章の考察はアドルノらの芸術論に触れるが、それら自体がわたしの芸術観をそのままに説明するものではないだろう。だがしかし、わたしがわたし自身の芸術経験を考察する時々に、それらの理論が示唆的な役割を果たした。あるいはそれらの理論に触れたことで、わたしの芸術観自体が変容したこともあるかもしれない。そこには誤読や不十分な理解をともなった、恣意的な解釈もあるかもしれない。だが、それが誤読であれ恣意的な解釈であれ、それによってわたしの芸術観が形成され、わたし自身の芸術観への理解が進んだことは事実である。だから、それを描き出すうえでそれらの理論に触れることは不可欠である。

わたしの芸術観はわたし自身の芸術経験と、いままでに触れてきた芸術論とがわたしの内で統合され質的なものへと変容したものである。彼らの芸術論に対し歪んだ解釈をしていたとしても、それがわたしの経験と統合されることで、わたしにとってアクチュアルなものとして正しく歪んでいるのである。それらは星座的布置としてわたしの芸術観を浮かびあがらせる。そしてそれを記述しようとすると、それだけではそのすべてを言い当てられていないとも感じるのである。そのような意味で本章における芸術観とは〈いま・ここ〉のわたしの主観的で不完全な「非同一的」な記述にすぎないものである。

本章で論じる芸術作品とは、〈もの〉をメディアとした〈真正な芸術作品〉である。この〈もの〉であることと〈真正な芸術作品〉の条件が、わたしにとっての「芸術とはなにか」という問いに対する答えとなる。そしてそのような芸術作品の制作と鑑賞とが共有する領域で〈芸術的知性〉と呼びうる知的活動が起こっていると考える。その〈芸術的知性〉は省察的性質を持っており、それによって一義的に同定されたものを〈解放＝救済〉することを可能とする。これはわたしがＡＢＲによって言い当てられるかもしれないと思ったことに通じるように思われるのだ。

本章は芸術概念を狭めることに加担するかもしれないが、真のねらいはそれではない。芸術実践が広がりつづけることは止めようがないだろうし、止めるべきでもない。わたしたちは芸術そのものに未だ至っていないのだし、至ることもないのだから。だが、ただ闇雲に拡張しつづけるだけならば、雲散霧消しかねない。それを避けつつ拡張するためにも、アンカーポイントを措定したいのだ。

第1節　芸術作品の〈もの〉の物質性

本章でいうところの芸術作品とは〈もの〉をメディアとする〈真正な芸術作品〉である。ここでいう〈もの〉とは平面作品における絵具や紙やキャンバス、立体作品での粘土や石膏をはじめ、映像作品での光や音をさらには言葉や文字などを指す。絵具や粘土は造形美術の範疇であるが、音や言葉などはその範疇を超える。そこからわかるように、ここでの芸術作品とは造形美術に限定されない。

それらに共通しているのは、それ自体では芸術にはなり得ないが、だが芸術作品にとっては不可欠な要素であるということ。いいかえれば〈もの〉とは芸術を媒介するメディアである。[3] たとえば絵画において、キャンバスに油絵具が塗られていたとしてもそれだけで芸術作品となることはない。しかしその絵画が芸術作品であったとき、その油絵具が塗られたキャンバスという〈もの〉は作品にとって不可欠な要素である。作品としての〈もの〉から切り離されたところで芸術は存在し得ない。

この芸術作品の〈もの〉の物質性について、制作という〈もの〉の加工から考えてみたい。おなじ〈もの〉の加工という行為であっても、道具としての〈もの〉と芸術作品としての〈もの〉とはたしかな差があると考えなければならない。というのも、〈もの〉の加工という行為そのものには、道具的であれ芸術的であれ、どちらにもある種の知性が働いているからである。

道具制作における〈もの〉の加工における知性とは理性的合理的な知性であり、広義における科学的知性である。そこには、職人的な身体化された暗黙知であったり、段取りに関するものや、素材の特性を見極めるような経験的な判断、試行錯誤によりはじめてわかるような事柄など、決して軽視できない知性が働いている。もちろん芸術における〈もの〉の加工においてもこのような知性は働いているし、美術教育における技法や材料に関する内容は、この知性によって獲得されるものが中心となっているだろう。しかし、そこで働いている知性は芸術作品に限らない、広く〈もの〉の加工に関わる知性である。たとえそれが芸術作品の素材やその制作に適用されたとしても、芸術作品の〈もの〉の加工特有の知性とはいえない。

では、芸術作品としての〈もの〉の加工に特有の知性とはどういったものであるのか[4]。たとえキャンバスに油絵具を塗ったとしても、それが描かれている対象を指示すること、つまり記号表現に利用されているだけであるなら、それは描画材の道具的利用ということになるだろう。〈もの〉としての描画材は指示対象を表象し、道具的に透明になることを求められる。言い換えれば、〈もの〉の物質性を消し去り、〈もの〉を記号表現として指示対象に完全に従属させるということである。記号表現となることに成功すればするほど、〈もの〉としての絵具の存在は透明になっていくのである。だが芸術作品としての絵画においては記号表現をしたとしても、それに利用されつくされなかった〈もの〉の物質性が依然として記号表現を半透明に覆っているのである。

イラストレーションと芸術作品としての絵画との違いもこれとして理解することが可能だろうか[5]。指示対象に対して描画材が正確に使用され〈もの〉が透明となることで、指示内容が直接的に、つまり純粋な記号表現として知覚されるとき、それはイラストレーションとして成功しているのであり、芸術作品としての絵画は〈もの〉の物質性が記号表現に対して過剰なものとして知覚されているといえるのではないか。

そうだとすると、子どもの絵が大人を魅了しあたかも芸術作品として知覚されうるのは、それらが対象を表象することに対し、描画材という〈もの〉の道具的使用に失敗しているからといえるだろう。つまり、記号表現として知覚されると同時に、そこには描画材の〈もの〉の物質性が依然として残ってしまっているのであり、子どもが意図しているか否かに関わらず、それは芸術作品としての絵画と同じ構造になっている。子どもが絵を学ぶことでつまらない絵を描くようになるといわれるのは、記号表現への〈もの〉の道具化に成功していくからといえるだろう。

そのように考えると、存在し続ける〈もの〉の物質性を知覚すること、〈もの〉の物質性が語りかけてくる言葉、「素材の呼びかけ」[6]を聞き取ることが、芸術作品の制作においては必要不可欠といえる。その言葉とは、簡単にいってしまえば絵具のつきやタッチであったり、色の関係であったり、作品の大きさであったりが響きあって生じるなにかである。それは身体感覚として知覚される。この身体的に知覚される〈もの〉の物質性を取り扱うことが、芸術作品における〈もの〉の加工において重要なのである[7]。

その〈もの〉の物質性の語りの法則について少なくない研究がなされている。たとえば、色の対比関係や比率、音の響きやリズムが人間の心理にどのような効果をもたらすかといったような。それらの研究の成果は芸術における〈もの〉の加工において有益なこともあるかもしれないが、だがしかし実際の制作の現場においては、〈もの〉の物質性が持っている諸要素は稠密的に関係しあい、それらの法則がもはや機能していないかのようにすら感じるのである。だからこそ、芸術作品における〈もの〉の加工、制作の現場においては、つねにそのときどきの〈もの〉の声に耳を傾け続けなければならない。つねに身体的に知覚される〈もの〉の物質性の何ともいえない感覚それ自体に従わなくてはならない。

だが芸術作品とは、単なる〈もの〉であるわけではない。ひとつに作品は、そのすべてではないにしろ多くの場合、なんらかの指示内容を形象している。あるいは、わたしたちは〈もの〉になんらかのイメージを想起してしまう。そしてさらには芸術を媒介しているのである。芸術作品とは指示内容を形象し、イメージを想起させ芸術を媒介する〈もの〉である。芸術的〈もの〉の加工における知性とは、このような半透明に残り続ける〈もの〉の物質性を知覚し、そこに媒介される芸術を同時に知覚し、さらにはそれらと指示内容やイメージとの統合しきれない関係に関わる知性といえる。

第2節　芸術作品の浮き彫り——文化産業とキッチュ

本章のいうところの芸術作品とは、指示内容やイメージを伴いつつも半透明な〈もの〉がそれを覆い、同時に芸術を媒介するものであるが、そのように措定するだけでは不十分である。そこでアドルノの「文化産業」(8)と「キッチュ」(9)の概念に触れることで芸術作品の浮き彫りを試みたい(10)。文化産業における芸術作品もキッチュな芸術作品もどちらも本章でいうところの芸術作品ではないのである。

文化産業は芸術作品の諸要素を取り込み利用することで、産業の論理に基づいて変容したものを芸術作品として提供しており、わたしたちがこんにち芸術作品とみなしているものの多くはこれであることが少なくない。他方正当で高級な芸術を主張するような「芸術のための芸術」は自己の芸術概念を模倣することでもはやキッチュとなっている。

アドルノによれば、文化産業に取り込まれた芸術は「『真正』な芸術でもなく、まったくの『非-芸術』でもないような類の『芸術的経験』」であり、それは「見かけだけの『芸術』」（ジェイムソン 2013：173）であるという。

文化産業が提供する「見かけだけ」の芸術においては、「消費者は思いのまま自己の心の動きを、つまり模倣（ミメーシス）の残り滓を提供されたものの上に投影することを許される」（アドルノ 2007：33）。つまり文化産業における芸術作品は、鑑賞者の自己投影という主観的で享楽的な受容によって消費されていく。使い捨ての芸術作品は次々と「擬似個性」（ホルクハイマー、アドルノ 2007：315）によって、さも新しいものであるかのごとく提供され、消費者にとってその都度お好みの自己投影に適したものだけが選択、消費されつづけるのである。(11)

文化産業における芸術の消費とは、文化産業が「指定通りの楽しみ」（ホルクハイマー、アドルノ 2007：278）をもたらし、芸術作品もそのような感性的な満足を与えるだけの消費財へと貶めるということである。文化産業における芸術は〈真正な芸術作品〉がもつ感性的な刺激の構造を借用する。平たくいえば、文化産業は消費者に感動を提供するのである。感性的な刺激、美しく、刺激的で、感動を生む効果は日々産業の論理によって洗練されている。〈真正な芸術作品〉より、愛を歌ったポップ・ソングや悲劇的な大衆映画の方が、綿密に計算され消費者の感情を揺さぶるのである。

文化産業における芸術作品とは、どれだけ深い感性的刺激、感動を消費者に与えたとしても、すでに芸術作品としてみなされている様式を模倣、反復することで作品としての同一性を維持するのであり、また消費者もその反復された既知の様式により娯楽として消費できるのである。アドルノは、これを芸術作品の娯楽化であるといい、娯楽による快を「同一性」、「模倣」、「反復」の快（ホルクハイマー、アドルノ 2007：283）として説明する。つまり既存の概念を否定することなく繰り返すことでそれに同化するのである。

そのように考えると、一般的に理解されているようにアドルノがエリート主義的な高級な芸術を擁護しているのではなく、伝統的で正当だとみなされる芸術作品もまた、様式の模倣、反復によって娯楽化している、キッチュなものとして批判される。たとえば、美術館に展示されている作品であろうとも、それが様式の模倣、反復であるならばキッチュなのであり、こんにち作られている作品であろうと、作家がどれだけ文化産業には背を向け、正当な芸術を志向していたとしても、過去の様式の模倣、反復であるならば、キッチュなものを制作していることになるのである。[12]

　そのように考えれば、本章でいう〈真正な芸術作品〉とは文化産業における芸術作品からもキッチュ化した正当な芸術作品からも区別されるものである。

　だが「偉大な芸術家と言われる者が、かつて様式をもっとも破綻なく完璧な形で体現していたためしはない。むしろ彼らは様式を、苦悩の混沌とした表現に逆らう壁として、否定的な真理として、自分たちの作品に取り入れようとした」（ホルクハイマー、アドルノ 2007: 269-270）のであり、「芸術作品が現実を超越する契機は、じっさい様式と切りはなすことはできない。とはいえそれは、形式と内容、内と外、個人と社会などの達成された調和、疑わしい統一のうちにあるのではない。不一致がそこに現れる様相のうちに、つまり同一性への情熱的な努力の必然的な挫折のうちにこそ、それは現れてくる」（ホルクハイマー、アドルノ 2007: 271）のである。つまり様式の全面的な否定や、あるいは様式の全面的な従属ではなく、キッチュ化したものをその内に取り込み、それと一致することを希求しながらも、一致することができないその状態において芸術作品は立ち上がるのだといえる。それに加え文化産業においても「ゲリラ戦」が挑まれているのだから（竹峰 2007 参照）、〈真正な芸術作品〉は一見してキッチュ化した正当な芸術作品からも文化産業のそれからも峻別することはできないのである。

それを試みたい。

第3節　過剰なものとしての〈真正な芸術作品〉
——ためらい、謎特性、多義性

〈真正な芸術作品〉を措定するために、その性質に言及する必要がでてきた。不十分な記述ではあるがここで

芸術作品は〈もの〉であると同時に記号表現としても理解されるという性質をもっているが、芸術作品とは記号表現として同定できない矛盾を内包しているのである。そのような矛盾は芸術作品の一義的な解釈を困難にさせる。つまり記号表現としてのみ知覚しようとしても、それを覆っている半透明な〈もの〉の物質性がそれを邪魔するのであり、〈もの〉それ自体を知覚しようとしても記号表現を感じずにはいられない。この両者が一致せず「ためらい」をもたらすという特質により芸術作品は「美的な記号表現」（メンケ 2010: 55）であるといえる。

そのような特質は芸術作品の「謎特性」に由来する。そしてその謎特性はもともと自然美において存在するものであり、芸術作品とはその自然美の模倣であるという[13]。芸術作品は自然美の謎特性を模倣することで「美的な記号表現」となり、人間が主観的に記号表現として把握しきることを挫折させる。芸術作品は人間の主観的な把握に対してつねに過剰なものとして存在するのである。

その過剰さによって芸術作品は多義的となる。この多義性とは理解の試みの多元化、つまり芸術作品とは主観的恣意的に把握することを許容し、見る人によって多様な見方、感じ方が可能であるということを意味しない。そのような見方は芸術作品への自己投影に過ぎず、文化産業における芸術作品がとる常套手段である。もちろん芸術作品は一見して自己投影的な把握をも許容するかに見える。だが、同時にそれ以上のもの、そのように把握

するには過剰な存在であることを突きつけるのである。もしそのことに気がつかないとすれば、それは芸術作品そのものを捉えようとせず、芸術作品に自己投影したものしか見ていないといえるだろう。

そうではなく、芸術作品の多義性は理解の結果の自己転覆、自己否定の結果生じるものである。つまりそれは、鑑賞者が芸術作品に対してその都度試みる主観的把握、解釈、意味づけ、つまり記号表現として解釈することに対して、芸術作品はつねに過剰な存在としてその把握の試みの不完全性を突きつける。それにより主観的な理解の転覆、否定が起き、鑑賞者は改めて異なった把握を試みる必要にかられるのである。だが、その試みも同じく挫折に終わるだろう。鑑賞者は芸術作品の同定不可能な多義性をまえにしてためらい続けるのである。

だからこそ、アドルノは自然に対して自然美を見出すことの重要さを指摘する[14]（アドルノ 2007：119）。自然を記号表現として把握することの挫折の経験は自然美の経験であり、それはそのまま芸術作品の自己投影的な把握の不完全性の経験にも通じるのである。さきに述べた芸術作品の〈もの〉の物質性の把握の重要さはここでも生きてくる。芸術作品に対して自己投影し、意味として把握するだけではこの挫折は経験されない。自然や芸術作品の〈もの〉の物質性の過剰さが知覚され、意味に対して過剰なものとして身体が刺激されることで挫折の経験は可能となるのである。

本章における芸術作品、〈真正な芸術作品〉とは、主観的な把握や自己投影に対してつねに過剰な存在であり、そのことによって一義的に把握することを挫折させ、多義的なものとして、「謎特性」が知覚され、それによりものごとを一義的に理解し同定すること自体の欺瞞を突きつけるのである。

第4節　制作と鑑賞の汽水域——批評による〈解放＝救済〉

芸術作品が謎特性を持っていることは、制作と鑑賞を二分する考えに対して批判的な意味をもつ。というのも、解釈することや意味付けることに対して芸術作品がつねに過剰な存在であるということから、〈作者の意図〉が作品の内部で相対的な地位しかもたないからである。これは作品における権威者としての「作者」の却下というバルトの指摘[15]にみることができるだろう。

芸術作品の制作において、「つくり手[16]」は〈もの〉の加工という特権的地位は有しているものの、作品の正当な解釈を有しているという絶対的な地位は持っていないのである。芸術作品は〈作者の意図〉に対しても過剰な存在であり、〈作者の意図〉の内に一義的に同定されることを拒み続けるのである。もし仮に、その意図に作品を服従させることに成功したのならば、それはさきに指摘したように指示内容に対する〈もの〉の道具的利用であり、指示内容のイラストレーションである。

つくり手が作品をそのようなイラストレーションとして制作しているのではないならば、〈作者の意図〉に対して過剰であり続ける〈もの〉の物質性を保持し続けようと努めるだろう。そうであれば、〈作者の意図〉は作品の謎特性の前では絶対的な価値を持たず、仮に〈作者の意図〉が提示されていたとしても、それだけでその作品が理解できるとはいえないのである。だからこそ、作者を権威者として価値づけ、その意図を作品の唯一の正当な意味として同定しようとする考えは、芸術作品の真の理解を阻むものとして却下されなければならないのである。

権威者としての作者を却下し〈作者の意図〉を絶対視しないということは、鑑賞者がその権威に従属することから解放されることを意味する。芸術の謎特性を前にして、〈作者の意図〉も鑑賞者の解釈も等しく不完全なのである。つまりつくり手の〈もの〉の加工という特権的な地位を抜きにすれば、つくり手も鑑賞者も作品の意味づけ、把握、解釈としての批評行為においては共に不完全なものとして平等な地位にあるといえる。

だがすべての批評的言説が作品に対し同じ価値しか持たないということではない。その批評内容が作品の過剰性のなかに埋没してしまうような場合、作品はそれ以上のものとして知覚され、批評はあまりに不完全なものとして妥当でないと見なされるだろう。あるいは、すでに同定してしまった一義的な解釈に対して、それを更新するほどの妥当性を持たない場合、その批評は間違ったものとして退けられるだろう。

たとえ不完全でありながらも優れた批評とは、芸術作品の過剰さに埋没せず、その過剰さから解釈の可能性を引き出すことができるのであり、またすでに同定してしまっている意味を転覆することで、その作品を一義的な解釈から〈解放＝救済〉[17]することができるものだといえる。その〈解放＝救済〉とは、一義的に同定すること自体が間違っているのであるから、既存の意味を間違ったものとして批判することなく、それだけではないという異なった可能性を開示することである。そのことによって作品は一義的に同定してしまった状態を自己転覆し、新たな意味をも許容する豊かさ、多義性を獲得するのである。すぐれた批評とは、すでに一義的に理解されてしまっていたものを多義的な状態へと置き直す、つまりわからなくさせるのである。[18]それはいいかえれば、芸術作品の真理の開示に関わるということである。芸術作品の真理にわたしたちは至ることはできないが、それを開示しつづけることはできる。わかるということは、その真理を不完全なままに閉じることである。わからない状態とは、真理が開示されつづけることではじめて可能なのである。

そのように考えると、芸術作品は批評行為によって一義的に同定される危険性に曝されつつ、同時に批評行為によってはじめて〈解放＝救済〉され多義性が獲得されるといえる。だから批評行為を作品の同定に加担するからと忌避するのではなく、その危険性を自覚しつつも勇気をもって批評するしかない。

批評行為によって作品の真理を開示するということは、作品を批評する者にとってアクチュアルなものとすることであり、「歴史の推移のなかでバラバラに瓦解した過去の遺物の数々にたいして、さらに解釈者の側において〈解体〉〈収集〉〈配置〉という介入的な操作をおこなっていくこと」で「真のアクチュアリティを獲得する」ことができるのである（竹峰 2016: 3）。この「介入的な操作」が解釈者の創造性であろう。すぐれた批評とは、「非同一的」な創造的営みであるといえる。

たとえばそれが言語においてなされる場合、芸術作品としての言語（それは文学作品や詩と呼ばれる形式かもしれない）を生み出すということになるだろう。あるいは作品をキューレーションし展示することでそれが果たされる場合、その展示自体が創造的営みといえる。それは新たに芸術作品を作ることでも可能である。もはやキッチュとなってしまった過去の作品の諸要素が、今日の解釈者としてのつくり手によって〈解体〉〈収集〉され、新たな連関のなかに〈配置〉されることでアクチュアリティを獲得するのである。これは新しい芸術作品の制作であり、同時に芸術作品の過去からの〈解放＝救済〉といえるだろう。そのように考えれば救済的批評行為とは創造的なものであり、制作と鑑賞とが混ざり合った汽水域として批評行為があるということができる。

第5節　もののなかで夢をみる

芸術作品の制作と批評のどちらにおいても、ある種の論理が存在する。それはアドルノがいう「芸術の論理」として理解することができるだろう。

アドルノに従えば、「概念的でもなければ、判断を下すこともないにせよ、芸術作品は論理的なものである。

芸術作品は論証的思考に基づく基準に失望を与えるのが通例であるが、もし芸術作品の論理性が論証的思考に迎合することをやめるなら、芸術作品から謎めいたところは一切消滅するであろう。芸術作品は推理の形式や、事柄に密着した思考による典型としての推理にもっとも近い。（略）芸術の論理は（略）概念や判断を欠く推理方法」（アドルノ 2007: 233）なのである。そして「芸術はもし直観という契機を完全に欠くなら、たやすく理論と同一のものとなるであろうが、他方、芸術はたとえばまがいものの学問に似たものとなり、論証的概念との質的差異を無視するなら、明らかにそれ自体無力なものとなる」（アドルノ 2007: 161）。「論証的契機が不当にも優位に立つなら、芸術作品と芸術作品の外部にあるものとの関係はあまりにも直接的なものとなり、（略）芸術作品の外部にあるもののうちへと組みこまれてしまうことになる。こうした場合、芸術作品は事実上実証主義的なものにすぎなくなる」（アドルノ 2007: 167-168）[19]。つまり芸術作品には、直観が含まれることによって、一般的には論理的とはみなされないが、だが論理としか言いようのないような推理方法があるという。

この芸術の論理は作品に何らかの一貫性を与え、それにより作品は意味に類似した何かにたどりつくという。「極端なところまで首尾一貫性を貫くなら、それがどのような一貫性であれ、それがたとえ不条理と呼ばれるものであろうと、意味に類似した何かにたどりつくということ、この事実は真に芸術の謎の一つであって、芸術の論理的な力を証明するものにほかならない」（アドルノ 2007: 262）。芸術が謎特性を持つものとして知覚されるのは、この芸術の論理によるのである。

芸術の論理は直観を含む論理であるが、「すぐれた作品について分析しようとも、その作品の純粋な直観性を証明することは不可能であろう」（アドルノ 2007: 163）という。なぜならば「作品はすべて概念的なものをまじえて成長したものにほかならない」（アドルノ 2007: 163）、つまり芸術作品には概念的なものもまたその内に含まれているからである。これは「芸術に概念が混入しているということは、芸術を概念的なものと見なすことと同じことではない」（アドルノ 2007：164）。芸術作品はそれ自体が概念的なものではないにしろ概念的なものを内包することによって、直観を契機とする論理でありつつも、その直観を純粋なものとして指摘することはできないのである。

つまり芸術の論理とは、「文字通りの論理性として受け取るべきではない」（アドルノ 2007：234）論理であり、純粋に概念的なものでもなく、また純粋に直観的なものでもない、その両方が絡み合った論理といえよう。芸術の論理は「夢の論理」と類似するものである（アドルノ 2007：234-235）という。夢がいかに不条理なものであろうとも意味に類似したものが見出され、何らかの一貫性が与えられるように、芸術作品もまた概念的なものを含みつつも、論証不可能な直観を契機とした論理に貫かれているのである。

その芸術の論理、夢の論理には不確定性、偶然性を含んだ主観による想像力が重要であるという。「主観が解放されて以来、作品は主観によって媒介されることがないなら必ずや退化し、粗悪品とならざるをえなくなった」（アドルノ 2007：68）が、近代的芸術家像が見つけだされて以降の、芸術家の主観を媒介する作品においても「想像力のうちに芸術家が創造したものがあらかじめ完全に含まれているような事例は、過去から現在にいたるまでほとんど見られない」（アドルノ 2007：67）。主観による「想像力はすべて不確定性という光環によって包まれていること、しかもこの光環は想像力と対立するとしても、想像力によって拘束されざるをえないということ」（アドルノ 2007：68）から、不確定性、偶然性もまた主観による想像力と深い関わりを持つといえる。つまり主観的な想像力に基づく創造行為において、〈作者の意図〉が及ばない不確定な要素が含まれているのである。制作の渦中で、〈作者の意図〉と意図を超える不確定性、偶然性が関与しているのであり、それこそが想像力といえる。芸術の論理にはこの想像力が不可欠である。

芸術作品はひとつの必然的な形式に帰着する。だが「芸術における必然性について、科学的に語ることはできない。語ることができるのはただ、作品が自己を完結させている力［芸術の論理］によって、つまり自己がこうした存在であり、それ以外の何ものでもないという明証によって、あたかも絶対にそこに存在せざるをえないものであり、存在から除外しようがないものであるかのような印象を与えるといったことに限られる」（角括弧内引用者、アドルノ 2007: 131）。芸術の論理は科学的に論証できない論理であるが、作品の形式の説得力をもってしてはじめてそれが論理的であることが証明される。つまり制作された結果から事後的にしか証明できないのであり、芸術作品とは芸術の論理に基づいているとしても、制作中ではその論理に自覚的になることはできず（なぜなら不確定性、偶然性を含んだ想像力や、直観が含まれているのだから）、作品が制作された後ではじめて芸術の論理に基づいていたことに気がつくのである。

だがその論理に事後的に気がつくにしろ、芸術作品はなにも論理的な要素がなく、いかほどにも取り替えの効く恣意的なものに基づいているとみなすことはできない。この恣意性についてアドルノは「芸術家は恣意を恣意的ではないものへと変えることを、半可通と芸術家とを区別する点として感じている」（アドルノ 2007: 296）と指摘する。芸術家は個人的な恣意ではなく、恣意を芸術の論理に変化させ、それに基づいて制作するのである。そこにこそ〈芸術的知性〉は働いているといえよう。それによって作品は、主観的で偶然的な想像力をも許容しつつ、論理的ともいえる必然性へといたるのである。

芸術の論理に貫かれた芸術作品は、その内のひとつの要素を恣意的に変えてしまえば、作品がもっている論理性が破綻し、違った作品へと変容してしまうか、あるいは芸術作品として成立しなくなる。つまり稠密なのである。「芸術作品としての質を持つ作品は形式的に十分に完成されたものであって、こうした作品は無数に見られる作品のように、つまり一時しのぎに秩序的な面を表に貼りつけているが、その実、その面の下では作品自体の形態が崩壊しかけているような無数の作品のように、客観的に見ても無秩序なものではない」（アドルノ 2007: 400)。芸術の論理に貫かれていない、作者の恣意に基づく作品は、見せかけの表面的で一時しのぎの秩序が貼付けられたものに過ぎないのである。芸術作品は作者の恣意を超えたところで成立する、制作の過程で〈芸術的知性〉が浸透することによって芸術の論理に貫かれたものなのである。

制作においてだけではなく、芸術作品の鑑賞においてもこの芸術の論理は妥当する。すぐれた批評、〈解放＝救済〉としての批評には芸術の論理が不可欠である。制作も批評も作品という〈もの〉と不可分な領域で、〈もの〉のなかと言っていい領域で、芸術の論理に従って思考されているのであり、〈芸術的知性〉とはそのようなものである。それは「目覚めずして、夢みている者が自分の夢を語る」(デリダ 2003: 11) ようなものである。「目を覚ましているよりも夢のほうが、覚醒(ヴィジラン)しており、意識より無意識のほうが思考し、哲学よりも文学や芸術のほうが哲学的で、ともかくも、より批判的であるかのごとく」(デリダ 2003: 18)。〈芸術的知性〉とはもののなかで夢をみるようなものなのだ。

おわりに――〈芸術的知性〉による省察

〈芸術的知性〉はものごとを一義的に同定すること自体の欺瞞性を知覚し、その同定的状態から〈解放＝救済〉する。竹峰がアドルノの芸術論に対し述べているように、芸術作品とは「かつてあったもの、もはや存在しないもの、いまは忘却されたものとしての過去へと想いを馳せるとともに、この過去の記憶を、『いまだ存在せざるもの』への憧憬へと転換することを可能にする稀有な媒体(メーディウム)である」(竹峰 2016: 225)。そして芸術作品がそのような媒体であるのは、芸術作品がたとえ概念的なものを含んでいたとしても「この『想起』の瞬間が、純粋に感覚的な経験として、何らかの思考や認識によって同定したりすることを根本的に拒絶する」(竹峰 2016: 225)

からである。それは「非同一的なもの」の経験である（竹峰 2016：226）。

芸術作品が一義的に同定することが不可能な過剰さを有しているように、私たちも女性という概念や日本人という概念によって一義的に同定するにはあまりにも過剰な存在なのである。〈芸術的知性〉は、ＡＢＲの実践にみるように、そのような私たちの存在そのものへとまなざしを向けるのである。それは芸術の論理に基づくものであり、実証的な論拠を持たないものかもしれない。だが、論拠を持たなくとも、たんなる主観的で恣意的なものとして片付けることができるものではない。非同一的な存在であるわたしたち自身の、各々のアクチュアリティに基づいているのである。それは多くの人々と容易には共有できないかもしれない。だけれども、だからこそ価値があるのである。

「今日ではすでにごく小グループによる集団的創作といった方法も考えられるものとなっているし、それを必要としている手段（メディア）も少なくない。しかし既存のすべての社会において経験が行なわれてきた場は、モナドとしての個人にほかならない。個別化はそこに含まれている苦悩を含めて社会的法則であるため、社会はたんに個人的にのみ経験しうるにすぎない。直接的な集団的主体といったものを体験の基礎にすえるなら、経験ではないものを経験と見なすことになるであろうし、芸術作品をして虚偽にすぎないものへとおとしめることにもなる。なぜならそうしたものを基礎にすえることは、今日開かれている唯一の経験の可能性を芸術作品から奪うことにほかならないから」（アドルノ 2007：439-440）。だとすれば、ＡＢＲの実践が共同を重視するものであったとしても、わたしの孤独な芸術経験が、非同一的なものでありながら、非同一的なものだからこそ可能にするＡＢＲもあるのだといえるのではないかと思う。あるいは協同的なＡＢＲも非同一的な一人ひとりを前提とすることではじめて可能だといえるかもしれない。

本章で、〈芸術的知性〉について十分な厚い記述ができたとは思えない。それはわたしの力不足によるのは確かであるが、だがしかし「おのれ自身を理解していない思想だけが、本物である」（アドルノ 1979: 297）からかもしれないと思いたい。芸術作品を制作する者が、それについて記述する困難さはそこにあるのだろう。それは自身の顔を描くことに近い。アドルノらの芸術論はわたしにとって鏡のようなものである。それと同化することは、鏡に顔を押し付けて、映った自分の顔を見ようとするような困難さがある。だから鏡から適度な距離をとる必要がある。それに、一枚の鏡でわたしの顔全体を映しだせなければ、数枚の鏡をつなぎ合わせる必要もあるだろう。だがその鏡も歪み完全な鏡面ではないし、そもそも鏡に映った姿は鏡像にすぎない。本章で描かれたものは歪んだわたしの断片的な鏡像である。

　だがそれでも〈芸術的知性〉がＡＢＲと通底するものであるということ、そしてその知性が既存の美術教育を通じて獲得可能であることは示せたのではないかと思う。ＡＢＲは従来の美術教育に代わるものとしてではなくその延長として位置づけられる。そしてそれにより、既存の美術教育が改めて同定できないものとして〈解放＝救済〉されることで問いのなかに置き直されることを望みたい。

注

（1）　その齟齬として感じられたある種の違和感は、平たくいえば、ＡＢＲの実践が「アンガージュマン」として感じられたからである。アドルノが「アンガージュマン芸術作品は、ただ存在すること以外には何も望まないような作品を脱魔術化し、それが物神（フェーティッシュ）であり、迫りくる大洪水をぼんやりとやり過ごそうとする無為なお遊び」であり「現実上のさまざまな利害関心が織りなす闘争から目を逸らしている」（アドルノ 2009: 111-112）と批判するように、それが芸術作品であるならば現実から目を逸らすことになり、逆に現実に真摯であろうとするのなら「科学と区別がつかなくなるであろうし、せいぜいのところ科学のまがい物となり、おおむねたんなる社会的ルポルタージュとなるのがおち」（アドルノ 2007: 439）だと感じられたからである。

（2）　わたしたちはアトリエを共有し、ゼミや勉強会を通して少なくない考えを交換してきたのは事実である。だから、もしかしたら重なり合っていることもあるかもしれない。しかし、わたしたちはそれぞれの経験と研究を通して、それぞれの芸術観を抱いている。その多角的なパースペクティブから、それでもなにか共有のものが描き出せるのならば、そのことにこそ価値があるだろう。

（3）芸術作品は媒体として芸術を現象するという意味で芸術をその内に含むが、作品は個別の内容を含むことで「非同一的」なものであり、芸術を完全に包摂できない。だがわたしたちは芸術を個別の作品を介してしか知覚できないが、それは芸術の一部で、芸術そのもの、その全体を知覚する術を持たない（ジェイムソン 2013: 162を参照）。

（4）記号表現とは意味する物質性、記号内容を表現するという目的のために物質を構造化した結果である（メンケ 2010: 53を参照）。

（5）イラストレーションを社会的要請に応えるものとして、芸術作品としての絵画を作家の個人的な内的衝動にその根拠を求めるという通俗的な理解は、作家を社会的要請から断絶した孤立的な存在として見做すという芸術家像の投影であり、絵画作品であれ少なからず直接的、間接的な社会的要請は反映されていることは疑うことができず、その妥当性は疑わしい。芸術作品が市場の要求に対して自律しているという言説もまた、「市場の要求は幾重にも媒介されているために、芸術家は特定の要求から免れてはいる。ただもちろん、それはある程度までの話であって、それというのも、市民社会の全歴史をつうじて、芸術家の自律には、たんに容認された自律という非真理の要素がまつわりついて」いる（ホルクハイマー、アドルノ 2007: 320）とし否定される。

（6）本書第二章参照。

（7）それは記号的操作が全く関与できない領域である。つまりそれは、絵具の赤が情熱を表しているといったことを意味しない。そのような記号表現として〈もの〉それ自体の語りを解釈することではないし、そのような解釈のうえで操作することではない。

（8）「文化産業」とは「かつて文化と呼ばれたものを材料に金もうけする」産業の理論である（ジェイムソン 2013: 179-180）。

（9）キッチュはグリーンバーグがモダニズム芸術と対比する通俗芸術として用いた概念であり、アドルノはそれを引き受ける形で使用している（竹峰 2016 第二章参照）。

（10）アドルノは「芸術は自明なものでなくなったという事態に対して（略）鎖を引きずるように自己自身の概念を引きずりながら、つまり自己が芸術であるという概念を引きずりながら反応する。この点をもっとも明白に確認させてくれるものに低級な芸術とか、あるいは今日文化産業によって管理、統合され、質的に変形されつつあるかつての娯楽芸術がある」と指摘し、芸術の概念を措定するうえでキッチュや文化産業に言及する根拠を示す（アドルノ 2007: 32）。

(11) 芸術作品が文化産業に取り込まれて消費されているということは、作品が商品として取り扱われ消費されているということを意味しない。というのも「芸術作品が市場において売られているということは芸術作品の悪用ではなく、芸術作品も生産関係に関与しているところから来るたんなる結果にすぎない」（アドルノ 2007: 402）からである。文化産業において利用されている芸術作品は決して商品として市場に流通するということではない。商品としてではなく、自己投影の対象として消費するのである。

(12) そうすると、過去の作品から技法や様式を学ぶ過程は模倣なのだから、美術の技法に関する教育がキッチュであるといえてしまう。美術教育がこの意味での学びであるとするならば、美術教育自体が芸術のキッチュ化に加担することになる。例えば絵画の技法や様式を学び、そのように描くことを娯楽として消費するという文化産業の内の絵画教室ならばそれでよいかもしれない。しかし公教育としての美術教育においては、それをいかに超克するかということが課されるだろう。だがそれは様式や技法を教えるべきではないということではない。なぜならば後にみるように、芸術作品とはキッチュ化した様式をその内に抱きつつ、それを否定するという運動を必要とするからである。

(13) 「自然美は強制的に拘束するものとして知覚されるが、同様に不可解なものとして、つまり解消することを期待して問いかけられる不可解なものとしても知覚される。この二重特性は完全に芸術作品へと受け継がれているが、自然美からこれほど完全に芸術作品へと受け継がれているものは皆無に近い。この点から見るなら芸術は自然を模倣するものではなく、それに代って自然美を模倣するものとなる」（アドルノ 2007: 121）。「自然は美しいものとして模写されている類のものではない（略）。なぜなら現象として出現してくる自然美それ自体は形象にすぎないから。自然美を模写するということは同語反復にすぎず、それは現象としての自然美を対象化することによって、同時に自然美を排除することを意味している」（アドルノ 2007: 115）。「芸術作品が（略）自然の模写となることを厳しく抑制すればするほど、それに成功した芸術作品はそれだけ一層自然に接近する」（アドルノ 2007: 131）。つまり芸術が自然美を模倣するということは、芸術作品が対象としての自然を描くということや、自然のなんらかの法則、たとえば美しいと感じる比率などを参照するという意味ではない。そうではなく、把握しようとすることで不可解なものとして知覚されるその性質を模倣しているのである。

(14) アドルノはそのような態度を養うために、自然美と人工物とを関連させて救う、つまり自然も芸術作品も共に、別々のものとしてではなく関連させながら、記号表現としてではなく美的表現として知覚する経験を少年期で積むことが重要だと指摘する（アドルノ 2007: 119）。ここにアドルノの子どもへの美術教育論をみることができよう。

(15)　バルトは一九六八年に「作者の死」の宣言を行なった。それは、作品をつくり出した作者を作品の最高権威とみなすことの否定、権威者としての作者（l'auteur）の却下の宣言である（バルト 1979）。

(16)　森田はバルトの宣言を受け「作品に内在する作者」と「実在の作者」＝つくり手との区別をする（森田 2013: 186）。「作品に内在する作者」とは完成した作品から鑑賞者が事後的に想定した、作品の背後に見出される想像上の存在であり、「つくり手」とは実際に制作をする者である。

(17)　竹峰は「初期言語論から『ドイツ哀悼劇の根源』までのベンヤミンのテクストにおいて、〈救済〉の地平とはもっぱら、芸術作品にたいして個々の解釈者が遂行する読解行為によって開示されるものであった」（竹峰 2016: 9）とし、「いうなれば〈メーディウム〉としての芸術作品とは、〈救済〉という究極のシニフィエを幾重にも暗号化したかたちで表現している判じ絵のようなものであり、特権的な解釈主体（略）の観想的な介入をつうじて、そこに埋め込まれたメッセージがはじめて解き明かされる」（竹峰 2016: 9）のであり、それを「〈救済〉の解釈学的モデル」と呼ぶ。そしてアドルノもまたこの「〈救済〉の解釈学的モデル」に固執したと指摘する（竹峰 2016: 11-12）。本章でいう〈解放＝救済〉もこの「〈救済〉の解釈学的モデル」といえよう。竹峰によればベンヤミンはその後「〈救済〉の美学的モデル」と呼びうるような「不特定多数の大衆という集団的主体によって感性的・非認識論的なレヴェルで知覚される〈救済〉というモデル」（竹峰 2016: 9）へと転換する。

(18)　これは「芸術作品はわからないものだ」と一義的に解釈すること、わからないものとしてわかることではない。わかろうと努めることではじめてその限界を知覚し、わからないものとして作品が立ち現れるのである。

(19)　アンガージュマン的芸術作品は社会批判という概念的なものを取り扱い、対象に対し真摯に向き合い論証的契機が優位となることで実証主義的なものとなり、芸術的、感性的な装飾を施した学問それ自体か、「まがいものの学問に似たもの」となるだろう。ＡＢＲの実践あるいは社会問題に言及した作品においてアンガージュマン的な試みが多く見られるが、それらはこの危険性を帯びているように思う。

参考文献

アドルノ・Ｔ（1979）『ミニマ・モラリア——傷ついた生活裡の省察』（三光長治訳）法政大学出版局。

アドルノ・Ｔ（2007）『美の理論　新装完全版』（大久保健治訳）河出書房新社。

アドルノ・Ｔ（2009）『アドルノ　文学ノート２』（三光長治ほか訳）みすず書房。

バルト・R（1979）『物語の構造分析』（花輪光訳）みすず書房。

デリダ・J（2003）『フィシュ　アドルノ賞記念講演』（逸見龍生訳）白水社。

藤井俊之（2017）『啓蒙と神話――アドルノにおける人間性の形象』航思社。

ホルクハイマー／アドルノ（2007）『啓蒙の弁証法――哲学的断層』（徳永恂訳）岩波書店。

ジェイムソン・F（2013）『アドルノ――後期マルクス主義と弁証法』（加藤雅之ほか訳）論創社。

メンケ・C（2010）『芸術の至高性――アドルノとデリダによる美的経験』（柿木伸之ほか訳）お茶の水書房。

森田亜紀（2013）『芸術の中動態――受容／制作の基層』萌書房。

表弘一郎（2013）『アドルノの社会理論――循環と偶然性』白澤社。

竹峰義和（2007）『アドルノ、複製技術へのまなざし――〈知覚〉のアクチュアリティ』青弓社。

竹峰義和（2016）『〈救済〉のメーディウム――ベンヤミン、アドルノ、クルーゲ』東京大学出版会。

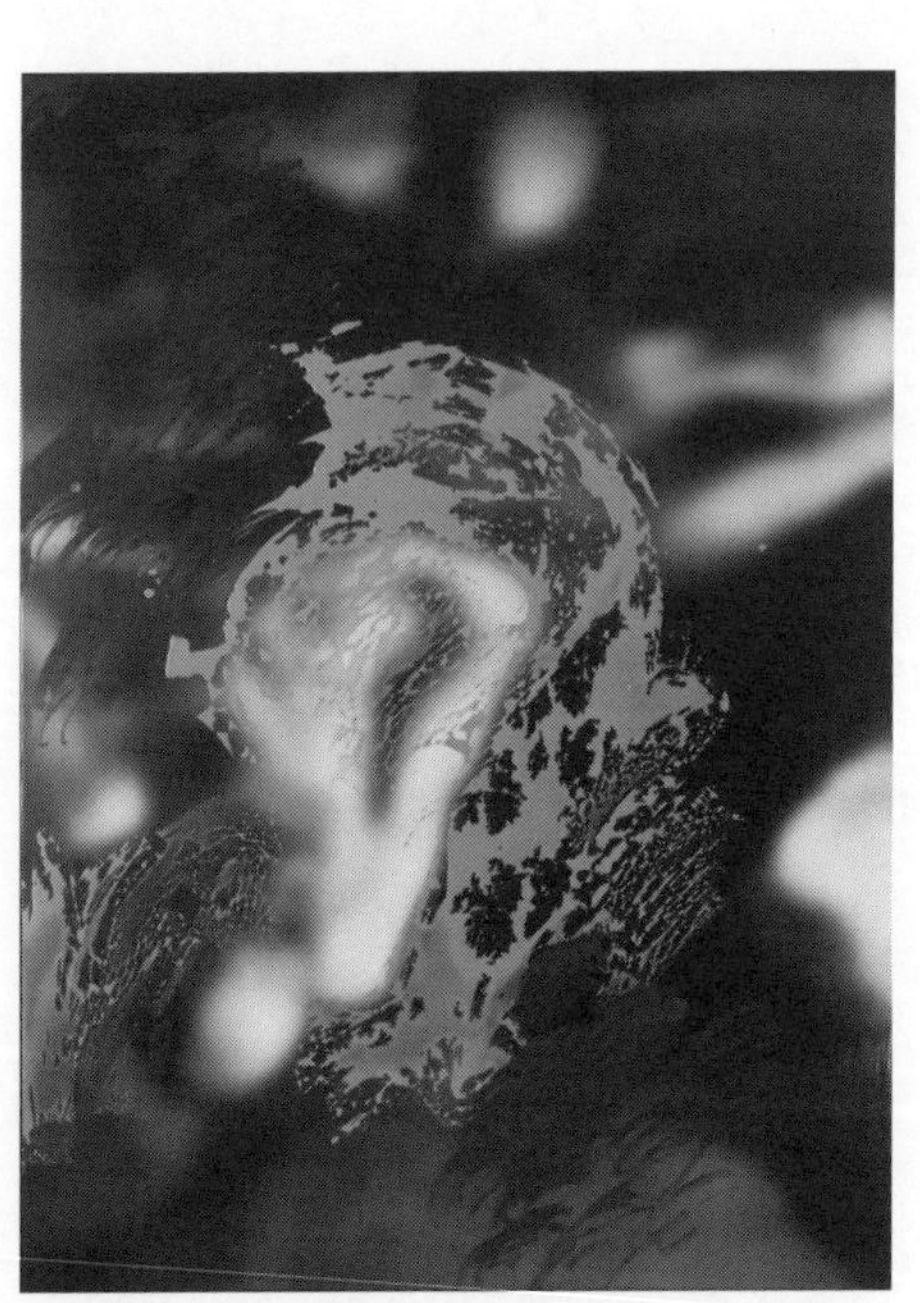

齋藤功美「神話の救済」

第九章　制作活動における美術の探求の流れと、探求型学習

栗田　絵莉子

はじめに

なぜ、学校教育の教科に美術が入ると、美術は本来の美術でなくなるのか……。

大学・大学院にて、アーティストとしての美術との関わり方を学んだ後、中学校・高等学校の美術科講師として勤め出したわたしが、まず感じた違和感がそれであった。また、自らが美術の授業を行う中で感じたジレンマである。そしてこれが、美術教育について大学院にて本格的に学ぼうと考えたきっかけでもある。

「美術の活動は、探求活動である。」[1]

わたしはこのように考えている。アーティストの制作活動が探求的であるということは、表面的には一般的にも知られているだろう。アーティストの苦労話はよくメディアにも取り上げられ、耳にする話である。しかし、

多くの人々にとって、アーティストの天才説は健在である。天才や才能ある者がアーティストと名乗れる。さらに芸術や美術は才ある者の活動であり、一般的には理解できないと思われている傾向が強い。それと同時に、実際にアーティストがいかに探求を行っているかという事実はあまり知られていない。それは、学校教育もしくはそれ以外の場において、美術における探求的な学びを経験してこなかった結果であると考えられる。

学校教育での美術の授業を想像してみてほしい。絵画でのデッサン、デザインでの色彩構成、彫刻での塑像といったアカデミックな授業。空想画や抽象画といった感覚的で想像的な授業。それから工芸や工作といった手工的な授業が挙げられる。これらの授業では、まず子どもたちに目指すべき参考作品が提示され、制作活動が行われるのが殆どである。子どもたちは参考作品で示されたような表現の範囲の中で、想像力を発揮し、世間がよしとするレベルまで作品を仕上げようと努力する。その後、自らの作品の納得の有無にかかわらず、全員で次の単元として新たな表現活動に移る。同じような制作が何度も繰り返されることはなく、一斉に次の表現活動に移るのである。これが一般的な美術の授業の在り方である。学校教育では、限られた時間の中で、多くの表現技法を学ばせることが求められているからこその授業の流れである。つまり、この授業では、技術や自己表現において、見えないレールを生徒の前に敷き、その上を走るように制作活動が行われている。いわゆる単元や課題といったものをこなす教育である。

初等教育における図画工作の授業においては、それに加え、個人の手と目の訓練、制作者の個性や情操を重視した児童中心の活動が多くみられる。「造形遊び」といった子どもの自由で自発的な遊びを通しての学びを美術に取り入れたものもある。しかし、これらは美術の特性の一部分を、教育に用いているにすぎない。

前述したように、美術は探求的な活動である。一般的に絵を描くことが得意な子どもは、そうでない子どもよりも絵を描く経験を重ねている。自発的ないしは絵画教室等で繰り返し描く行為を行うことで、絵を描く技術を体得しているからである。しかしそれだけではない。絵が得意な人は、自ら描くものをあらかじめ大まかに想定することができるという特徴がある。つまり行動に伴う結果を予想し、思考しながら制作できるのである。美術が得意な児童・生徒にとって表現活動は迷うものではなく、表現について考える時間となる。そういった児童・生徒にはそれまでの過去の経験である美術活動が自身に内包されており、自らの表現活動の核となっているのである。

このように、自らの表現に対し、常に思考し探求し続けているのがアーティストである。しかし、学校教育における美術では、自らが何を表現するかという根本的な問題を探求する域まで到達するのは難しい。前述したように、多くの学校教育の図工・美術科では一つ一つの経験を積みあげるカリキュラムというよりは、一つ一つの単元の課題が独立した体験型のカリキュラムだからである。体験は、過去の記憶として留まるものの、過去の事柄として記憶にしまい込まれてしまい、次なる活動に活かすことがなかなか難しいものである。観光地などで行うようなワークショップでの制作活動はまさに体験である。余程のことがない限り、体験した活動を継続する人は少ない。楽しかった記憶としてしまい込まれてしまうのである。しかし、経験は、ある程度の継続性を持つ。経験を積み重ねることで、次なる作品に向け、自らの表現の探求がはじまる。本来の美術の価値は、そのような自らの表現への試行錯誤から生まれる。美術の探求は、このような成長的な活動であるといえる。

美術とは、大きな枠組みで捉えるべき人間の総合的な生の営みである。それは個人的でも、社会的な活動でもあり、合理性もありつつ、非合理的なものでもある。美術は楽しければよいと考える者も多いかもしれない。しかし、美術の探求が成長的なものであるならば、探求が深まるほど、美術は容易なものではなくなり、苦しく困難なことも増えるのである。しかし、それを含めて、その活動は極めて人間的な営みとなる。

わたしは、このように本来の大きな枠組みの中で行われる総合的な生の営みとしての美術の探求に焦点を当て、美術の教育的な意義を再考したい。

再考するにあたり、美術制作における探求活動がどのようなものか、具体的にたどっていく。

第1節　美術制作における探求の流れ

探求の前段階

探求がどこから始まるか。これは、探求の活動を説明する上で最も曖昧な状態であり説明することは非常に困難である。探求には、非常に大きなエネルギーを要する。何かを知りたい、生み出したい、やってみたいと欲する力は生のエネルギーであり、行動や活動に移す原動力となるものである。

『経験としての芸術』においてデューイはそれを衝動性と呼び、すべての経験は衝動性としてはじまるとしている。衝動性とは、「全有機体の外部及び前方に向かう運動を示すもの」（デューイ 2003a: 81）つまり、人間の内的な活動にとどまらず、外的な世界に関わり進歩しようとする生物的な前進運動を示すものであるとしている。それはまさに、人が活動に向かう意欲である。全くの無意識から起こる活動（呼吸や咀嚼、睡眠など）とは異なる。欲求から生まれた衝動性は「どこに行くかわからない経験を引き起こす」ものであり、明確な計画や興味を与えるものというよりは、漠然としていて曖昧で様々な可能性を秘めた、活動への意欲そのものである。

では、その衝動性はどこからやってくるのであろうか。

自身もアーティストであり、造形表現における思考について分析した原美湖は、制作過程を大きく分けると五つの活動段階があるとし、まず活動のはじまる前の段階として、段階（0）の存在を挙げている。[2]（原 2015: 45）段階（0）は日常生活を生きている段階であり、様々な経験を積み重ねている状態である。

衝動性はこのような経験を積み重ねた状態から内発的、もしくは外的刺激に触発されて生まれると考える。内発的な衝動性は日常生活の延長上にあるようなものから、蓄積された感情や感覚から爆発的に湧き上がるものもあるだろう。前者の衝動性は料理やスポーツをするのと同様に、生活の延長として生まれる。美術の制作経験がすでに豊富であったり、環境が整っていたりする場合、アーティストの中には、呼吸をするように絵を描く場合もあり、それは劇的な衝動性というよりは、日常の延長線上に生まれる静かな衝動性から生まれる活動だといえる。一方、強烈なエネルギーを持った衝動性も存在する。こちらにおいては、日常生活において何かしらせき止められた感情や感覚や思想があふれ出すような衝動性である。これは一念発起したような制作活動への欲求や、アーティストが大作に挑もうとする場合に見られる衝動性である。この強烈なエネルギーは、古い形式や習慣の殻を破る新奇さといった創造性を芽生えさせる可能性を持つものであり、デューイはこれを「精神における個性の始まり」（デューイ 2003b）と呼んでいる。どちらにしても、日常生活の経験の積み重ねの中から、内的に湧き上がる衝動性である。

一方、外的な刺激を受けて生まれる衝動性も存在すると考える。アーティストにおいては新しい素材に出会った時、他者の作品に触発された時、環境を変えた時など、何か新しいものを生み出したいという衝動性が生まれる。それはアーティストに限られたことではない。例えば、粘土を見たら触れたいと思う。陶芸体験をしている人や作品を観て、自分もやってみたいと思う。自然に感動するような出来事があり、その感動を表現してみたいと思う、というような衝動性である。

学校教育において、こういった外的刺激は満ち溢れているものである。絵の上手い人に憧れる。先生の話を聞いて挑戦してみたいと思う。クラスやクラブ活動等で話し合って何かのプロジェクトに参加したいと思う、等々である。学校という社会的な場において、子どもたちは自らの内発的な成長だけではなく、他者や環境といった外的な物事との関わりにおいて、社会的に成長ができるという特性がある。

成長過程にある子どもたちは、本能的に人や社会に関わることに対し、強い欲求をすでに備え持っている。[3] 発達段階にある子どもたちにとって、外的な刺激は渇望されるものであり、湯水のように注がれた外的な刺激であっても、スポンジのように吸収する柔軟性を備えている。そして一度自らに吸収させた物事を、自らも外に出したいという衝動性が生まれるのである。

このように、探求の前段階において、探求という活動へと個人が向かうにあたり、衝動性は欠かせないものである。その為には、日常生活における様々な経験の重なりや、環境による外的刺激が重要になってくることがわかる。そこでの衝動性のエネルギーを持って、探求は始まるのである。

美術の探求のはじまり

前述したとおり、衝動性は方向性が明確でなく、「どこに行くかわからない経験を引き起こす」可能性を持つものである。[4] しかし表現活動は、単なる感情的発散のような衝動的な活動とは異なる。ただ、衝動的にキャンバスに絵の具をたたきつけたとしても、それは探求された表現活動とはならない。[5]

衝動性は、まだ動きとしては何もない、不確定で、不明確な、方向性のないものである。この衝動性というエネルギーを抱えた時、人はそのエネルギーが何で、一体どのような活動として前進していくかという問題に突き当たる。

これは、不確定・不明確な状況から、確定的状況へ変容させる際に生じる問題である。この問題が美的なものの創造にある場合、美術の探求が始まるといえる。そこで美術の探求の場合、突き当たる問題として挙げられるのが大きく分けて「どのように制作するか」という問題と「何を制作するか」という問題である。

「どのように制作するか」という探求

前述したように、美術の制作において、衝動性から探求が始まろうとするとき、人は「どのように制作するか」という問題と「何を制作するか」という問題に向き合うことになる。それらの問題は、制作活動において時と場合によって重要度の程度は異なるものの、常に制作者にとって問われるものとなる。

「どのように制作するか」という問題は、技術的な問題である。その制作する素材や方法などを知らなければ、人は制作をすることができない。特に、初めて素材や道具と遭遇した場合は、素材の特性や技術といった物事を知る必要がある。つまり、素材や技術といった外的な事柄を、何度か制作を通じて、知識として自らに内包する必要がある。そのような時、人の衝動性は、素材や技術の理解に向かうのである。

デューイは、『人間性と行為』の中で、衝動に可塑性があると述べている。人間の生来的活動である衝動(6)は、それまで存在する習慣に適応、同化、再生産の方向に働くものと、探索、発見、創造の方向に働くものがあるとしている（デューイ 2003b: 103）。適応、もしくは探索の方向に働いた衝動は、衝動性として適応、もしくは探索の活動に向かうと考えられる。つまり、衝動の可塑性には、活動を方向付ける性質がある。

そのように考えると、先述したような、表現活動を始めようとしたときに、多くの人が素材や技術の知識を得ようとするのは、伝統的習慣に適応、同化する行為であるといえる。そして生み出された作品は、同じような技法によって生み出されたモデルに同化した再生産であるといえる。

わたしの場合も、幼いころからモノを作り上げることに強い衝動性を感じていた。幼少期から、もの作りのためのあらゆる素材や技術の知識を習得することに熱中していたように思う。例えば、小学生の頃には、スタンプを使ったペーパークラフトを学ぶためにクラフトショップのスタンプ売り場に通ったり、コンピュータを使ったグラフィックデザインを、本を読んで学んだりした。その際は、まず模倣から始まる。スタンプ売り場で見た技法を模倣し、本に書かれている方法を辿りながらコンピュータ上に同じイラストを描いてみる。そのようにすることで、素材や道具の特性を理解することが楽しく快感であった。それは知りたいという衝動性が満たされたからである。

このように、誰かの技法に適応、同化、再生産する活動は創造的な活動ではないものの、そこで得た素材や技術の知識は未来の創造の種となって、個人に蓄積されるものである。私の小学生の時に得たスタンプとグラフィックデザインの知識は、その後の制作活動の素地となり、中学生の頃にはカードをデザイン、制作、販売を行うまでになった。絵画や彫刻などの純粋芸術の分野においても模倣は行われる。模写や模刻はもちろんのこと、デッサンも自然を模倣する行為であるといえる。デッサンは物事を観察し、モノの形や空間認識といった世の中の秩序を理解し、よりリアルに描写する基礎的能力を身につける訓練である[7]。このように、ある形式に適応、同化、再生産を行う行為は、外的な事柄を内的な世界に吸収するための行為であり、それを繰り返すことで能力が蓄えられていくことになる。

しかし、人が適応、同化、再生産をする中で、新たな衝動性が生まれる。それは新たな作品作りへの衝動性である。新たなというのは、新たな技法、オリジナルなコンセプト、自分らしさのある表現という意味である。そしてその新たな衝動性は、「何を制作するか」という探索、発見する活動へとつながり、創造性へ向かうのである。

「何を制作するか」という探求

前述したように、一度もしくは繰り返し、適応、同化、再生産が行われると、人間は変化やオリジナリティというものを欲するものである。そこで行われるのが、探索、発見、創造性の流れである。

また、適応、同化、再生産の道を辿らなくとも、やはり物事を創造する際に問われるのは「何を制作するのか」という事柄である。特に、アーティストは自らもそれを強く欲すると同時に、他者からも「何を制作しているのか」を明らかにすることが要求される。それは一般的にコンセプトと呼ばれ、制作者の観念である。「何を制作するか」というのは、作品の色や形といった表現形態も含まれるが、それ以上に「何のために私は制作をするのか」という事柄でもある。これは結果的に作品の個性にたどり着くものであるが、必ずしも個性の探索をアーティストは行っているわけではない。アーティストが行っているのは、観念の構築である。

一九二三年にアメリカにて若い芸術家に対し美術講義を行い「ヘンライ・スクール」を開いた芸術家ロバート・ヘンライは、このように述べている。

「絵画とは、思想を普遍的な形にして表現することである。いわば証拠の提出である。われわれの人生、われわれをとりまく環境についての研究である。芸術家として役に立つアメリカ人とは、自分自身の人生を研究し、自分の経験を記録する人である。それによって、彼は証拠を提出する。何かいいたいことをもっている人なら、それをいうための方法をきっと見つけるだろう。あらゆる芸術の底流および動機は個人の思想である。」（ヘンライ 2011：126）

このように、芸術家は自らの思想や観念を、「われわれをとりまく環境について研究」しながら構築している。アーティストが自らの思想や観念を構築する際に行われる「われわれをとりまく環境についての研究」の方法は、アーティストによって様々であり工夫が凝らされている。その中の幾つかを具体的なわたしの活動と共に紹介する。

第2節　美術制作における探求

ここからは前述したように、作品制作の前後、もしくは制作しながら行う行為を紹介する。これらは一見すると作品制作とは直接的に関係していないように見えるかもしれない。しかし、アーティストにとっては、感覚的思考を用いながら、多角的に物事を見る重要な行為である。アーティストはそれらの行為において物事を統合的に捉えながら、制作活動を行っている。

観察と記録

写真・映像撮影やクロッキー等の活動は、外的世界へ目を向ける観察行為である。アーティストが「取材」という、写真やクロッキーなどのイメージを記録し収集し、観察する方法である。また、画像のようなイメージだけではなく、気になった言葉やアイデアを書き留めるなど、言語で記録することもある。それらを日常的にストックすることで、自らが興味を持つ外的世界により注目して物事を濃縮することができる。振り返ってみることで自らの思考や趣味嗜好を整理することができる。

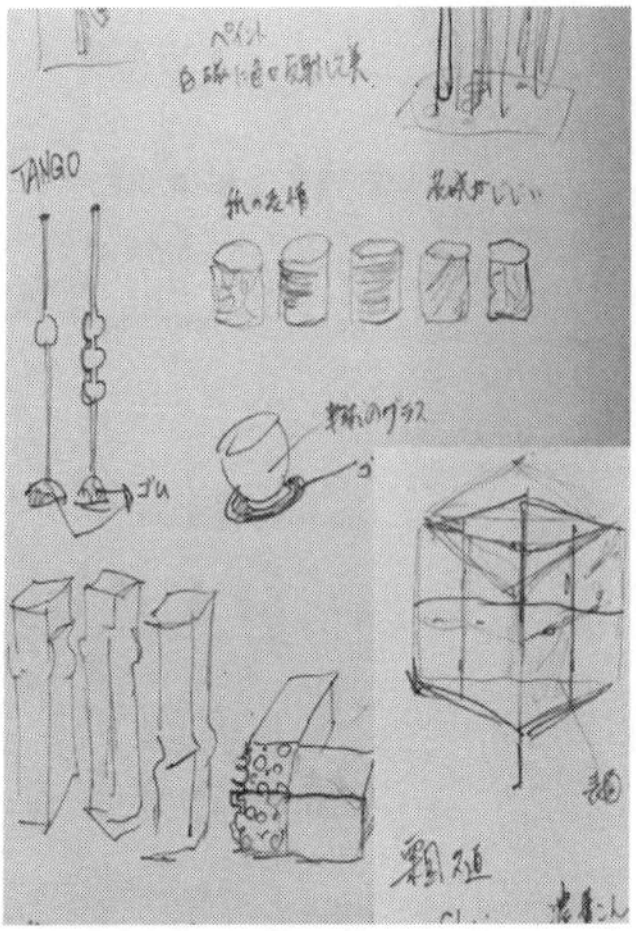

写真9－1　筆者スケッチ（部分）

わたしは、ガラスを用いた表現活動を行っているため、日ごろ街などで見かけた工芸品やアートワークを日記のように記録することが多い。日常生活の中で、モノのイメージ等は記憶に

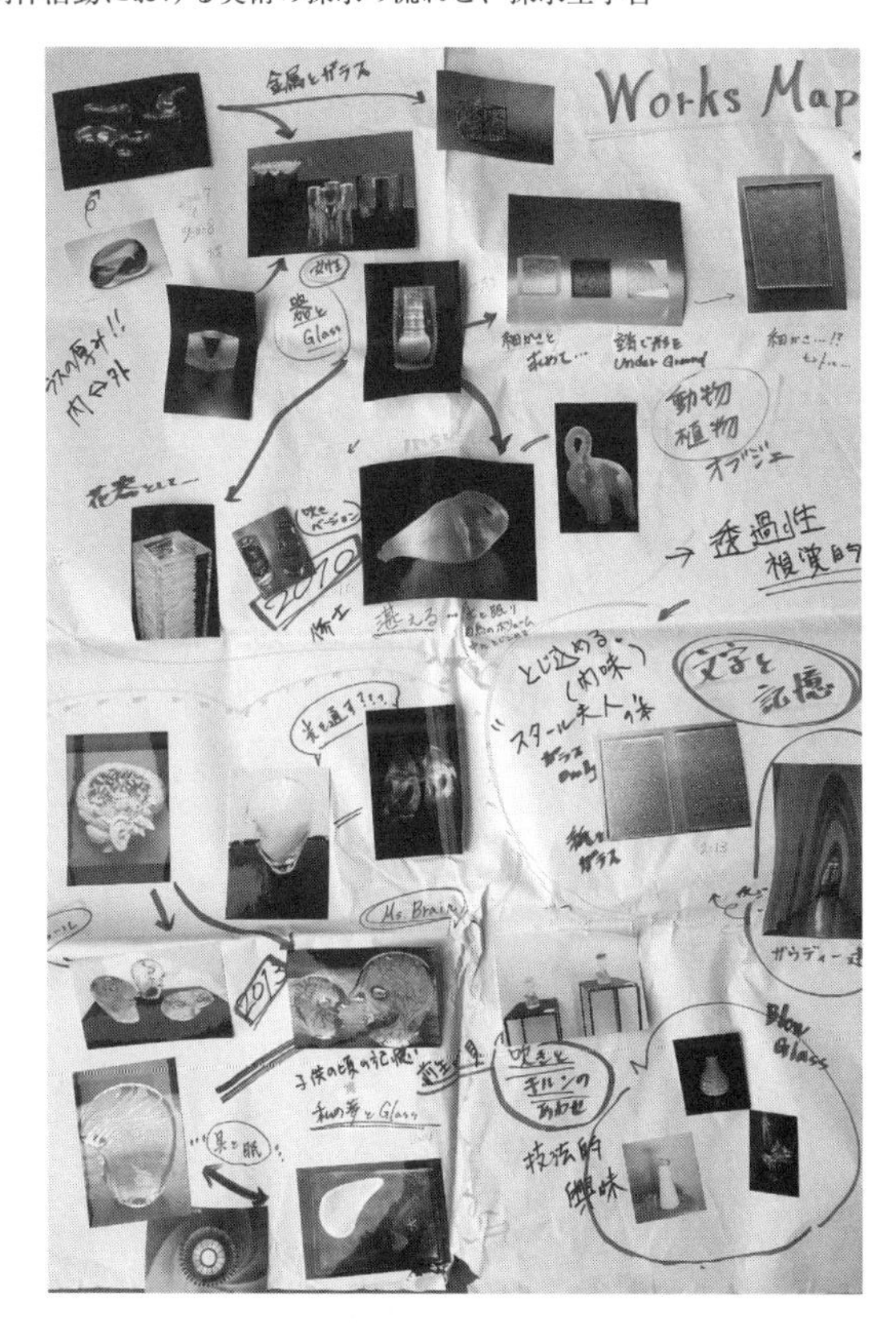

写真９－２　筆者のマインドマップ

残ったとしても、いずれは曖昧になってしまう。日々の生活の中で、どのようなモノに囲まれ、どのようにに影響をうけているかを記録している（写真９－１）。これは、すぐに作品に影響するかというと、必ずしもそうではない。しかし、日記のように見返すことで、日々過ぎ去る日常を、そのように捉えていたのかという発見につながることがある。その中から、将来的にいくつか創造の種が生まれることに期待を込めて書きとめている。

スクラップとアーカイブ

アーカイブ化とは、スクラップしストックした様々な物事を、一度保存した場所から切り取り、並べる行為である。集めた時点では気が付かなかったアモルファス（非結晶）状に散らばった物事の共通点やつながりを発見することが目的となる。アーカイブ化において、ポリシーを設定することでより整理された保存が可能となる。

わたしは、制作する前に、今まで自らどのようなことに興味を持ち、どのような制作を行ってきたかを客観的に見つめる為のマインドマップを作成することがある（写真9-2）。特に大作に挑む前や、新しいコンセプトを構築する際に行う。マインドマップには、過去の作品や、自らが影響を受けた他者の作品を並べ、その相関関係を書き加えていく。過去の作品が、自らの制作の中でどのような意味があったのかを捉え直す作業である。

ポートフォリオ（作品集）からも制作の変化は感じ取ることができるが、作品だけでなく時間の軸を超え、過去の出来事や興味のあった出来事を並べることで、その相関関係を考え直すことは、過去の物事をみつめているにもかかわらず、新たな発見や、今後の制作の方向性を決定するといった創造的な活動であるといえる。わたしの作品は、人間の脳と器をモチーフにしたものが多くみられる。マインドマップを作成したことで、ガラスの内部の構造を見せるという制作を続けてきた理由に、脳という人間の見えない部分への興味が大きく影響しているとみることができた。作品形態としては、具象形態と幾何学形態があり、その双方に興味があることがわかる。さらに、人間が用いる工芸品としてのモノへの強い興味や憧れがあることが、花瓶や器を制作してきたことからもわかる。

現在わたしが興味を持ち、アーカイブ化を行っているのは、家系図と家族の記憶や記録である。しかし、そのアーカイブがどのような作品になるのかは、決まっていないし、作品化はしないかもしれない。しかし、アーカイブ化すること自体がアートワークになることもある。金沢21世紀美術館のキュレーターである山峰潤也によれば、現代アートにおいてアーカイブ的な作品や展示会が現代アートの中で注目されているという。東京大学総合研究博物館小石川分館にて『驚異の部屋』」展（2002）展示を行ったマーク・ダイオンや、大地の芸術祭・越後妻有トリエンナーレで作品《No Man's Land》（2012）を発表したクリスチャン・ボルタンスキーを中心に、多くの芸術家の作品を紹介しながらアーカイブ的芸術の説明を行っている（山峰 2016）。山峰は、現代社会において、インターネットの普及に伴い、無尽蔵に増殖した情報はもはや飽和状態であるとし、様々な検索エンジン独自のアルゴリズムのルールに従って、もはや情報を見ることしかできないと指摘している。そのような中で、アーカイブ的作品を制作しているアーティストは、それぞれの視点を基に、膨大な情報をアーカイブ化することで、見る側の記憶や知識を引き出しながら、あるいは組み替えながら知的なレトリックを組み上げることに成功しているという。

このように、社会的な状況を反映し、現代においてアーティストのアーカイブ化は、質的な知的活動としても注目されている。

ポートフォリオ

ポートフォリオは、美術においては一般的に、自らが制作した作品を整理しまとめる自己作品集を指す。ポートフォリオの役割は、作品を写真撮影し、他者に自らの作品制作の能力やコンセプト等を視覚的にプレゼンテーションすることにある。そのため、プレゼンテーションを行う相手によって、ポートフォリオに入れる作品を変えたり、ページレイアウト等を変えたりなど、他者を意識したものとなる。

このように、他者に見せることを目的として作成するポートフォリオであるが、自ら制作してきた作品を客観的に見つめ直すことができることから、制作者にとっても重要な役割を果たす。また、過去の作品から現在の作品までを見渡すことができ、自らの成長や全体的な傾向を見渡すことができる。制作時からのタイムラグを超え、自らの思考やコンセプトを整理立てることができる。

ポートフォリオは現在では教育現場においても用いられるツールである。活動後にポートフォリオを作成することで自らの作品や活動を振り返り、それが何であったかを再考してまとめさせるという教育的役割を果たしている。ポートフォリオを作成するという行為に、自己省察的な役割があるのである。

しかし、ポートフォリオは作品の新たな発想へと制作者を導くツールではない。飽くまでも客観的・反省的に自己もしくは自己作品を見つめるものである。その一方で、ポートフォリオは自らの作品をいかに魅力的にみせるかという演出を考え、作品に正当性を与え補強するという役割がある。そのため、アーティストの多くは写真の撮影やレイアウト等にこだわりをもってポートフォリオを制作する。ポートフォリオの作成においても作品と同等に美的な感覚や、他者に伝えるプレゼンテーションの演出的能力が求められる。つまりポートフォリオの作成も、創造的な活動であるといえる。

ドローイング

色や形といった、自らの感覚的イメージを描き貯める方法である。ドローイングは短時間でイメージをどんどん描き貯め、自らの身体的・感覚的な物事を一度表出させることが目的である。感情や知識、身体的感覚として一度内部に取り込んだ全ての物事は、意識的に整理されず、アモルファス状に記憶として内在している。それらを意識的に取り出し、組織的に構成しつなぎ合わせることを目的としている。

写真9－3は、筆者によるドローイングである。実際に思い浮かべる実体のないイメージを明確化していく作業である。記憶・思い出・閉じ込める・箱といったキーワードが筆者の中に浮遊した状態で、思いつく形を感覚的に描き貯めたものである。ドローイングを繰り返すことで、ぼんやりとした思考が明確になる。感覚的に思考する手段である。

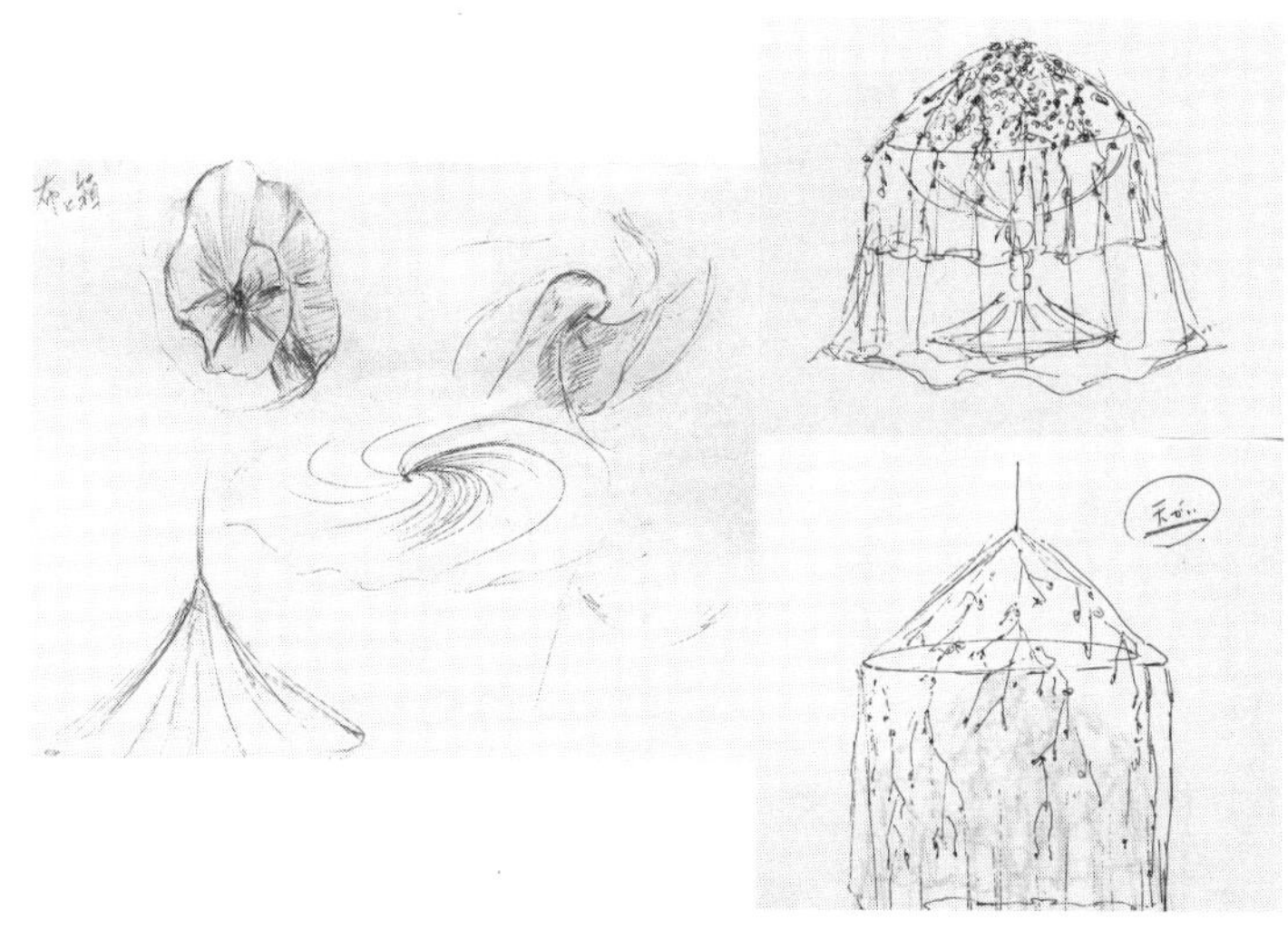

写真９－３　筆者ドローイング

素材や技法の実験

美術表現を行う際に必要となる素材や技法の研究を実験的に行う方法である。素材や技術は、外的な問題として制作者に常に関係する事柄である。それらを実験的にどのような性質があるかを試しながら、自らが素材というものに対し、どのようなところに魅力を感じているか、さらにはその素材や技法に愛着が持てるかを探るものである。これは新たな技法を探る行為であり、素材の探索、発見から、新たな創造性に向かう行為である。

また、時には偶然やハプニングからアーティストはヒントを得ることもある。例えば、わたしのガラス作品の制作において、制作過程でガラスが割れてしまうという問題を抱えたことがある。その際に、一度割れたガラスを再加熱して溶着するという手段をとった。無事溶着できた作品をよく見ると、溶着された部分に、非常に細かい泡の帯が現れていた。この表情は偶然的に生まれた表情であったが、わたしはその表情に美しさを感じた。現在は、この偶然的に生まれたガラスの表情を、必然的に作品制作に取り入れたいと考えている。今後も、その表情を効果的に作品に取り入れるための技法の実験を重ねたいと考えている。
このように、制作者は、素材で遊ぶ、実験する、失敗するといった中で、思いもよらない結果と出くわしながら、創造的な思考を働かせている。

展示会

展示会は、人々に鑑賞してもらう為に行うものであるが、作家自身にとっても大きな意味のある行為である。展示行為は、自らの作品を個人的なものから社会的なものへと切り離す瞬間であり、そこで作品がどのように見えるか、鑑賞者にどのように作用するかを客観的に観察することができる重要な機会である。

展示空間というのは、作品の印象に大きく影響を与えるものである。ホワイトキューブなのか、壁は壁紙なのかコンクリートなのか、展示台の高さや形や素材はどのようなものなのか、展示する作品の配置や、点数、距離等によって、空間の印象が変わるからである。つまり、展示場所や配置によってもコンセプトの見え方が大きく異なってくるため、他者にコンセプトをより明確に伝えられるように、表現者は自らの作品の印象やコンセプトを客観的に整理し、展示に関わるありとあらゆることに注意を払いながら、展示空間を構築していく。

特に立体作品を展示する場合、三六〇度から見える作品の印象と、作品が保有すべき空間を考慮して展示することが必要となる。わたしは、展示を行うにあたり、光の入り方や空間の広さ、天井の高さなどの調査を事前に行い、作品を展示するイメージを温めてから展示作業に取り掛かる。実際に展示を行うことで、コンセプトの詰めの甘い部分や、迷いなどを見直すことができる（写真9－4）。写真9－4の展示の場合、作品に対する個人的なテーマが強すぎるため、作品に客観性が伴わないという問題点、さらに作品にからめる布の配置において、ガラス作品と布の関係性に違和感があること、さらに展示台の配置角度の問題、作品と作品との配置への配慮が十

写真９－４　筆者の作品展示風景

分になされていないために生じる違和感等が明らかとなった。そういった点を踏まえ、コンセプトを再度見直し熟考することができた。

空間に作品を配置することは、自ら作品を鑑賞者として見ることができる機会となる。鑑賞者がどのように目線や体を動かし、作品と対峙することができるか、制作者は鑑賞者の視点で何度もシミュレーションし、作品やコンセプトが最も美しく、かつインパクトを持って見える配慮（展示台の質や色、床の色合い、光の入り方、電源コードの這わせ方まで、気づくことができる全ての事柄）にこだわりを持つ必要がある。

制作者は、作品や作品を展示する空間が良く見えるようにすることにも責任を持つ必要があり、作品制作と同等な程、展示空間と作品の配置のやり取りは表現において重要な思考が伴う行為である。作品を展示するということは、制作者にとって作品を見直し改善を図る重要な機会であることがわかる。

作家研究・展示会めぐり

過去のアーティストや、同じ時代を生きるアーティストが、どのような作品を制作しているかを観ることは、重要な学びの機会である。また、他の作家に影響をうけるというのは、その作家の思考や概念や感覚に共感できる部分があるため起こる出来事である。

鑑賞者として芸術作品を観る行為というのは、必ずしも作品そのものを理解する行為とは限らない。作者が何を考え、どのような状況でどのように作品を生み出したかということは、作家自身でなければわからない個人的なことである。それらの事について、深く考え知ろうとしても、アーティスト本人に訊かなければ答えは得られない。

では、鑑賞行為の意味は何か。それは作品を通して鑑賞者自身の感覚を研ぎ澄まし、思考を巡らすことにあると考える。作品を鑑賞しながら、自分が一体どのようなことに注目し興味を持ち、面白いと思えるか。どのような物事に共感できるか。作品を通じて、自分自身の感覚や思考をリフレクト（省察）し受け取ることが重要であると考える。前述したように、展示空間というものは、アーティストが作り込んだ空間である。その中に身体ごと入り込み、どのような気づきや感動が得られるのか。勿論、鑑賞する作品の質や相性によっては何も受け取れないこともありうる。しかし、鑑賞者自身に作品を通して省察する感覚や思考が働かなければ、何も受け取ることはできないのである。つまり、鑑賞行為は、鑑賞者自身の省察行為であると考える。

以上のように羅列した行為は、アーティストの省察行為のほんの一部であり、その他にも他者とコミュニケーションする場を設ける、ソーシャルな活動に参加する、美術以外に目を向ける（数学や社会学など）等、その方法は多様に存在するだろう。そして、このようなアーティストの思考は、第Ⅰ部で述べられてきたように、現在

ＡＢＲとして注目されている。外的な物事は勿論のこと、内的な部分をもイメージ化することで客観的に見つめることができるのが、美術の特性であると考える。さらに、ここに挙げた行為は、点で散らばった物事の要素を、規則的に並べたり、つなぎ合わせたり、もしくは分裂させたりなど、視覚情報としてだけでなく思考が活発に働く行為である。このような、アーティストの様々な思考を伴った行為は、はじめの想定を超えた創造性をアーティストと作品にもたらすのである。ロバート・ヘンライも芸術家による思考の価値を以下のように述べている。

「価値のある芸術はすべて、強烈な人生の記録である。そして、一人ひとりの芸術家による作品はどれも、その人物ならではの特別な努力、調査、発見の記録である。自分を表現するために、その言語は芸術家自身によって慎重に選ばれ、最善の方法で用いられる。（中略）
私が敬意を払うのは、思想をめぐって苦闘する人々、情熱と畏敬の念をもって新たな道を切り開く人びとだ。彼らの作品（彼らの苦闘と発見の記録）は、じっくりと眺め、大切にすべきものである。」（ヘンライ 2011：246-247）

美術制作における「何を制作するか」という探求によって生み出される創造性は、アーティストの惜しみない努力と調査と発見によってもたらされる思考の結晶であるといえるだろう。

美術制作の探求のサイクル

今まで述べてきたように、美術の制作活動には「どのように制作するか」という探求と、「何を制作するか」という探求の二つが常に存在している。さらにこの二つの探求は、制作活動を連続的に行うことで複雑に絡み合

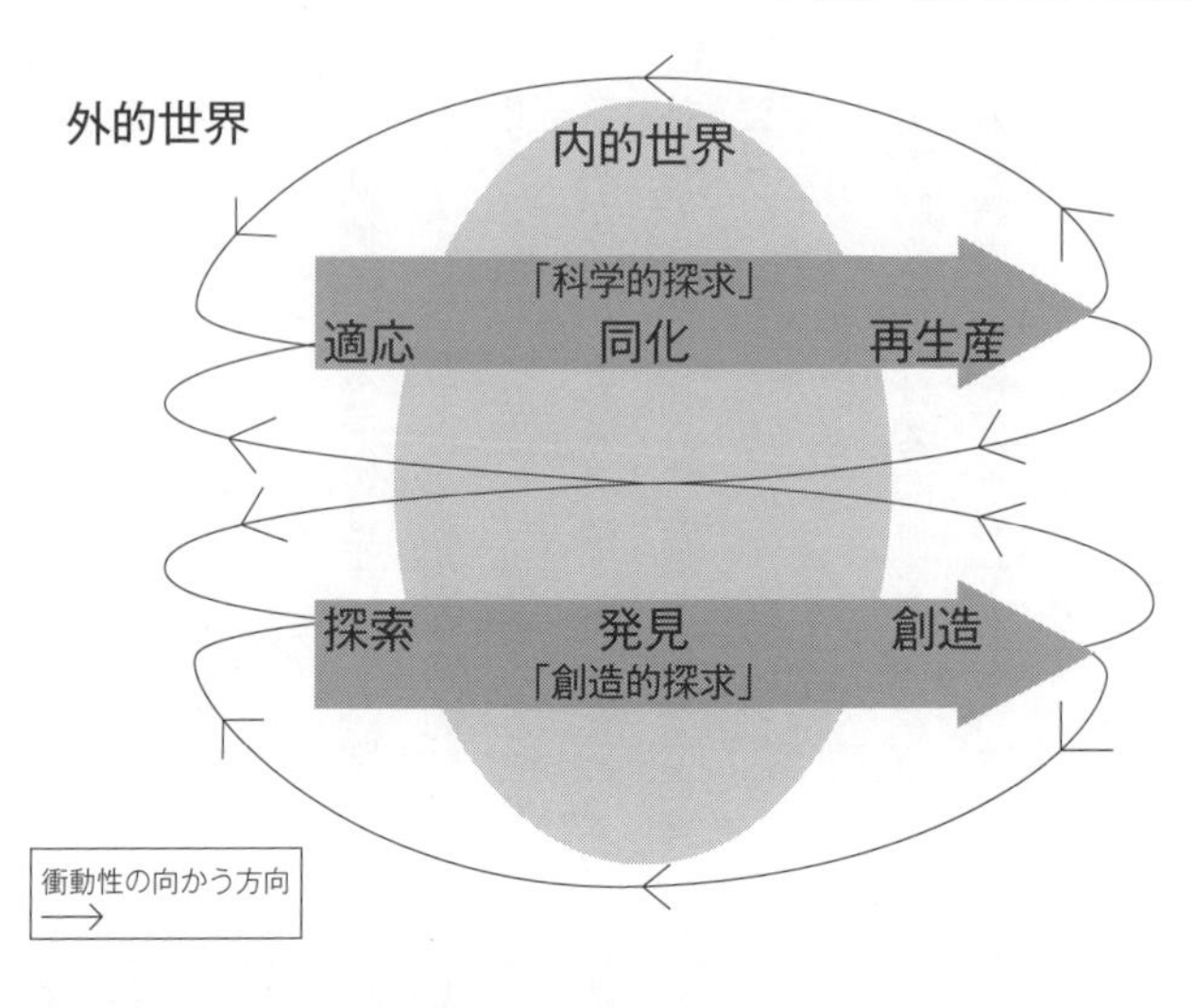

図9－1　探求のサイクル

いながら成長していく。

それぞれの動きをまとめ、図式化したのが図9－1である。

矢印は衝動性の方向性を示したものである。衝動性が「どのように制作するか」という方向性に向いた時、人は外的世界に目を向ける。知識や技術といった外的世界の物事に適応し、同化することで知識や技術を内的世界に内包する。さらに再生産という形で外的世界に制作していく。この「どのように制作するか」という探求は、外的世界の物事を取り込み、内的世界を太らせるように成長させると考える。わたしはこれを美術制作における「科学的探求」とし図の上の矢印で表した。

一方、衝動性が「何を制作するか」という方向性に向いた時、人は内的世界もしくは外的世界、もしくはその双方に目を向け、「何を制作すべきか」ということを思考し探索していく。そこで発見があった時、人は新たな作品を創造し、それらを外的世界へ排出していく。この「何を制作するか」という探求は、内的世界を外的世界に向けて押し広げるように成長させると考える。わたしはこれを美術制作における「創造的探求」と名付け、図の下の矢印で表現した。

この美術における「科学的探求」と「創造的探求」は一つの制作活動において、それぞれ単独で作用することもあれば、同時に作用することもある。さらに、矢印が必ずしも再生産、創造まで到達するとも限らない。途中で制作行為が途切れることもあれば、「科学的探求」の途中から「創造的探求」に移行することもありうるものである。制作者によっては、両方を柔軟に行き来することもあれば、伝統工芸師のように、伝統的な技術の継承という同じ型の作品を何度も再生産する「科学的探求」を繰り返し、作品のクオリティーを追求するアーティストもいるであろう。しかし、モノがあふれるようにある現代社会において、伝統工芸においても独自性や新たな創造性が求められている。このように、現代においてはこの双方を探求することが理想形であると考える。

以上のように、一つの作品制作においても、探求は多元的にくりかえされ、衝動性が失われるまで、作品制作は続いていく。つまり、美術において探求は、繰り返し行われる無限の成長の可能性がある活動であると考える。

第3節　学校教育における探求型学習の実践

ここまで、美術制作における探求の流れを、アーティストをベースに考察してきた。ここからは、この探求活動を美術教育に取り入れている実践について述べる。

わたしは、制作者でありつつ、教育者として美術教育について研究を行っている。わたしは東京都にある玉川学園に八年間勤務している。玉川学園では、創設当時から続いている自由研究という探求型学習と、近年導入された国際バカロレア教育での二つの探求型学習が実践されている。それぞれの探求型学習はスタイルが異なる。さらに二つの探求型学習ででき上がる生徒作品に違いがあると感じてきた。同じ探求型学習であっても、実践内容によって生徒にどのような違いが現れ、作品に影響を与えるのかを研究している。本節ではそれらの活動を紹介し、その分析結果を述べるとともに、美術科教育において、本来の美術の活動である生の活動としての探求型学習が行われる可能性を考えたい。

二つの探求型学習

①自由研究

自由研究とは、玉川学園が創設時から持つ授業であり、文字通り、子ども個人の興味と能力に応じた教科の発展的な学習である。自分のすきなこと、やりたいことを学校の授業の中で心行くまで探求することを目的としている。

自由研究は、玉川学園の創設者であり大正教育運動を牽引した、小原國芳[8]の「自学自律」という教育理念を代表する授業形態である。小原は、子どもたちの探求的態度や独創性、計画性、持続性、協調性の育成を目指し、自ら能動的に学ぶ新しい学校の教育カリキュラムを導入した。その一つとして、現在も連綿と続くのが自由研究である。子どもたちが教科書やクラス、学年、教室、教師に縛られることなく、自由に自らの興味関心のある物事を学習することができる。

自由研究は、全生徒が取り組む点、年間約八〇時間近くが確保されている点、成績表に学習態度の評価が付く点において一般的な課外活動とは異なっている。現在、自由研究には週一時間半の時間が充てられ、芸術、スポーツ、語学など細分化された領域から研究分野を選び、一年間を通して研究に取り組んでいる。

美術の分野においては、中学年は絵画、彫刻、陶芸から、高学年は油画、日本画、彫刻、陶芸、染織、インダストリアルデザイン、空間デザイン、コンピュータデザインから選択するようになっている。自由研究において、最も尊重されるのは生徒の興味関心であり、それらに対し教師はアドバイスをおこなう。自由研究では、教師が一方的に教えることなく、子どもたちの探求心を最も尊重した学習である。

②国際バカロレア

国際バカロレア[9]（以下ＩＢと略す）とは、国際的な人材の育成を目的とした、世界共通の教育プログラムである。世界の一四〇を超える国と地域で、四八四六校がＩＢプログラムを導入している。玉川学園では、二〇〇七年四月に導入、二〇〇九年三月から実践が行われている。普通科クラスに加えＩＢクラスが設けられ、ＩＢクラスでは普通科と全く異なった授業が行われている。また、高学年になると、ＩＢの生徒はＩＢ試験に向けて集中するため、自由研究は行っていない。

ＩＢの教育では、全ての教育課程において探求型学習が目指されている。美術科においても同様である。ＩＢの教育プログラムは、評価法やプログラムの作成方法は定められているが、具体的な指導内容についてはＩＢ教員に任せられている。

ＩＢは教育理念として「異文化に対し理解と敬意を通じて、より平和で世界の構築に貢献できる、探求心(inquiring)と知性を持った思いやりのある若者を育むことを目的としている」と掲げている。そのため、ＩＢは、単なるバイリンガル教育を進めるものではなく、全人的な人間の育成を目指し、徹底した探求型学習による「知識をいかに得て用いるか」という教育を行うとしている[10]。

ＩＢにおいて美術科は主要教科に含まれ、日本の学校教育における美術科教育とは異なっている。ＩＢは教育プログラムを提供するが、具体的な指導内容については、カリキュラムを作成し実践することがＩＢ教員に任されている。

わたしは二〇一五年からＩＢクラスの美術科を担当し、カリキュラムの作成を行ってきた[11]。その中で、ＩＢの

写真９－５　自由研究生徒作品（高校３年生）

探求型学習で制作される生徒作品に特徴が現れると感じている。自由研究の制作活動と比較しながら、その特徴を挙げる。

自由研究と国際バカロレアの探求型学習による作品制作の比較

自由研究における制作活動において、課題は設定されていない。生徒は自ら制作したいものが何かを思考することから始まる。特に、近年の新入生においては「何を作りたいか」を尋ねても、作りたいものが何か定まらず「なんでもいい」と受動的な返答をする生徒が多い。一方で、生徒は、「何が作れるようになるか」と質問するのである。それだけ日常的に何かモノを作ったりする活動が減少し、能動性も乏しくなっているといえる。

自由研究において生徒の様子を観察すると、多くの生徒は、それぞれの表現分野の技法を習得しようと考える傾向が強い。今まで先輩が制作してきた作品や、書物などを参考に、自分はどのような作品であれば作れるかを思考し、教師に基本的な伝統的な技法を教わろうとする。その為、自由研究の生徒は日本画や油画、陶芸といった伝統的な技術の世界に一度自らを埋めて、その中で「何が作れるようになるか」を思考するのである（写真9－5）。

このように、自由研究において、まず初めは自分が「何を制作するか」が問題なのではなく、「どのように制作するか」という問題が優先される。この動きは、前述した、既に存在する知識や技術を吸収し、適応、同化、再生産する探求の流れであると考える。つまり自由研究の生徒にとって、「科学的探求」から始まる傾向が強いことを示している。その理由としては、基本的に自由研究は長期間かけて研究することが推奨されており、制作活動が連続的に継続されることを見越し、今後のためにも、制作において困らない技術の習得を考えるようである。

一方、IBの美術科教育において、最も重要なことは、自分が何を制作するかという事である。国際教育をベースとしているIBでは、生徒のアイデンティティーについての探求を、他者を通じて、さらに個人でも向き合う習慣を中学生から付けさせている。自らのルーツを調べ、価値観の共有、あるいは違いの理解等を重ねながら、自分がどのようなことに興味があり、制作者として何を表現したいのかを追求させていく。

写真9－6　IBジャーナル（高校3年生）

IBの美術科では、生徒達はジャーナルと呼ばれるスケッチブックに、どのような思考をもって制作してきたかを細か

写真９－７　ＩＢ生徒作品（高校３年生）

くまとめさせている（写真９－６）。高校卒業時のＩＢ資格試験においては、このジャーナルの提出が義務付けられており、制作者がどのような経緯で作品制作までたどり着いたか、また作品制作ではどのようなことに挑戦し、自らの表現を確立するまでにどのような実験を行ってきたか等が評価される。ジャーナルにまとめ上げた事柄から、制作者がどのような思考をもって制作に挑んだかが明確になるのである。中学生の段階から、生徒たちはジャーナルを用いて、なぜその制作にたどり着いたかを細かくをまとめ、そのジャーナルを用いて、コンセプトを練り上げるように指導されている。このように、ＩＢの美術では、いきなり制作に入るという事はまずありえない。様々なリサーチを経て、「何を制作するか」という問題に向き合い、思考を深めながら制作が始まる。

生徒作品を観ると、生徒は伝統的な技法を追い求めるよりも、挑戦的な表現を試みている様子が観て取れる。そのため、作品からはメッセージ性が強く感じられることが多い。これは探求のサイクルでいう、探索、発見、創造に向かう「創造的探求」の流れが強いからであると考える。

写真９－７の作品は、スプレーを用いた作品で、グラフィティーアートを代表するバンクシーに強く影響され制作した作品であ

表９－１　ＩＢと自由研究美術のおける制作活動の比較

	自由研究	ＩＢ
先行する探求の種類	技術から始まる	思考から始まる
視点	主観的視点が強い	客観的視点が強い
言語化の機会	制作後にある	全体的に多い
思考	感覚的思考	論理的思考
傾向	情緒・雰囲気重視	コンセプト重視
作品の情報量	少ない傾向	多い傾向
技法	古典的	挑戦的

る。キャンバスに描くという固定概念を外し、ベニヤ板やスプレー缶そのものに描いている。

表９－１はＩＢと自由研究の探求型学習の特徴を比較したものである。まず、前述したように、自由研究では生徒のほとんどが技術を獲得するための作品作りに向かう。また、題材設定においては、自分の好きなもの、自分の日常、自分はどのような世界観が好みかといった主観的視点が作品に反映されることが多い。自由研究では、現在ではＩＢの影響を受け、論文の執筆が全生徒に義務付けられている。しかし、言語化は作品の制作後に行うことが多く、作品制作の説明となることが多い。そのため、作品の傾向としては感覚的思考が作品制作の上で優先され、情緒的・全体的な雰囲気を持つ作品が多い。また、技法は古典的な作品となる傾向が強い。

一方、ＩＢの授業では、制作に入る以前に、美術についての問題や疑問を、調査や実験、ディスカッションなどしながら思考することから始まる。生徒たちはそれらの内容をジャーナルに詳細に文章化しまとめていく。作家研究、画材研究、技法研究、社会問題、自己分析など、内容は多岐にわたる。そのため、題材設定ではＩＢの生徒は、まず美術を客観的視点でとらえ、その後自己の表現へと美術を引き寄せていく。また、作品制作について言語化する機会も非常に多い。その

写真９－８　ＩＢ生徒作品（高校３年生）

ため、ＩＢの生徒は作品制作にあたりコンセプトを明確に説明できる状態にある。また、多くの調査や伝えたいことがある理由から、作品の情報量が多くなりやすい特徴があり、色も刺激的で、挑戦的な技法を用いたメッセージ性の強い作品が仕上がる傾向がある（写真９－８）。

二つの探求のサイクルの接近

ここまで述べてきたように、自由研究の探求型学習は「科学的探求」が強い傾向にあり、一方ＩＢの探求型学習は「創造的探求」が強い。それぞれの探求のサイクルを表したのが図９－２と図９－３である。それぞれ探求の始まりにおいて、それぞれの探求のバランスはアンバランスになりやすい。しかし、探求が進むにつれて、自由研究の生徒は、自らの作品のオリジナリティーを求めて探索、発見、創造の創造的探求へ、ＩＢは表現における高度な技術の獲得に向けての適応、同化、再生産の科学的探求に力を入れるようになると考えられる。

その一つの例として、わたしの大学院時代の同級生にイギリスの美術大学でガラスを学んでいたという学生がいた。彼

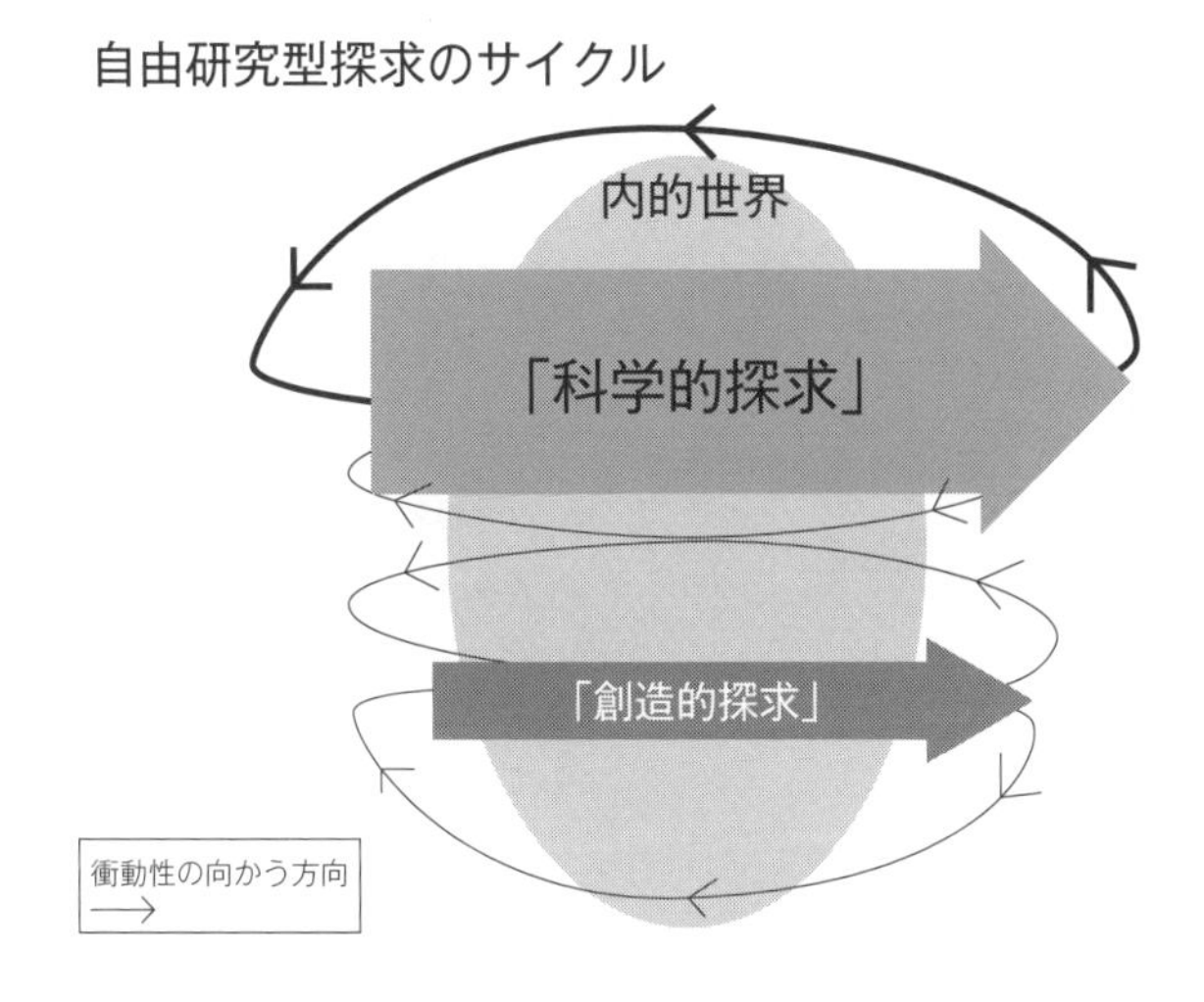

図9－2　自由研究型探求のサイクル

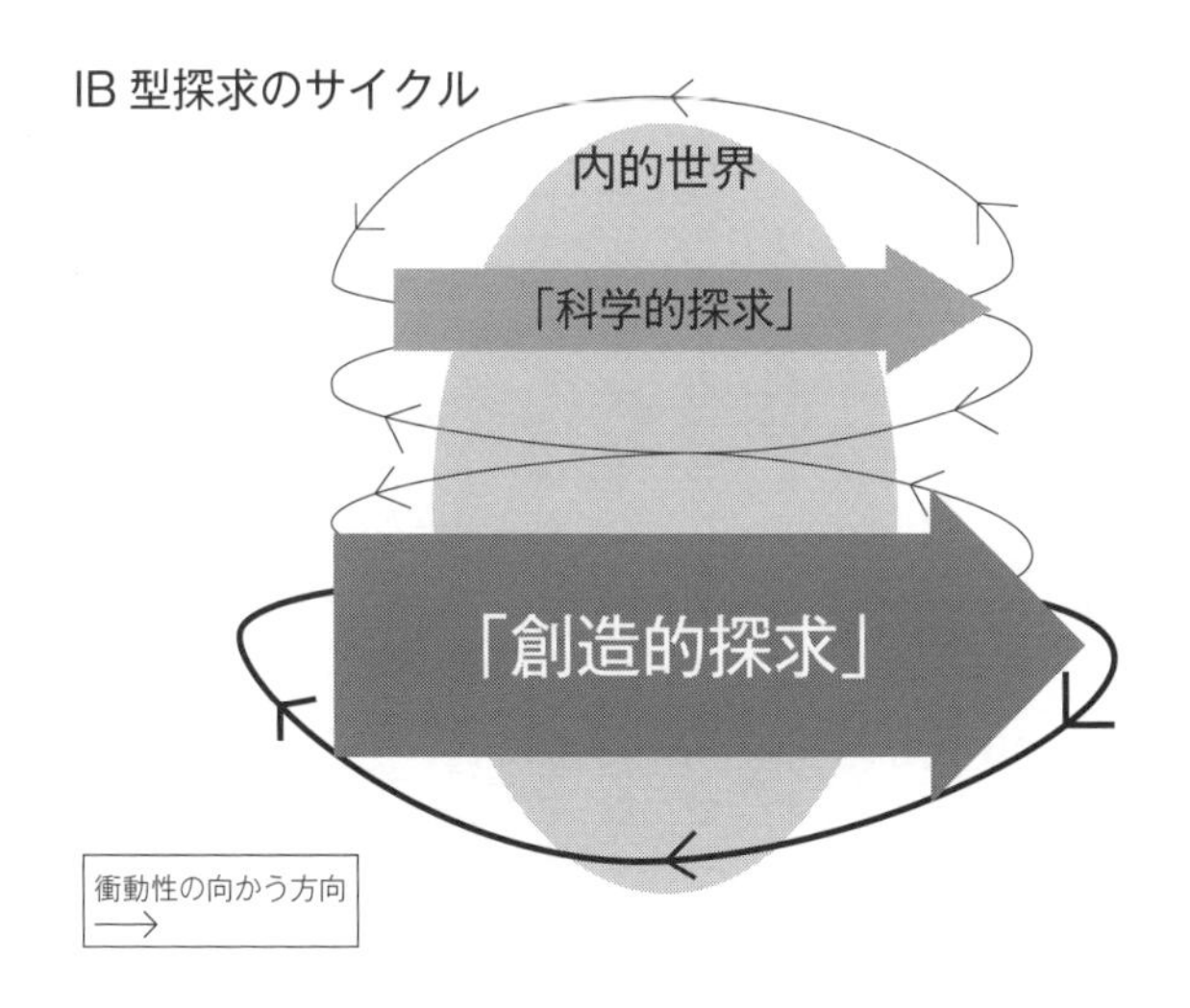

図9－3　ＩＢ型探求のサイクル

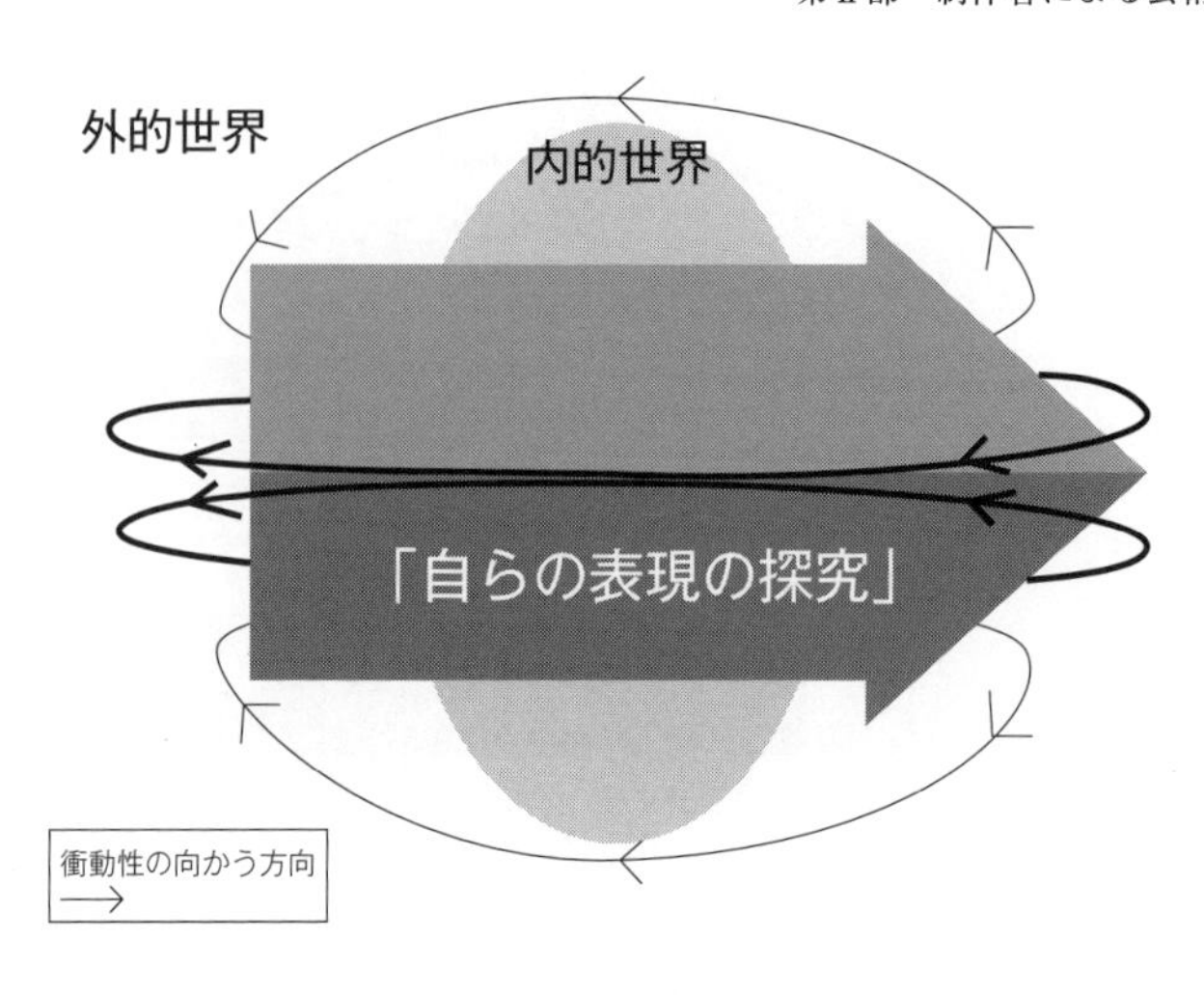

図９－４　成長した探求のサイクル

女の話を聞くと、イギリスの美術大学ではＩＢ型のコンセプトをいかに構築しアーティストとして活動するかという教育がなされていたという。そのため、ガラス工房には技術スタッフが駐在しており、技術的に高度な部分は総てスタッフに作ってもらっていたという。学生は作品のコンセプトについて教授と何度も話し合い、自分の力だけでガラス作品を制作するのではなく、作品の図面を技術スタッフに見せ制作に協力をしてもらうのだ。しかし、彼女は技術不足で思った作品が自ら制作できないことにジレンマを感じ、東京藝術大学大学院にて技術を磨きに来たと言っていた。現在彼女は、独自の世界観を表現するガラス作家となっている。

このように、人間は一つの目的に対し、足りないと感じた所があれば、その部分を成長させようとする力がある。そのように考えると、「自らの表現の探求」という一つの目的があるならば、初めはバラバラでアンバランスであった二つの探求も、お互いのバランスを保とうと成長し接近していくと考える。さらに、ある程度の成長ができた時、それぞれの探求は「自らの表現の探求」として、その境目は融け合ってしまうと考える（図９－４）。

自由研究の探求型学習にしても、ＩＢの探求型学習にしても、わたしはそれぞれの探求に特徴はあるものの、良し悪しがあるとは考えていない。行き着く先が「自らの表現の探求」であるならば、それぞれの探求は表現の高みをめざして向上していくと考えるからである。いずれの探求型学習であったとしても、何度か探求のサイクルを経験した生徒は、探求を経験していない生徒に比べ、美術を自らのものとして内包し、美術における総合的な知性を学ぶであろう。美術の教育的価値を身をもって知るのである。

おわりに

ここまで、美術制作における探求が、いかに様々な質的知性が伴う、全人的な生の活動であるかを述べてきた。この全人的生の活動が教育に果たす役割は大きいにもかかわらず、日本の学校教育では、美術の探求を経験する機会は殆どないと言っても過言ではない。なぜなら、日本の美術科教育の目的は、情操教育や個性教育の域から脱せないでいるからである。確かに、美術の制作活動は、個人的な制作に見えるかもしれない。しかし、美術は本来、文化として社会で共有し、社会全体で高め育てていくものであると考える。

さらに、日本の美術における高等教育は技術的な継承が重要視される傾向が強い。イギリスの美術大学ように、作品制作をスタッフが行うということはなく、学生は自らの技術を上達させ、それに伴って自ら制作する意味を必死に探っている(12)。つまり、自由研究型の美術の探求が高等教育においても一般的なのである。なぜなら、日本においては、自ら苦労し制作すること、つまり技術的な側面において評価されるからである。「あなたが描いたのか、つくったのか」ということが重要なのである。

日本では現代アートのようなコンセプチュアルな美術は、なかなか一般的に評価されにくいというのが実情である。それは、ＩＢ型の美術の探求を経験する機会が少ないことから、コンセプトを構築したり、コンセプトを読み取ったりする意味や価値の理解が一般社会に根付いていないからである。しかし、そのような中で、アメリカやイギリスの経済界では、この統合的でコンセプチュアルなスキルの育成にこそ、クリエイティビティがあるとし、その注目度が高まっている。情報処理機能が充実した今日に於いて、美術の全体を直感的に捉える感性と、内省しながら創出する構想力が今後は必要であるとし、先進的なグローバル企業が、相次いで美術系大学やアートスクールに幹部を送り学ばせているという（山口 2017）。

美術界においても、３Ｄプリンターといった科学技術の進歩、及びこのようなグローバルな人材が求められる今日において、アーティストの「創造的探求」を強化する必要がある時代にきていると考える。コンセプトや概念を構築し、新たなものを創造する力を養うのにＩＢの探求型学習は良いモデルになるだろう。

「美術の活動は、探求活動である。」

学校教育に美術の探求活動を取り入れることで、美術による質的知性を多くの人と共有できる社会になることを祈っている。

注

（1）本章では、美術の活動が真理の追究だけでなく、生の活動としてのより広域な求める活動であると考えるため、「探究」ではなく「探求」を用いる。

（2）原は、段階（0）は筆者が生まれてから作品制作を始めるまで、日常生活を生きている段階であり、作者が作品制作に入る前段階としている。

（3）教育の最も重要な目的として、社会に適応した人間として協調的に生活することが挙げられる。子どもには社会、もしくは他者に同一化する欲求があることは一般的にも知られていることである。美術における子どもの発達段階について述べているヴィクター・ローウェンフェルドは、それに加え、「子供は、自分の仕事に融け込んで同一化し、また、環境に順応することによって、それを判断したり理解したりするにつれて、必然的に、隣人の欲求を理解しようという精神にまで成長してくるのである」とし、美術の制作活動においても、「他人の問題の中へ自分も融け込んで、一体になろうとする気持ちで、創作にもあたれば、他人の要求も、自分のものであるかのようにまざまざと心に描くことが容易となり、こうして、創作の中へ想像を活用することができるようになる」と、美術の制作活動における社会と自己の同一化について説明している。このようになれば、美術の活動は、制作そのものが自己同一化の活動といえる。さらに美術の活動の特徴としては、この社会に自ら溶け込もうとする欲求を満たし、かつ自己同一化した自己を視覚的に省みることができるという利点がある。一つの行為にインプットとアウトプットが同時並行で行われるのである。そこに、学校教育における美術の教育的価値があると考える（ローウェンフェルド 1963: 69）。

（4）　デューイは『経験としての芸術』において、「感情的発散は表現の必要条件ではあるが、十分条件ではない」として表現行動と単なる発散行動を区別している（デューイ 2003a: 85-87）。

（5）　幼児や児童の教育方法の中に、絵の具の付いたモップやローラーを持ってキャンバスの上を走ったり、絵の具をキャンバスが立てかけてある壁に向かって投げたりする「造形遊び」があるが、これは子どもの衝動を発散させることに目的があり、筆者は探求的な表現活動とは考えていない。

（6）　デューイは、『経験としての芸術』の中で、衝動は人間の生来的活動を意味し、衝動性は、衝動を含めた「全有機体の外部及び前方に向かう運動を示すもの」と説明している（デューイ 2003a）。

（7）　多くの画家や彫刻家がデッサンの重要性を述べている。デッサンの経験を重ねた者であれば理解できることであるが、デッサンにおいて、目の前にあるモチーフを表面的に観るだけではうまく描くことができない。光と陰をはじめとする重力や質量、質感、空間、湿度に至るまで、意識しながら観察していく。このように、デッサンをすることは世界の秩序や法則（光や重力や質量、空間、時間など）に美を見いだすことによって適応、同化することができるようになることであると考える。

（8）　小原國芳は、大正自由教育運動の八大教育主張講演会において「全人教育」の理念を唱え、新教育の総本山として一九二九年に玉川学園を創設した人物である。小原國芳時代の玉川学園では、児童生徒は時間割を自ら設定し、午前中に個別学習を中心とした活動を行い、午後に自由研究もしくは労作活動（農作業や学校環境を児童生徒で整備していく活動の時間）として様々な活動が行われていた。小原國芳が死去した後、時代の変化を受け、一斉教育を中心とした授業に切り替えている。

その中でも、自由研究は授業として現在も続けられている。

（9）ＩＢプログラムを認定校に対し提供している国際バカロレア機構（ＩＢＯ）は、一九六八年にスイスのジュネーブにおいて国際連合教育科学文化機関（ユネスコ）を諮問機関とする非政府組織・民間非営利団体として、スイス民法典に基づき設立された財団である。ＩＢＯは、教育プログラムを作成する他に、国際バカロレア試験の実施、国際バカロレア資格の授与を行っており、国際バカロレア資格は、世界の様々な大学における入学資格となることから、近年注目があつまっている。国際バカロレアの導入校は日本でも増加し、二〇一七年現在では二〇校の一条校が認定されている。原則として資格取得のためのディプロマプログラム（ＤＰ）は英語で実施する必要があったが、文部科学省の申し出によって、二〇一三年度より、一部の科目を英語だけでなく日本語でも実施可能にするプログラム（日本語ＤＰ）が認定された。その結果、経済、歴史、生物、化学・数学、物理等の科目において日本語による授業が可能となり、国内におけるＩＢ認定校の普及拡大につながっている。

（10）*MYP: From principle into practice*, International Baccalaureate Organization 2008.

（11）具体的な内容は、（栗田 2016, 2017）参照。

（12）デザインの領域においては、デザイン画を描き、制作を業者に依頼することはよく行われている。

参考文献

アトキンズ・R（1993）『現代美術のキーワード』（杉山悦子・及部奈津・水谷みつる訳）美術出版社。

デュウイー（1950）『思考の方法』（植田堅次訳）春秋社。

デューイ・J（2003a）『デューイ＝ミード著作集12　経験としての芸術』（河村望訳）人間の科学新社。

デューイ・J（2003b）『デューイ＝ミード著作集3　人間性と行為』（河村望訳）人間の科学新社。

デューイ・J（2004）『経験と教育』（市村尚久訳）講談社。

デューイ・J（2000）『デューイ＝ミード著作集9　民主主義と教育』（河村望訳）人間の科学新社。

デューイ・J（2013）『行動の論理学――探求の理論』（河村望訳）人間の科学新社。

原美湖（2015）「造形表現と思考――制作者の為の現代美術をめぐる一考察」東京藝術大学大学院美術研究科博士論文。

ヘンライ・R（2011）『アート・スピリット』（野中邦子訳）国書刊行会。

石田修大（2002）『玉川学園――全人教育　夢への挑戦』日経事業出版センター。

International Baccalaureate Organization（2008）*MYP: From principle into practice.*

栗田絵莉子（2016）「中等教育における「探求」する美術教育――デューイとの経験論と玉川学園での実践をてがかりに」東京藝術大学大学院美術研究科博士論文。

栗田絵莉子（2017）「美術科教育における「探求」型学習――デューイの「探求」の型と玉川学園の実践」美術教育研究会『美術教育研究』第二二号、二〇―三八頁。

小島律子（2009）「芸術的経験における探究としての問題解決の特性」『日本デューイ学会紀要』第五〇号、一一―二〇頁。

小島律子（2013）「芸術的探究における衝動から表現への展開過程」『日本デューイ学会紀要』第五四号、九九―一〇七頁。

ローウェンフェルド・V（1963）『美術による人間形成』（竹内清・堀内敏・武井勝雄訳）黎明書房。

長島聡子（2010）「青年期前期（中等教育段階）における美術の教育的意義の考察」『東京藝術大学美術学部論叢』第六号、一一九―一三五頁。

文部科学省　第一三期中央教育審議会（1996）「21世紀を展望した我が国の教育の在り方について（第一次答申）」一九九六年七月一九日。

文部科学省ホームページ　http://www.mext.go.jp/a_menu/kokusai/ib/1307999.htm（二〇一七年八月一〇日最終アクセス）。

岡田猛・縣拓充（2013）「創造の主体者としての市民を育む――「創造的教養」を育成する意義とその方法」『認知科学』第七五号、二七―四五頁。

斉藤百合子（2009）「「質の識別」を重視した芸術教育――デューイの意味生成論を手がかりに」『日本デューイ学会紀要』第五〇号、一―九頁。

山口周（2017）『世界のエリートはなぜ美意識を鍛えるのか？――経営における「アート」と「サイエンス」』光文社。

山峰潤也（2016）「アーカイブ的芸術：混沌とした時代の作法」『Я［アール］：金沢21世紀美術館研究紀要』第六号、六一―六四頁。

栗田絵莉子「追憶のガラス　あとかた」

あとがき

二〇〇七年、縁あって芸術系の大学に赴任して一〇年が経った。一つの研究テーマについて何かしら語れるようになるには一〇年かかるということを身を以て知った。この一〇年間、毎日真摯に制作に取り組む多くの学生に出会った。学生から学ぶということは、教員になって以降ずっと心がけてきたことであるが、心がけずとも、美術について明らかに学生の方が経験もあり、よく知っている状況で、わたしは「美術教育論」という授業を行う教員になった。文字通り「無知な教師」であった。それでも何とか一〇年間やってきて、学生や卒業生たちと一緒にこの本を作ることができたことを本当にうれしく思っている。

制作者である学生が、時におそろしく理論的であるということを知って不思議に思っていた。人文・社会科学の学生が原書や先行研究にあたり、コツコツと山を登ってやっと見える風景をいとも簡単に見てしまう。もしかしたら制作者だけが掘り当てることができる「トンネル」があるのではないかと当初考えていた。いやしかし、どうやればそこを掘るべきだということがわかるのだろうかと疑問に思っていた。

それは彼らが日々美術制作に真摯に取り組んでいるからこそ可能になるのだということがわかってきた。なぜ日々制作に取り組むのか。手を動かしてものを作ることが好きだからでもあるが、同時にその営みが制作者自身にとっても「わからない」何かしら根源的な問題に挑んでいくことでもあるからだろう。そのような問いに立ち向かうという点で美術制作という営みは哲学に限りなく近いということも理解できるようになった。

制作者が自らの作品のコンセプトを語ることは今や珍しくない。本書で行われている制作者の叙述はしかしそういうものではない。むしろ美術とは何か、制作とは何か、美術教育とは何か、美術は社会においていかなる意味をもつか、美術と人間が生きることとをどう切り結ぶか、現代の社会変容において美術はどうなっていくのか、といった、いわば美術と教育をめぐる根源的な問題に視線を届かせるものである。こうした理論研究は決して制作をないがしろにするものではない。むしろ自らの制作活動に基づいて理論的な思考を重ねることで、言語では語り得ない制作の意味をあらためて知ることにもなる。もし語り尽くせるなら、膨大な時間を費やして、苦労して制作する意味がなくなってしまう。

美術と教育との関係を学ぶうちに、制作行為が深い探究であり高度な知性に貫かれている活動であるということを知ることになる。「探究」とか「知性」というものから通常イメージされるようなものではないが、そう呼ぶしかないようなものである。それをどう名づければいいのか。そして、制作者が理論研究をするには、単に人文・社会科学の研究方法を美術に当てはめるというのではなく、そうした深い探究を生かした形でなされるべきではないか、ということを考え続けてきた。そのような模索のなかで出会ったのがArts-based Research（本書ではそれをＡＢＲと略記している）という考え方である。

思えば、この考え方に出会ったとき、わたし自身がこれがどういうものかはっきりわからないのに、「ここを掘るべきだ」と思った。本来なら、学会動向や先行研究からある程度概要を知った上で研究テーマを設定すると思うのだが、そういう情報を持たないうちにそう感じたのである。おそらく、この一〇年の間学生たちの「創造的な探究」のプロセスを見ているうちに、わたし自身も少しだけ創造的な思考をするようになったのかもしれない。

だが、本書第Ⅰ部をお読み頂ければわかるように、やはりわたし自身の叙述のスタイルは、これまでの研究を整理して自分なりの理解を進めるということに終始している。それに対して第Ⅱ部の制作者たちの叙述は、自らの制作経験とパースペクティヴに基づいて自由に展開されている。従来の研究書においては、わたし語りをすることや実感に基づく叙述は、「論理的ではない」と忌避されてきたが、制作や実践の経験に裏付けられたそれらの叙述は、同時に高度な理論研究になっていると思う。従来の人文・社会科学研究の形式を軽やかに越えていく制作者の筆致は、新たな知の様式を提示することにもなっているだろう。美術制作者が理論的に美術教育について語るということ自体そうあることではないが、それだけではなく、研究のテーマや視点、さらには叙述スタイルにおいても、従来「理論研究」と言われてきたものを問い直す、美術制作をベースにするからこそ可能になった思考と探究の結果である。その意味でも、本書は文字通り「これまでにない本」である。

美術制作者の理論研究は次のような特徴を持っている。第一に、実践に基づく（practice-based）こと。直接言及しているか否かに関わりなく、日々制作に向き合っていなければ、読もうとさえ思わなかっただろう難解な文献を「わたしの問題」として読みこなす。文献と自己との距離感がおそらく、わたしなどいわゆる従来の研究者とは異なる。基準が学問世界にあるのではなく、自らの制作実感にあるため、哲学・人類学・社会学などの文献も、映画や小説も区別なく軽やかに横断しながら（時に跳躍しながら）理解していく。自己の制作に軸足があるゆえに、難解な思想を自家薬籠中のものにできる。「トンネル」ではなく、自らの制作に即して世界へと働きかけ、外界からの情報を受け取るソナーのようなものを身につけているのではないかと思う。

第二に、根源的（radical）であること。これまで大学院生の論文を読んできて、彼らが立てる問いの大きさにいつも圧倒されてきた。本書の第Ⅱ部においても、美術の本質的な意味とは何か、あるいは美術の歴史的・今日的位置はどのようなものかなど、壮大なテーマに取り組んでいる。人文・社会科学の研究においては、問題意識としてそのような大きなテーマを秘めていても、学問的厳密性を追求するために研究テーマを限定せざるをえない。そうした精緻な分析を通して大きな課題を見通すということが学問の醍醐味でもあるが、制作者は自己の制作を軸に大きな問題にそのままぶつかっていく。彼らの研究の目的は、学問世界の更新ではなく、自らの制作の新たな展開を通した制作者としての自己の変容、そして自らを取り巻く美術界さらには社会の更新にあるからである。そうした研究が、いわゆる従来の研究と交流することによって、学問世界もまた問い直されていくだろう。そういう意味でも彼らの研究は、ラディカルな（＝根本的変革を求める）ものである。それは文体にも表れている。わたしの仕事は、いわゆる通常の論文の書き方を教えることであったが、そこにとどまらない学生たちの文章に感服することも多々あった。制作という自分の営みを書きつける彼らの文章は、論文執筆もまた創造的な活動だということを教えてくれる。

第三に動的（dynamic）であること。理論研究は、単に制作行為を言語化して説明するものではない。第Ⅱ部の各章を読んでいただければわかるように、美術制作者の探究は固定した解を求めるものではなく、今ある美術や教育をめぐる理解を常に問い直すような動的な営みである。それは彼らが毎日向き合っている制作と別のことではない。それゆえあらたな作品を制作するのにともなって、その思考もどんどん動いていく。そのような動的な思考を形にするには、本という媒体よりも、日々更新されていくブログのような形式のほうが適当なのかもしれない。しかしそれでも、この時代にこのように考えていた制作者たちがいたということを、やはりきちんとした形で残しておきたいと考えた。それゆえ本書は、わたしたちの思考の終着点ではなく、あくまでもここを起点としてまた新たな展開を図るための準拠点である。いつか彼らが、文章なのか絵画なのか、立体作品なのかはわからないが、さまざまな形で自らの思考のさらなる展開を表現していってくれればと期待している。

美術制作者の探究のプロセスは、同時に美術教育を考えるうえでも重要である。なぜ図工・美術が義務教育課程において必修なのか。他の教科に比べて時間数や人員配置において非常に困難な状況に置かれている図工・美術という教科の意義を打ち出す際に、他の教科と同じような論理では説明できない、「語りえなさ」「わかりえなさ」ということが美術において非常に重要であることが示されていよう。そこには、明示することは非常に困難だが、「芸術の論理」というものが介在している。また、そうした「わかりえない」ものでありながら、美術はそれに関わる人間にとって知覚様式という身体性や自己理解ということも含めて非常に近しい距離にある。美術制作をすることは、制作者自身の変容を伴いながらなにかしらの「真理」に到達しようとする不断の運動なのである。そういう教科として位置づけられるべきだろう。

そのように言語によって分節化されないからこそ、芸術はまた、今ある社会を再認するのではなく、いまだはっきりとは見えていないけれどもしかし大切な何かを指し示すようなものになる。未来を予言するということではないのかもしれないが、少なくとも現状を更新していくことを可能にする。現状におもねるのでもなく、かといってただ破壊するのでもなく、アクチュアリティをもって現実に対峙するような思考様式なのかもしれない。そういう意味でも、美術教育は重要である。

日本の美術教育を変えたいという思いの壮大さに比べて、本書における研究は本当に微かな動きである。美術教育について学べば学ぶほど、美術教育の変わらない壁の厚さを感じる。それでも、一〇年の間に出会った学生たちがそれぞれの場で、自分なりの制作と研究と教育を続けていき、さらにその学生たちがまた別の研究者や制作者に影響を与えていくだろう。その多孔的な（porous）活動で、いつかはこの固い壁も形を変えていくことを期待している。もしそれができれば、「まれびと」として、教育学の世界から美術教育の世界にやってきた意味もあるだろう。

このような「これまでにない本」を出版することができたのも、私たちの考えていることを理解してくださり企画会議で説明してくださった勁草書房の藤尾やしおさんと、藤尾さんにつないでくださった今井康雄先生（日本女子大学）のおかげである。今井先生を研究代表者とする科研「教育空間におけるモノとメディア――その経験的・歴史的・理論的研究」（課題番号15H03478、二〇一五―二〇一七年度）での議論に本書の執筆者の多くは触発されてきた。今井先生をはじめとする科研メンバー、眞壁宏幹先生（慶應義塾大学）、池田全之先生（お茶の水女子大学）、山名淳先生（東京大学）に感謝したい。また東京都現代美術館とのプロジェクトでは学芸員の郷泰典さん、小学校教諭の堀江美由紀先生にお世話になった。最後に、今回の執筆陣に入っているいないにかかわらず、これまでわたしの授業や研究会に参加して議論をしてきてくれた東京藝術大学の学生たちに感謝したい。本書は、私が学生たちに提出する修了論文である。

二〇一八年一月七日

小松　佳代子

西村清和 編・監訳　分析美学基本論文集　A5判　四八〇〇円

R・ステッカー　森 功次 訳　分析美学入門　A5判　五七〇〇円

N・キャロル　森 功次 訳　批評について　芸術批評の哲学　四六判　三五〇〇円

C・グリーンバーグ　藤枝晃雄 編訳　グリーンバーグ批評選集　四六判　二八〇〇円

S・バック=モース　高井宏子 訳　ベンヤミンとパサージュ論　見ることの弁証法　A5判　七五〇〇円

矢野智司　動物絵本をめぐる冒険　動物-人間学のレッスン　四六判　二九〇〇円

山名 淳・矢野智司 編著　災害と厄災の記憶を伝える　教育学は何ができるのか　A5判　四〇〇〇円

山名 淳　都市とアーキテクチャの教育思想　保護と人間形成のあいだ　〔教育思想双書10〕四六判　二八〇〇円

下司 晶　教育思想のポストモダン　戦後教育学を超えて　〔教育思想双書II-1〕四六判　二八〇〇円

綾井桜子　教養の揺らぎとフランス近代　知の教育をめぐる思想　〔教育思想双書II-2〕四六判　二八〇〇円

教育思想史学会 編　教育思想事典　増補改訂版　A5判　七八〇〇円

＊表示価格は2018年2月現在。消費税は含まれておりません。

美術教育の可能性
作品制作と芸術的省察

2018年2月25日　第1版第1刷発行

編著者　小松佳代子

発行者　井村寿人

発行所　株式会社　勁草書房
112-0005　東京都文京区水道2-1-1　振替　00150-2-175253
（編集）電話　03-3815-5277／FAX　03-3814-6968
（営業）電話　03-3814-6861／FAX　03-3814-6854
堀内印刷所・松岳社

©KOMATSU Kayoko　2018

ISBN978-4-326-25125-4　　Printed in Japan

JCOPY ＜㈳出版者著作権管理機構　委託出版物＞
本書の無断複写は著作権法上での例外を除き禁じられています。
複写される場合は、そのつど事前に、㈳出版者著作権管理機構
（電話 03-3513-6969、FAX 03-3513-6979、e-mail: info@jcopy.or.jp）
の許諾を得てください。

＊落丁本・乱丁本はお取替いたします。

http://www.keisoshobo.co.jp

執筆者紹介

小松 佳代子（こまつ かよこ） ※編者 第一章〜第三章

1965年生まれ。東京大学大学院教育学研究科博士課程単位取得退学、博士（教育学）

現在：東京藝術大学美術学部准教授

主著：『社会統治と教育——ベンサムの教育思想』（流通経済大学出版会、2016）、*Modelling the Future*（共著、Symposium Books, 2009）、『美術と教育のあいだ』（共著、東京藝術大学出版会、2011）、『周辺教科の逆襲』（編著、叢文社、2012）、『功利主義の逆襲』（共著、ナカニシヤ出版、2017）、『臨床教育学』（共著、協同出版、2017）

橋本 大輔（はしもと だいすけ） 第四章

1992年生まれ。東京学芸大学中等教員養成課程美術専攻卒業、東京藝術大学大学院美術研究科修士課程修了

現在：東京藝術大学大学院美術研究科博士後期課程在学中

主要論文：「絵画技法の現象学的考察——リアリズム絵画制作の実践を通して」（修士論文、東京藝術大学、2017）

主要展覧会：独立美術協会展（国立新美術館，2011年以後毎年）、アートオリンピア（豊島区庁舎、2017年学生部門2位）、昭和会展（日動画廊、2017年優秀賞）ほか

三好 風太（みよし ふうた） 第五章

1990年生まれ。東京藝術大学美術学部絵画科日本画専攻卒業、東京藝術大学大学院美術研究科修士課程修了

現在：画家

主要論文：「視野狭窄と美術」（修士論文、東京藝術大学、2016）

受賞・活動暦：安宅賞奨学金基金受賞（東京藝術大学 2015）、個展・グループ展多数

主要作品：「見えない山」（卒業制作 2014）、「まれびと、ふたたび」（修了制作、2016）、聞称寺本院本堂壁画（2017）

櫻井 あすみ（さくらい あすみ） 第六章

1983年生まれ。早稲田大学第一文学部人文専修卒業、広島市立大学芸術学部日本画専攻卒業、東京藝術大学大学院美術研究科修士課程修了

現在：画家

主要論文：「美術活動の「贈与」性——「もの」が開く多層的な「他者」」（修士論文、東京藝術大学、2017）

受賞・活動歴：第34回上野の森美術館大賞展優秀賞（産経新聞社賞）受賞（上野の森美術館、2016)、個展「〈ｐｒｅｓｅｎｔ〉」（The Artcomplex Center of Tokyo、2016）、第34回上野の森美術館大賞展入賞者展（上野の森美術館ギャラリー、2017）ほか

菊地 匠（きくち たくみ） 第七章

1991年生まれ。東京藝術大学美術学部絵画科日本画専攻卒業、東京藝術大学大学院美術研究科修士課程修了

現在：都立総合芸術高校非常勤講師、すいどーばた美術学院非常勤講師

主要論文：「芸術における「隔たりの思考」——ポストモダンから「オフ－モダン」へ 線状思

考を超えて」（修士論文、東京藝術大学、2017）

主要作品：「朝には消えていた天使」（ギャラリー風、2017）井上山無量寿院 浄運寺天井画（2016）「Diaspora of」（東京藝術大学修了制作展、サロン・ド・プランタン賞、2017）

齋藤 功美（さいとう いさみ） 第八章

1985年生まれ。東京藝術大学美術学部絵画科油画専攻卒業、東京藝術大学大学院美術研究科修士課程修了

現在：東京藝術大学大学院美術研究科博士後期課程在学中

主要論文：「美術家が美術教育に関わることの意義——自由画教育論の再措定」（修士論文、東京藝術大学、2016）

栗田 絵莉子（くりた えりこ） 第九章

1985年生まれ。玉川大学芸術学部卒業、東京藝術大学大学院美術研究科修士課程修了、同博士後期課程修了、博士（美術）

現在：玉川学園・玉川大学非常勤講師、横浜美術大学非常勤助手、東海大学非常勤講師

主要論文：「中等教育における「探求」する美術教育——デューイの経験論と玉川学園での実践を手がかりに」（博士論文、東京藝術大学、2016）、「美術科教育における「探求」型学習——デューイの「探求」の型と玉川学園の実践」美術教育研究会『美術教育研究』第22号、2017

主要作品：「追憶のガラス シリーズ あとかた・追憶するガラス達・記憶の船」（学位作品）「S夫人の為の窓」（次世代工芸展、2013入選）

人名索引

アルファベット

Chim↑Pom　197
Kemp, M.　170

ア行

アーウィン, R.　83, 84, 86, 122, 192, 198
アーレント, H.　24, 32, 120
アイスナー, E.W.　4, 5, 34, 75, 77, 78, 96, 97, 106, 107, 123, 196
アトキンソン, D.　110, 111, 116-118, 124
アドルノ, T.　46, 47, 256, 257, 261-263, 265, 268-277
アリストテレス　41, 167
生田久美子　49
石川毅　18-22, 36
井島勉　10-14, 22
井上井月　175, 194
猪瀬昌延　57, 58
今井康雄　25, 71, 108
インゴルド, T.　62-64, 68, 69
ヴィーコ, G.　41-46
上野千鶴子　196
ヴェンガー, E.　48
ヴルフ, C.　27, 28, 51, 55
エーコ, U.　153, 169
エフランド, A.D.　6
エルンスト, M.　198
岡田猛　48, 49, 65
岡原正幸　78, 79
小川三夫　59, 60
オズボーン, H.　6
小田部胤久　73
小田亮　198
小原國芳　300, 311
折口信夫　181-185, 188-190, 196, 197

カ行

ガードナー, H.　78, 106
ガダマー, H.G.　45, 124
カッシーラー, E.　7
金田卓也　77
カバコフ, I.　242-244, 250
河本英夫　49, 50
カント, I.　14, 32, 35, 44, 45, 47
神林恒道　10
キケロ, M.T.　41
岸田劉生　165
北川民次　119, 125
北澤憲昭　165
ギブソン, J.　48, 69, 162
木村敏　112, 113, 125
クープマン, C.　5, 34
グッドマン, N.　6, 7, 31, 37, 97, 119, 123, 157, 158, 162-164, 170
久保貞治郎　119, 121, 125, 126
グラッシ, E.　44, 45
グリーンバーグ, C.　148, 168, 275
クレー, P.　240
クレーリー, J.　170
グロイス, B.　224
ゲーテ, J.W.　36
ケーリン, E.F.　6
ゴドリエ, M.　221

サ行

佐伯胖　58, 59, 66
佐々木正人　48

佐藤一郎　*170*
佐藤学　*17*
サリヴァン, G.　*86-90, 123*
ジェイムソン, F.　*262, 275*
シェフラー, I.　*29*
ジクリン, H.　*192*
柴田和豊　*118*
シュスターマン, R.　*31*
シュタイナー, R.　*36*
ショーン, D.　*88*
シラー, J.C.F.　*5, 16, 24, 25, 36*
ジンメル, G.　*185-187, 189, 197*
鈴木晶子　*25, 46*
鈴木満男　*197*
スタローン, S.　*187*
スタンディッシュ, P.　*31, 32, 37, 38*
スミス, R.A.　*6, 7*
セラーノ, A.　*197*
ソシュール, F.　*149, 151-155, 157, 160, 168*
ソンタグ, S.　*167*

タ行

ダイオン, M.　*290*
高橋由一　*165*
竹峰義和　*263, 268, 272, 273, 275, 277*
タトリン, V.　*243*
田中純　*245*
チクセントミハイ, M.　*53, 54*
辻茂　*170*
ディディ=ユベルマン, G.　*248, 249*
デカルト, R.　*41, 42, 46*
デューイ, J.　*5, 32, 54, 72, 96, 123, 282, 283, 285, 311*
デュシャン, M.　*223*
デリダ, J.　*207, 222, 223, 272*
デルナー, M.　*170*
土井隆義　*177*
ドゥルーズ, G.　*122, 123*
ドニ, M.　*148*

ナ行

中沢新一　*190, 197*
中村雄二郎　*42*
生井亮司　*57, 58, 125*
西岡常一　*59, 60*
西村拓生　*7, 23, 24*

ハ行

パース, C.S.　*152-154, 159, 168*
ハースト, P.　*7*
ハーバーマス, J　*24, 32, 36, 120*
ハイデッガー, M.　*37, 124, 169, 170*
パスカル, B.　*147, 167*
バタイユ, G.　*203, 204, 207, 209, 212, 222, 223*
バディウ, A.　*111, 117, 118*
パノフスキー, E.　*162, 163, 166, 170*
原美湖　*62, 124, 282*
バルト, R.　*161, 163, 168, 266, 277*
バロン, T.　*119, 121, 126*
バンヴェニスト, E.　*160, 168*
バンクシー　*304*
ピータース, R.S.　*29*
ビショップ, C.　*38, 73, 78, 110, 122, 224*
廣瀬浩司　*223*
フィンク, E.　*169*
フーコー, M.　*46*
フェニックス, P.H.　*7*
フッサール, E.　*150-152, 154*
ブラウディ, H.　*7*
プルースト, M.　*238, 239*
ブルーナー, J.　*7*
ブルデュー, P.　*48*
ブレーデカンプ, H.　*28, 43, 44, 72, 123, 162*
ベアズリー, M.C.　*6*
ベルクソン, H.　*232-234, 236, 238, 239*

ベルティング, H.　28, 53
ヘルナンデス, F.　82, 83
ヘルバルト, J.F.　35, 46
ベンヤミン, W.　64, 234-241, 249-251, 277
ヘンライ, R.　287, 297
ボイム, S.　241, 242, 244, 250
ホックニー, D.　170
ポランニー, M.　48
ホルクハイマー, M.　262, 263, 275
ボルタンスキー, C.　291
ホワイト, J.　5, 6, 34, 37

マ行

眞壁宏幹　33, 36, 72, 111, 112, 123
マクルーハン, M.　178
松下良平　60-62
マティス, H.　230-235, 238, 239, 250, 251
マネ, É.　211, 212, 222-224
マラフォウリス, L.　67, 69, 73
丸山圭三郎　160
無藤隆　65
メルロ=ポンティ, M.　47, 160, 166
メンケ, C.　264, 275
モース, M.　48, 207-209, 221
モリス, W.　5, 17
森田亜紀　71, 72, 146, 168, 277
モレンハウアー, K.　27, 28, 37, 51, 73

ヤ行

柳田國男　179-182, 196
矢野智司　63, 64, 222, 224
山名淳　109-114, 124
山本鼎　39, 70
山本正男　14-19, 22, 34-36
吉本隆明　180

ラ行

ライプニッツ, G.W.　43, 44, 72, 122, 123, 162
ラスキン, J.　17, 26
ランガー, S.　5, 7, 18, 35, 40, 112
ランシエール, J.　73, 115-118, 120, 121, 125, 148, 151, 168
リーヴィー, P.　80-82
リード, ハーバート　5, 26, 35, 96
リード, ヘレン　192
リーマー, B.　7
リクール, P.　57
リヒトヴァルク, A.　25
レイヴ, J.　48
レヴィ=ストロース, C.　190-192, 198, 221
ローウェンフェルド, V.　6, 311

事項索引

アルファベット

ABR　*46, 47, 56, 57, 75-83, 86, 88-95, 119, 120, 122, 123, 201, 212-216, 218-221, 224, 231, 255, 258, 273, 274, 277, 297*
ANT　*9*
DBAE　*7*
『HHhH―プラハ、1942年』　*244, 248, 250*
IB　*301, 303-310, 312*
RBA　*119, 219*
Summerhill　*192, 193*
VTS　*54*

ア行

アーカイブ　*83, 224, 289-291*
アートグラフィ（a/r/tography）　*47, 83-87, 192*
アウラ　*170, 249*
アクターネットワーク理論　*61, 67, 68*
アクチュアリティ　*230, 256, 268, 273*
アクチュアル　*257, 268*
アクティブ・ラーニング　*71*
新しい絵の会　*9, 119*
アフォーダンス　*48, 61, 162*
アンガージュマン　*274, 277*
暗黙知　*42, 48, 49, 56, 259*
一義的　*43, 155, 210, 218, 224, 257, 264, 267, 272, 273, 277*
一望　*43, 162, 217*
イメージ学　*28, 53, 55*
イラストレーション　*259, 260, 266, 275*
インゲニウム　*41, 43-46, 113, 193*
迂路　*230, 240-242*
遠近法　*166, 169, 170*
オフ－モダン　*241, 242, 244, 248-250*

カ行

解放＝救済　*257, 267, 268, 272, 274, 277*
科学的探求　*298, 299, 303, 306, 307 179-181, 196*
神隠し　*179-181, 196*
記号　*60, 147-163, 168, 169, 231, 232, 259, 260, 264, 265, 275, 276*
キッチュ　*261, 263, 268, 275, 276*
教育芸術　*35*
教育内容の現代化　*6, 8*
共通感覚　*41*
クリエイティビティー　*193, 310*
クリティカ　*40-42, 46, 47*
芸術学会　*9, 34*
芸術教育運動　*17, 25, 34, 35*
芸術的省察　*21, 46, 56, 81, 82, 86, 91, 92, 95, 100, 101, 105, 107, 115, 121, 122, 164, 168, 170, 176, 188, 195, 212*
芸術的知性　*255-257, 271-274*
芸術の論理　*269-273*
ゲシュタルト　*45, 100, 113, 150, 163*
交換　*204-213, 215, 217, 219-224*
構造主義　*149, 190, 198*
構想力　*41, 43, 44, 52, 72*
工部美術学校　*39*
国際バカロレア　*299, 301, 302, 312*
誤読　*184, 185, 211, 216, 217, 257*
誤配　*120*
コンセプト　*121, 223, 255, 286, 287, 290, 291, 294, 295, 304-306, 308, 310*

サ行

『サウルの息子』　247, 248, 250, 251
作者の意図　211, 266, 267, 270
恣意的　155, 157, 160, 163, 257, 271
色価（バルール）　156, 163
思考のレイヤー　103, 105, 107, 109, 112, 167
自己投影　262, 264, 265, 276
自然美　264, 265, 276
持続　233, 234, 238
質的知性　95-100, 105-109, 122, 176, 188, 191, 192, 195, 196, 309, 310
シニフィアン　151-156, 160, 161, 168
シニフィエ　151-156, 160, 168, 277
ジャーナル　303-305
視野狭窄　178, 180, 186, 193, 195-197
自由画教育運動　39, 70
自由研究　299-303, 305-307, 309, 311, 312
純粋な贈与　209-211, 222
消尽　209, 210
衝動性　282-286, 298, 299, 307, 308, 311
神話的思考　190, 191
遂行的イメージ　48-51
スクールカースト　177
スクラップ　289
制作学　56, 57
造形遊び　8, 65, 280, 311
造形教育センター　9
創造的探求　298, 299, 304, 306, 307, 310
創造美育運動　8, 33, 70, 118, 119, 121
創造美育協会　9, 121
贈与　201, 206-213, 218-224
贈与交換　207-209, 222
贈与的省察　212, 213, 218-220
『贈与論』　207, 208
像理論　150-152, 154, 158
ソーシャル・エンゲージド・アート　78, 86, 92
素材　28, 44, 47, 52, 53, 58-60, 62-66, 68, 83, 85, 91, 96, 99, 101-103, 105, 107, 109, 111, 112, 114, 115, 121, 124, 148, 150, 151, 156, 168, 191, 202-204, 209, 210, 217-219, 221, 259, 260, 283, 285, 286, 293, 294

タ行

第三インターナショナル記念塔　243
大正生命主義　165
対話型鑑賞　54
多義性　97, 207, 211, 213, 216, 217, 223, 224, 264, 265, 267
多義的　98, 182, 207, 216-218, 224, 264, 265, 267
多重知能　106
玉川学園　299-301, 311
中動態　71, 72, 146, 168
稠密　97-100, 157, 162, 170, 207, 213, 216, 256, 260, 271
出来事　60, 105, 110-113, 116-118, 124, 203, 207, 209-211, 213, 215-220, 222-224, 296
等価交換　205, 207, 208, 218, 222, 223
投機　156, 160, 162-164, 169
東京藝術大学　9, 15, 19, 22, 123, 308
東京高等師範学校　9
東京都現代美術館　101, 111, 114
東京美術学校　9, 39, 74
道具　40-42, 47, 52, 53, 59-62, 99, 101, 109, 221, 236, 237, 246, 259, 266, 285, 286
陶冶（Bildung）　26-28, 37, 70, 72, 73, 108, 112, 126, 147
遠野物語　179, 180
トピカ　40-47
ドローイング　219, 292

ナ行

謎特性　264-267, 269
ナラティヴ　80-82, 85, 214, 220
日本美術教育学会　10

ハ行

ハーバード・プロジェクト・ゼロ　7
媒体（媒質, Medium）　147, 148, 158, 167, 168, 236, 238, 272, 275, 277
バウハウス　18, 35, 71
ハビトゥス　48, 71
パロール　148, 149, 164, 168
美育書簡　24-26, 36
美術科教育学会　20
美術教育学会　9, 34
非-知　207-210, 212, 222, 223
非同一的　257, 268, 273, 275
ブリコラージュ　190, 191
ブリコルール　191
フロー体験　53
文化産業　261-264, 275, 276
分析的教育哲学　29
隔たり　239-241, 249, 250
隔たりの思考　241-244, 247, 248, 250
別化性能　190
ポートフォリオ　214, 216, 290-292
ポスト構造主義　203, 207
ポストモダニズム　23-25, 36

マ行

マインドマップ　290
まれびと　181, 182, 191
ミメーシス　27, 28, 51, 52, 57, 72, 102, 107, 108, 164
ミューズ教育　18, 26, 35, 36
メタファ　44, 45, 55, 68
モダニズム　168, 244, 275
モチーフ　47, 98, 99, 159-163, 170, 192, 193, 203, 219, 221, 238, 240, 290, 311
モナド　167, 273
模倣　261-264, 276, 285, 286

ヤ行

野生の思考　190-193
よそ者　185-187, 189, 191

ラ行

ラスコーの壁画　203, 209
ランガージュ　149, 164
ラング　149, 154, 160, 163, 168
ランボー　187, 188, 197
リレーショナル・アート　38, 78, 83, 92, 213, 219
臨画　39
臨床教育学　56, 122
類化性能　190, 191, 193
類推思考　191
レッジョ・エミリア　37
ロザリオ礼拝堂　231